Vimala Schneider
Babymassage

Vimala Schneider

BABY MASSAGE

Praktische Anleitung für Mütter und Väter

KÖSEL

Übersetzung aus dem Amerikanischen:
Ursula Fassbender, München
Die Originalausgabe erschien unter dem Titel *Infant Massage. A Handbook for Loving Parents* bei Bantam Books, einem Imprint der Bantam Dell Publishing Group, Random House, Inc., New York.

Erweiterte und vollständig überarbeitete 11. Auflage 2002

Druck und Bindung: Kösel, Kempten
Umschlagmotiv: Heidi Velten / Kunterbunt, Leutkirch
Umschlaggestaltung: Elisabeth Petersen, München
ISBN 3-466-34452-2

Gedruckt auf umweltfreundlich hergestelltem Bilderdruckpapier (säurefrei und chlorfrei gebleicht)

P.R. Sarkar und meinen
geliebten Kindern gewidmet

Mit zerbrechlichen Flügeln neugeboren,
singst du mit zarter Stimme.
Dein kleines Herz hat eben erst zu schlagen begonnen.
Fürchte dich nicht,
auf der Erde geboren zu sein –
du bist ein Teil der Ewigkeit.
Die Sonne scheint.
Die Erde dreht sich
und heißt dich in ihrem grünen, mit Gänseblümchen
geschmückten Reich willkommen.
Freu dich daran – und hab keine Angst.

Richard LeGallienne

Inhalt

Danksagung

Mein herzlicher Dank gilt allen, die meine Arbeit seit vielen Jahren unterstützt haben. Besonders danken möchte ich folgenden Menschen, die dazu beigetragen haben, dass dieses neue Buch entstehen konnte: Toni Burbank und Robin Michaelson dafür, dass es verwirklicht wurde, allen Trainerinnen und Trainern der »Internationalen Gesellschaft für Babymassage« (IGBM) für ihren Beitrag, ihre Erfahrung und Unterstützung, die in das Buch eingeflossen sind, Peggy O'Mara, Gründerin und Herausgeberin der Zeitschrift *Mothering Magazine*, die ihre Arbeit genau zu der Zeit begann, als auch ich anfing, und die über all die Jahre hinweg eine große Inspiration für mich war.

Ich danke meinen Freundinnen und Freunden sowie Kolleginnen und Kollegen in der »Internationalen Gesellschaft für Babymassage« für ihre harte Arbeit, ihren Einsatz und Dienst an der Menschheit, den sie durch diese Arbeit leisten. Sie sind es, die das weit reichende Potenzial dieser Methode umsetzen, wovon unzählige Eltern weltweit profitieren, und sie tragen, glaube ich, dazu bei, dass sich in unseren Methoden der Kindererziehung und der Art, wie wir auf die kindlichen Bedürfnisse reagieren, ein bedeutsamer Wandel vollzogen hat.

Großer Dank gilt auch der Trainerin Clara Ute Zacher-Laves und ihrem Mann Markus Zacher, ebenso wie der Babymassage-Kursleiterin Joni Rubenstein und ihren Teenager-Eltern dafür, dass sie so gewissenhaft für die Entstehung der neuen Fotos gesorgt haben.

Danken möchte ich auch meiner Schwester Madhi Shirman, die mich dazu ermutigte, Babymassage zu unterrichten, und deren beständige Unterstützung meiner Arbeit mir unendlich viel bedeutet.

Ein Dankeschön auch dem Fotografen Günter Kiepke, der die wunderschönen Bilder für Kapitel 8 und auch einige andere Aufnahmen für dieses Buch gemacht hat. Seine wunderbaren Fotos haben meine Erwartungen weit übertroffen!

Während der Entstehung des Buches konnte ich mich kaum entscheiden, welche Fotos nun endgültig abgedruckt werden sollten, so viele Eltern und Kinder ließen sich von mir und anderen fotografieren. Auch dafür danke ich ihnen herzlich, und es kann sein, dass der eine oder andere Name nicht in der nachfolgenden Liste aufgeführt ist, weil die Aufnahmen woanders oder vor zu langer

Zeit gemacht wurden, sodass ich mich nicht mehr daran erinnern kann, wer auf den Fotos zu sehen ist. Aber seien Sie versichert, dass ich jedem für seinen Beitrag dankbar bin, denn damit haben Sie dem Wohl der zukünftigen Generationen gedient.

Folgende Personen haben mir freundlicherweise erlaubt, ihre Fotos zu veröffentlichen (manche wurden in diesem Buch verwendet, manche nicht):
Maraliz Bracamonte / Naidelyn Alvarez / Andrea Bassett / Deondre Beckwith / Bridgett Washington / Allezae Brown / Gabriel De La Luz, Christina Hogbin, Gabriel De La Luz jun. / Shenika Evans, Shavel Evans / Yvette Hernandez / Julette Contreras / Alexandria Boney /Anke D. Bahr / Lenja Kim / Oliver Fuchs / Corinna Reissner, Anna Catharina / Susan Whittlesey / Anne Young / Nancy Duffy / Nicole Green / Susan Pressel, Justin Pressel / Marlene Stieha, Analeesa Stieha / Gina Kincaid / Elaina Marie Santa Cruz / Yvonne Ruiz / Ashley Rodriguez / Cindy Shelton, Christina Shelton / Jan Lapetino und Baby / Heidi Dorsey, Tia Dorsey, Carlos Dorsey / Mary Foster, Lance Foster, Michael Foster / Clara Ute Zacher-Laves / Gabriela Silva / Jasline Ariana Garcia

Vorwort

Ein Geschenk der Berührung

Als im Sommer 1974 mein erstes Kind geboren wurde, kannte ich die Babymassage noch nicht, aber ich wusste, dass ich mein Kind berühren wollte. Es war sehr heiß, und es machte mir großen Spaß, meine Tochter in engem Hautkontakt an meinem Körper zu tragen. Ich legte sie im Schatten vor dem Haus auf eine Decke, rieb sie mit süßem Mandelöl ein und massierte ihre zarte Haut.

Ungefähr zur selben Zeit, einige hundert Kilometer entfernt, massierte Vimala ihre Kinder. Vimala war die erste Befürworterin der Babymassage auf der Welt und eine der ersten, die über Massage im Allgemeinen und Babymassage im Besonderen schrieb. In der Tat war Vimalas Arbeit eine Initialzündung für die Berührungstherapie und Körperarbeit in den Vereinigten Staaten von Amerika und sie trug dazu bei, dass diese Massagetechnik in der ganzen Welt verbreitet und anerkannt wurde. Ihre damalige Arbeitsweise in der Babymassage und der Massage Frühgeborener war ihrer Zeit weit voraus und hat auch heute noch großen Einfluss auf die fürsorgliche Behandlung Neugeborener mittels Berührung.

Viele von uns haben durch die Babymassage gelernt, wie wir unsere Babys berühren sollen und wie wir uns ganz allgemein mit Berührung wohl fühlen können. Diejenigen von uns, die zwischen 1960 und 1970 Eltern geworden sind, wuchsen in einer Zeit auf, in der viel weniger Intimität gelebt wurde und Streicheleinheiten nicht so verbreitet waren wie heute. Noch vor zwanzig Jahren, als Vimalas Büchlein eine Revolution in Sachen Berührung in den USA auslöste, sah man fast niemanden, der sich in der Öffentlichkeit umarmte, wie es heute selbstverständlich ist.

So revolutionär die Babymassage auch ist, blickt sie in Wirklichkeit auf eine lange Tradition zurück und ihre Schönheit liegt in ihrer Einfachheit. Jeder kann sie anwenden, und sie tut einfach gut. Sie schadet weder Ihnen noch Ihrem Baby und kostet nichts. Sie brauchen keine besonderen Fähigkeiten, um Ihr Kind zu massieren. Es findet ganz natürlich statt und gibt unseren Babys die Möglichkeit, uns etwas über sie zu lehren und uns beizubringen, wie man berührt.

Berührung ist für das Baby ebenso wichtig wie Nahrung. Die Anthropologin Margaret Mead untersuchte Stammesgesellschaften in der ganzen Welt und fand heraus, dass die gewalttätigsten Stämme diejenigen waren, bei denen es in der Kindheit kaum Berührungen gab. Der Neurologe Richard Restak erklärt, dass der Körperkontakt und das Tragen des Kindes am Körper zu den wichtigsten Faktoren für die normale geistige und soziale Entwicklung des Kindes zählen. Die Auswirkungen dieser normalen Entwicklung beeinflussen nicht nur die Kindheit, sondern dauerhaft auch die neuralen und neuroendokrinen Funktionen, die für das emotionale Verhalten verantwortlich sind. Mit anderen Worten, je mehr Körperkontakt wir in der Kindheit erfahren, desto größer ist unsere Fähigkeit zur Intimität als Erwachsene. Und was kann intimer sein als zärtliche Berührung?

Forschungen an der Medizinischen Fakultät der Universität Miami haben gezeigt, dass Massage diejenigen Nerven im Gehirn stimuliert, die die Nahrungsaufnahme erleichtern, was zu einer rascheren Gewichtszunahme führt. Massage kann auch Stresshormone abbauen, was zu einer besseren Funktion des Immunsystems beiträgt. Außerdem kann die Berührungstherapie die Gewichtszunahme Frühgeborener beschleunigen, asthmakranken Kindern zu einer besseren Atmung verhelfen, die Behandlung von Kindern mit Diabetes unterstützen und den Schlaf von Babys verbessern. Andere Forschungsergebnisse weisen darauf hin, dass Kinder mit Ekzemen von Massage profitieren und die Interaktion zwischen Eltern und Baby verbessert wird.

Gibt es eine geeignetere Möglichkeit, die Mutter-Kind-Bindung zu verbessern und zu gewährleisten, dass Ihr Kind genügend Hautkontakt bekommt, als durch die Babymassage? Das beruhigende Öl und die sanfte, zärtliche Berührung Ihrer Hände verschaffen ein sinnliches Vergnügen, das Sie mit Ihrem Baby teilen können, wenn Sie es mit der Welt vertraut machen. Massage ist eine wunderbare Methode, Ihr Baby in den ersten Wochen und Monaten kennen zu lernen und Zeit miteinander zu verbringen. Nur allzu bald wird Ihr Baby sich auf die Beine stellen und die ersten Monate voll zärtlicher Berührung sind nur noch eine schöne Erinnerung.

Zwischen den ersten Massagen, die ich meiner Tochter gab, und der ersten Massage, die ich selbst bekam, lagen acht Jahre. Bis in die 1980er-Jahre gab es nur wenige Massagetherapeuten, und ich brauchte viele Jahre, um mich überhaupt auf Massage »einzulassen«. Was mir zunächst frivol erschien, ist heute zu einem Eckpfeiler meiner Gesundheitsvorsorge geworden. Vimala lehrte uns, dass

Massage nichts mit Selbstgefälligkeit zu tun hat, sondern tatsächlich ein grundlegendes menschliches Bedürfnis darstellt.

Ich empfehle Ihnen, Ihre Kinder ruhig mit Ihren Berührungen zu verwöhnen. Vielleicht gibt es nichts, was nur annähernd so persönlich und intim ist, wie einem Baby eine Massage zu schenken. Wie die Elternschaft überhaupt, so bereichert auch die Babymassage sowohl die Eltern als auch das Kind. Berührung wird zu einem Brauch, der die Beziehung zu Ihrem Kind auf Jahre fördern wird.

Peggy O'Mara
Verlegerin und Herausgeberin der
Zeitschrift Mothering Magazine

Vorwort von Dr. Stephen Berman

Während der letzten drei Jahrzehnte haben Ärzte die Wichtigkeit der Mutter-Kind-Bindung im Zusammenhang mit der kindlichen Entwicklung aufs Neue hervorgehoben. Unter anderem zeigten Studien der Universität Colorado, dass bei Kindern, deren Müttern es schwer fällt, sie während der ersten Lebensmonate zu berühren, zärtlich zu ihnen zu sein oder mit ihnen zu sprechen, ein größeres Risiko für Wachstums- oder Entwicklungsstörungen oder -verzögerungen besteht. Die wissenschaftlichen Fortschritte im Verständnis der sensorischen, motorischen und kognitiven Prozesse bei Neugeborenen und Kindern führten zu einer Neubewertung vieler Praktiken, die Eltern aus nicht industrialisierten Ländern anwenden. Babytragesäcke lehnen sich beispielsweise an Methoden an, die man in vielen Teilen Afrikas und Lateinamerikas beobachtet hat. Diese Babytragesäcke fördern das gegenseitige Wohlbefinden und das Gefühl der Sicherheit, das mit engem Körperkontakt verbunden ist, und gewährleisten dabei die Bewegungsfreiheit der Eltern.

In ihrem Buch *Babymassage. Praktische Anleitung für Mütter und Väter* führt Vimala Schneider eine Form der elterlichen Fürsorge ein, die seit Jahrhunderten in Indien praktiziert wird. Der Wert der Babymassage als Methode der Babypflege kann am besten anhand der Mutter-Kind-Bindung gemessen werden, wie sie sich in den Gesichtern der Mütter und Kinder auf den Fotos in diesem Buch spiegelt. Hoffentlich nehmen Eltern die Babymassage in ihren westlichen Lebensstil in gleicher Weise auf, wie die Geburtsvorbereitung nach Lamaze und die Tragesäcke, die inzwischen weit verbreitet sind. Ein weiterer Vorteil der Babymassage liegt darin, dass sie auch dem Vater vor allem bei einem Stillkind eine enge Beziehung zu seinem Baby ermöglicht.

Als Kinderarzt kann ich Ihnen nur wärmstens empfehlen, die in diesem Buch beschriebenen Methoden auszuprobieren. Wenn Ihnen der Austausch mit Ihrem Kind Freude bereitet und die Massage Spaß macht, stimulieren Sie Ihr Kind auf angenehme Weise und schaffen Sie damit ein festes Fundament für seine Entwicklung.

Dr. Stephen Berman
Präsident der »American Acedemy of Pediatrics«
Vorsitzender von »General Pediatrics« und der Medizinischen Fakultät der Universität Colorado, Leiter der Kinderklinik

Einführung

Als ich im Jahre 1973 in einem kleinen Waisenhaus in Indien arbeitete und forschte, machte ich eine Entdeckung, die mein Leben völlig auf den Kopf stellte und mich zu einem grundlegenden Umdenken bewog.

Ich wurde mir der Bedeutung der traditionellen indischen Babymassage bewusst, ihrer beruhigenden Wirkung und ihrer Rolle, die sie bei der liebevollen, nonverbalen Kommunikation spielt. Eine indische Mutter massiert ihre Familienangehörigen regelmäßig und gibt die Massagetechniken an ihre Töchter weiter. In dem Waisenhaus massierten die älteren Kinder die jüngeren fast täglich. Dies war eine Form der Fürsorge, die mir aus den Vereinigten Staaten nicht bekannt war. Als ich in der letzten Woche meines Indienaufenthalts an Malaria erkrankte und im Fieberdelirium lag, konnte ich selbst von der Wohltat einer solchen Massage profitieren. Alle Frauen aus der Nachbarschaft kamen, um nach mir zu sehen. Mit ihren geschickten Händen massierten sie meinen Körper, als wäre ich ein Baby, dann sangen sie mir etwas vor, wobei sie sich abwechselten, bis mein Fieber endlich sank. Ich werde das Gefühl, wie ihre Hände und Herzen mich berührten, nie vergessen.

Nach einem tränenreichen Abschied im Waisenhaus hielt meine Rikscha auf dem Weg zum Bahnhof an, um einen Büffelwagen vorbeizulassen. Rechts sah ich eine Hütte, die nur aus ein paar Brettern und Planen bestand und in der eine Familie, hier am Straßenrand, lebte. Drinnen saß eine junge Mutter mitten im Dreck mit ihrem Baby auf dem Schoß, das sie liebevoll massierte, während sie ihm ein Lied vorsang. Als ich sie beobachtete, dachte ich, wie viel Wichtigeres es doch im Leben gibt als materiellen Wohlstand. Sie besaß so wenig und doch konnte sie ihrem Baby dieses wunderbare Geschenk der Liebe und Sicherheit machen, ein Geschenk, das dazu beitragen würde, dass das Kind zu einem mitfühlenden Menschen wird.

Ich dachte an all die Kinder, die ich in Indien kennen gelernt hatte, und daran, wie liebevoll, herzlich und verspielt sie trotz ihrer so genannten Benachteiligung waren. Sie sorgten füreinander und übernahmen Verantwortung ohne Vorbehalte. Vielleicht, so kam es mir in den Sinn, waren sie so liebevoll, entspannt und natürlich, weil sie als Kinder diese Form der Zuneigung erfahren hatten und weil die Kinder in Indien seit Tausenden von Jahren auf diese Weise geliebt werden.

Vielleicht trägt die Massage dazu bei, dass sie sich in ihrer Welt wohl fühlen und ihr nicht als Feinde oder Eroberer gegenüber treten. Sie werden in der Liebe und Wärme willkommen geheißen, die für sie da ist, wodurch sie die Sensibilität bewahren können, die sich in einem neugeborenen, noch unverbildeten, zerbrechlichen Körper verbirgt. Die Massage unterstützt den Körper auch darin, sich an die Reizüberflutung einer Welt voller Lärm, Licht und Aktivität mit all ihren Härten anzupassen und neugierig statt ängstlich ins Leben zu gehen. Später erlernte ich diese Kunst des Herzens und der Hände bei vielen Müttern und Großmüttern – eine Kunstfertigkeit, die einen deutlich spürbaren Einfluss auf Körper, Geist und Seele derjenigen hat, die davon profitieren.

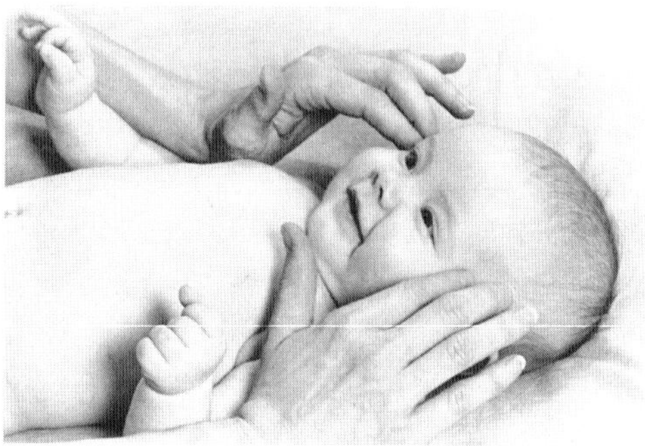

Mein erstes Kind wurde 1976 geboren, und ich begann, meinen Sohn jeden Tag zu massieren. Ich hatte bereits einige Jahre Yoga gelehrt und stellte nun fest, dass sich einige der Massagetechniken und Yogastellungen leicht in unsere tägliche Massagepraxis übernehmen lassen – eine Praxis, die auf meiner eigenen Kombination aus alten indischen und modernen schwedischen Methoden, verbunden mit Techniken, die ich als Yogalehrerin kannte, basierte. Diese gelungene Mischung verhalf meinem Sohn zu einer wunderbaren Harmonie des Energieflusses, zu Entspannung und Anregung. Zusätzlich schien sie die schmerzhaften Blähungen zu lindern, unter denen er im ersten Lebensmonat litt. Sanfte, an Yoga angelehnte Übungen am Ende der Massage brachten seinem Verdauungssystem auf spielerische Weise Erleichterung und Unterstützung.

Wenn ich mein Baby voll konzentriert, entspannt und mit offenem Herzen massierte, schien es sich zu entspannen und war den restlichen Tag über viel glücklicher. Als ich die Massage einmal zwei Wochen lang nicht anwandte, konnte ich eine deutliche Veränderung wahrnehmen. Mein Sohn wirkte angespannt und war allgemein viel unruhiger. Nachts hielten uns schmerzhafte Koliken stundenlang wach. Von diesem Zeitpunkt an beschloss ich, dass die Massage ein fester Bestandteil unseres Lebens bleiben würde – nicht nur ein Mittel zur Entspannung und Stressverminderung, sondern ein Hauptmerkmal unserer Kommunikation.

Als mein Sohn sieben Monate alt war, traf ich die Entscheidung, einen Lehrplan zu entwickeln und andere Eltern an meinen Erfahrungen teilhaben zu lassen. Seither haben Tausende von Eltern und Kindern meine Kurse und meinen Privatunterricht besucht. Über die Jahre hinweg lieferten sie mir weitere Inspirationen und trugen zu meiner Weiterbildung bei, wofür ich zutiefst dankbar bin.

Seit Beginn meiner Babymassagekurse ist das Interesse von Eltern und denjenigen, die beruflich mit Kindern zu tun haben, stetig gewachsen. Ich fing an, andere in dieser Massagetechnik auszubilden, die dann wiederum als Trainer arbeiteten. Inzwischen sind wir eine internationale, nicht gewinnorientierte Organisation geworden, die erste und größte ihrer Art, die sich der Bewahrung und Weiterverbreitung dieser alten Praktiken widmet: Die »Internationale Gesellschaft für Babymassage« (IGBM) mit Sitz in mehr als 27 Ländern. An vielen Krankenhäusern wird das Pflegepersonal in Massagetechniken für Frühgeborene und kranke Babys ausgebildet, und Eltern erhalten Anleitungen, um die Bindung zu ihren Kindern zu vertiefen und deren Beschwerden zu lindern. Darüber hinaus werden die Vorteile dieser einfachen Methode, die sich in der Jahrtausende alten Praxis verfeinern und weiterentwickeln konnte, inzwischen tagtäglich von der modernen, wissenschaftlichen Forschung nachgewiesen. (In diesem Zusammenhang habe ich mir häufig den kleinen Scherz erlaubt, dass man im Westen eine Doppelblindstudie benötige, um zu beweisen, dass Gras wächst, wenn man es gießt.)

Inzwischen sind meine Kinder erwachsen, und nach wie vor wirken die Massagen ihrer Kindheit nach. Die tägliche Massage hat den Grundstein für körperliche, emotionale und seelische Harmonie sowie für eine Verbundenheit gelegt, die wir ein Leben lang in uns tragen werden.

An dieser Stelle möchte ich gerne einen Brief wiedergeben, den mir eine Mutter geschrieben hat, die die Babymassage aus meinem Buch erlernte, als ich gerade zu unterrichten begann. Der Brief ist nicht dazu gedacht, medizinische

Ratschläge zu geben. Wenn Ihr Kind krank ist, sollten Sie natürlich ärztliche Hilfe in Anspruch nehmen und sich vergewissern, dass Ihre Massage auf die Bedürfnisse des Babys abgestimmt ist. Was die Mutter in dem nachfolgenden Brief schreibt, soll Ihnen zeigen, welch umfassende Wirkung diese einfache Methode in einer Familie erzielen kann. Ich bedanke mich bei der Mutter, die mir diesen unschätzbaren Brief geschickt hat.

Liebe Vimala,

ich möchte mich bei Ihnen persönlich für den unschätzbaren Dienst bedanken, den Sie meinen Kindern erwiesen haben.
Mein Sohn wurde mit einer Medikamentenabhängigkeit geboren, da ich während meiner Schwangerschaft wegen Toxikose und vorzeitiger Wehen ein Medikament einnehmen musste. Zusätzlich erhielt ich einige Male intravenöse Spritzen. Während der Schwangerschaft wurden mein Mann und ich von verschiedenen Ärzten davor gewarnt, die Schwangerschaft fortzusetzen. Man versicherte uns, wir würden ein behindertes Kind bekommen, das nur »dahin vegetieren« würde usw. Wir kämpften hart und mit Erfolg, denn in der 38. Woche wurde unser robuster Sohn mit einem Gewicht von 4054 g geboren. Es war sehr schnell klar, dass sein Nervensystem von den Medikamenten und dem Stress stark angegriffen war.

Er schrie unentwegt oder schlief ständig und verpasste dadurch die Essenszeiten. Wenn er aufschreckte, schlug er mit seinen Armen und Beinen unkontrolliert um sich. Die Ärzte wollten ihm Beruhigungsmittel verordnen. Wieder versicher-

ten sie mir, dass sein Nervensystem (und wahrscheinlich sein Gehirn) irreparable Schäden davon getragen hätte. Schließlich rettete uns eine wunderbare Nachbarin und Stillberaterin. Sie brachte mir Techniken der Babymassage bei, mit denen ich ihn beruhigen konnte, und sie zeigte mir, wie ich ihn wickeln sollte, um sein sensibles Nervensystem zu schonen. Kurz, er entwickelte sich zu einem aufgeweckten und entzückenden Krabbelkind. Das Zucken verschwand, und seine hervorragenden intellektuellen Fähigkeiten kamen zum Vorschein, verbunden mit einer Energie, der wir arme Erwachsene kaum gewachsen waren. Heute besucht mein angeblich »behindertes« Kind die höhere Schule, hat eine nationale Schülerauszeichnung erhalten, ist ein anerkannter Klassensprecher, ein wundervoller, freiwilliger Helfer, und er ist mit einer ebenso intelligenten jungen Frau verlobt. Als Teenager zeichnete er sich durch seine schulischen Leistungen aus und erhielt über 375.000 Dollar als Stipendium. Er arbeitet mit schwerbehinderten Erwachsenen und möchte Arzt werden.

Auch mein zweiter Sohn kam nach einer Hochrisikoschwangerschaft zur Welt. Die Medikation war etwas fortschrittlicher und hielt in Verbindung mit einer entsprechenden Ernährung die Schwangerschaftstoxikose in Grenzen. Er wurde mit auffälligen neurologischen Störungen geboren. Als er fünf Monate alt war, warnte man uns, er entwickle erste Symptome von Autismus. Er war übernervös und – einfach ausgedrückt – ein Problemkind.

Wieder griff ich auf meine Erfahrungen mit der Massage zurück. Die Spannung in seinen kleinen Gliedmaßen löste sich, und er blieb in Kontakt mit seiner Umwelt. Ich hielt ihn immer eng an meinem Körper und ließ ihn nur für kurze Zeit allein bei Babysittern, die bereit waren, ihn zu trösten, zu halten und zu massieren, wenn er es brauchte. Obwohl er immer noch ein paar Probleme hat, ist er heute ein intelligenter und fürsorglicher 16-jähriger Junge. Er betätigt sich bereits als Computerdesigner für Spielzeug- und Softwarehersteller.

Ohne die Hilfe meiner Nachbarin, die Ihre Massagetechnik erlernt hat, glaube ich nicht, dass meine Söhne heute da wären, wo sie jetzt sind. Ich bin der Meinung, dass ihre intellektuellen, körperlichen und emotionalen Fähigkeiten der Fürsorge zuzuschreiben sind, die sie durch die Massage in ihrer Kindheit erfahren haben. Wie kann ich Ihnen jemals dafür danken? Seien Sie versichert, dass ich als Mutter immer in Ihrer Schuld stehen werde.

Herzliche Grüße
Eine dankbare Mutter

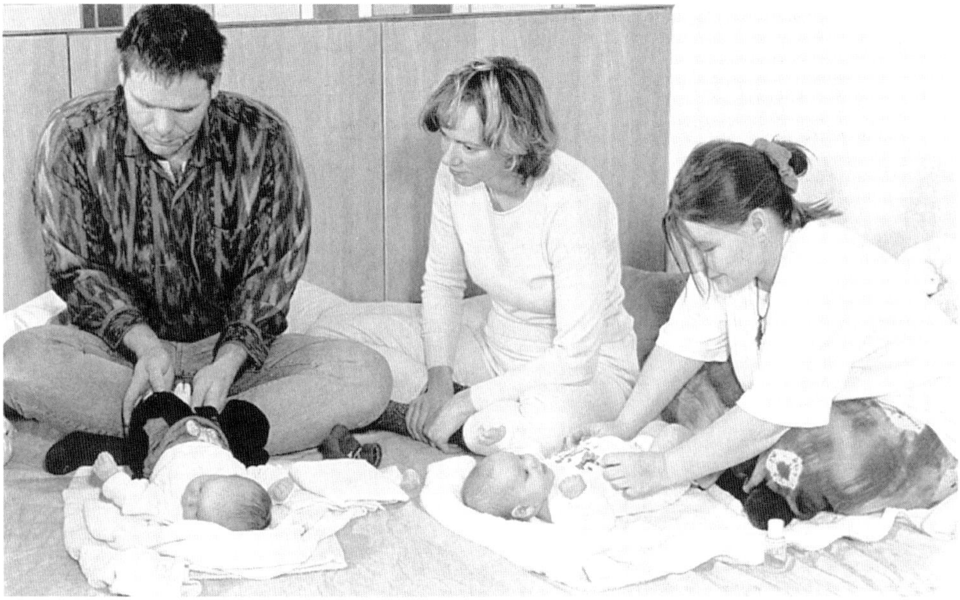

Babymassage kann die Fürsorge einer verantwortungsbewussten Mutter wie dieser unterstützen. Ihre Wirkung reicht weit über die spontanen, körperlichen Erfolge hinaus. Wenn Sie Ihr Baby regelmäßig massieren, werden Sie entdecken, dass zwischen Ihnen und Ihrem Kind ein lebenslanges Band entsteht.

Wie man die richtigen Worte findet

Wie viele Autoren habe ich mich mit dem Problem der weiblichen und männlichen Pronomen für die Anrede des Babys auseinander gesetzt. In der deutschen Übersetzung wird jedoch einheitlich »es« für das Baby verwendet.

Eine weitere Schwierigkeit entstand im Zusammenhang mit der Person, die das Baby massiert. Um des besseren Ausdrucks willen habe ich mich auf die Mutter als Masseurin bezogen, denn meiner Erfahrung nach ist meist sie es, die diese Art der Kinderpflege übernimmt. Darüber hinaus ist die Massage, so wie ich sie verstehe, eine »mütterliche« Aktivität, egal, ob sie nun von der Mutter oder vom Vater, vom Bruder oder von der Schwester, von der Großmutter oder dem Großvater praktiziert wird.

Da es mein aufrichtiger Wunsch ist, dass auch Väter sich gleichermaßen für die Babymassage interessieren und sie anwenden sollten, habe ich ihnen ein eigenes Kapitel gewidmet. Den Vätern, die dieses Buch ganz lesen und sich entschließen, ihr Baby zu massieren, empfehle ich deshalb, das Wort »Mutter« an den entsprechenden Stellen einfach durch »Vater« zu ersetzen.

Doch nun genug der Worte!

1 Warum sollen Sie Ihr Baby massieren?

Berührt, gestreichelt und massiert zu werden,
ist Nahrung für das Kind.
Nahrung, die genauso wichtig ist
wie Mineralien, Vitamine und Proteine.

Frédérick Leboyer

Eine jahrhundertealte Tradition

Die Nachmittagssonne scheint durch die Ritzen der Holztür. Eine junge Mutter wiegt ihr Baby sanft auf ihrem Schoß. Zum zweiten Mal an diesem Tag nimmt sie ihm sein winziges Häubchen ab und zieht es aus.

Von der beengenden Kleidung befreit, strampelt das Baby und rudert mit seinen Ärmchen in der Luft. Es hört das inzwischen vertraute Geräusch, wenn die Mutter das warme Massageöl in ihren Händen verreibt und dabei ein beruhigendes Wiegenlied singt. So beginnt seine zweite tägliche Massage.

Diese Szene spielt in einem jüdischen »Schtetl«, einer kleinen, polnischen Enklave Anfang des 19. Jahrhunderts. Wir könnten uns jedoch auch in jedem anderen Jahrhundert und an jedem anderen Ort der Welt befinden, denn über die Jahrhunderte hinweg ist dieser Ausdruck von Mütterlichkeit in allen Kulturen verbreitet gewesen.

Von den Eskimos in der kanadischen Arktis bis zu den ostafrikanischen Ganda, von Südindien bis Nordirland, von Russland, China, Schweden, Südamerika bis zu den Hütten der Südseeinsulaner und den modernen, amerikanischen Wohnungen werden Babys jeden Tag liebevoll massiert, gestreichelt und bekommen Wiegenlieder vorgesungen. Auf der ganzen Welt wissen Mütter, dass ihr Baby gehalten, getragen, gewiegt und gestreichelt werden will. Die sanfte Babymassage gehört zu den traditionellen Methoden der Kinderpflege, die von einer Generation an die nächste überliefert werden. Nach dem »Warum« befragt, würden wir in jeder Kultur eine andere Antwort erhalten. Die häufigste lautet ganz einfach: »Das ist bei uns so Sitte.«

Viele der alten Bräuche, die Anfang des 20. Jahrhunderts dem »Fortschritt« geopfert wurden, werden nun wieder entdeckt, da die moderne Wissenschaft ihre Bedeutung für das Wohlbefinden unserer Kinder und unserer Gesellschaft erkennt. Multikulturelle Studien haben nachgewiesen, dass die Erwachsenen in einer Gesellschaft, in der die Kinder am Körper gehalten, massiert, gewiegt, gestillt und getragen werden, weniger aggressiv und gewalttätig sind und viel mehr Gemeinschaftssinn und Mitgefühl haben. Angesichts unserer »Neuentdeckungen« würden unsere Urgroßmütter nur rufen: »Das hab ich dir doch gleich gesagt!«

Können Babys mit zu viel Liebe »verzogen« werden?

Die Forschung kann zu unserem Verständnis beitragen, warum diese traditionellen Methoden so bedeutsam sind. Wenn wir die Hintergründe kennen, werden wir Bräuche nicht so schnell ablehnen, die unser Leben zutiefst bereichern können. Fast alle, die gerade Eltern geworden sind, hören in den ersten Monaten die Ermahnung: »Verwöhnt euer Kind nicht zu sehr.« Unsere Sorge, unsere Kinder »zu verziehen«, rührt aus einer Zeit, als man aufgrund der Erkenntnisse aus der Verhaltensforschung glaubte, man könne Kinder so konditionieren, dass sie sich wie kleine Erwachsene benehmen, indem man ihr Schreien ignoriert und ihnen nicht allzu viel Zuneigung zeigt.

Es ist längst bewiesen, dass Kinder, die vernachlässigt und bestraft wurden, unter Bindungsproblemen leiden und, wenn nicht helfend eingegriffen wird, oftmals zu gestörten, wenn nicht gar antisozialen oder soziopathischen Persönlichkeiten heranwachsen. Seit mehr als zwanzig Jahren lehre ich Eltern, sich tiefer auf ihre Kinder einzulassen, sie zu respektieren, ihre nonverbale »Sprache« verstehen zu lernen und sie liebevoll zu behandeln. Diese Eltern haben mir in zahllosen Briefen bestätigt, dass die Babymassage ihr ganzes Familienleben verändert hat und sich ihre Kinder zu vitalen, kreativen, aufgeweckten, selbstsicheren, intelligenten, sozialen, liebevollen und mitfühlenden Wesen entwickelt haben. Die Befürworter der autoritären Erziehung vergessen, dass Eltern in aller Welt seit Jahrtausenden ihre Babys ganz natürlich liebevoll behandeln, sie nach Bedarf stillen, sie im »Familienbett« schlafen lassen und in unterschiedlichen Tüchern oder Rucksäcken tragen. Und diese Befürworter erwähnen auch nicht, dass man in den Biografien von Terroristen, Serienmördern und grausamen Diktatoren unterschiedslos einen autoritären Erziehungsstil in der Kindheit findet.

Babymassage, so wie sie in diesem Buch vermittelt wird, ist kein Trend. Vielmehr ist sie eine alte Kunst, die eine tiefe Beziehung zwischen Ihnen und Ihrem Kind herstellt. Sie trägt dazu bei, dass Sie die individuelle, nonverbale Sprache Ihres Babys verstehen, liebevoll darauf reagieren und ihm mit Achtung zuhören können. Als Mutter oder Vater verleiht sie Ihnen enorme Fähigkeiten, denn mit ihr werden Sie zum Experten für Ihr Kind und können auf seine individuellen Bedürfnisse eingehen. Anstatt zu einem egoistischen und fordernden Menschen heranzuwachsen (obwohl alle Kinder solche Entwicklungsphasen durchlaufen), fließt ein Kind, dem man zuhört, dessen Herz erfüllt und von Liebe umgeben ist, selbst über vor Liebe. Und es gibt ganz von allein und selbstlos an andere weiter, was ihm an Gutem zuteil geworden ist. Durch die tägliche Berührung lernt das Kind, was es heißt, einen anderen in einer gesunden, respektvollen Weise zu berühren. Es beobachtet seine Eltern und ahmt ihr Verhalten nach, wodurch es Selbstdisziplin erlangt. Es muss nur wenig rebellieren, denn es empfindet keinen nagenden Groll auf das autoritäre oder autokratische Verhalten seiner Eltern und auf deren unvorhersehbare Regeln und Strafen. Das enge Band der Gefühle, das in der Kindheit geknüpft wurde, legt den Grundstein für ein Leben voller Zuversicht, Mut, Zuverlässigkeit, Vertrauen und Liebe.

Babymassage ist nicht nur für Eltern mit einer bestimmten Lebenseinstellung gedacht. Ob Ihr Kind nun bei Ihnen im Bett schläft oder in seinem eigenen Zimmer, ob es ein Still- oder Flaschenkind ist, ob es früh oder spät abgestillt wird – all diese Entscheidungen liegen ganz bei Ihnen. Wenn Sie Ihr Baby massieren, bringen Sie einfach Ihre Liebe zum Ausdruck, lösen Spannung und lernen, die Bedürfnisse Ihres Kindes besser zu verstehen. Und das macht Freude.

Nach 50 Jahren intensiver Forschung wissen wir, dass – wie bei einer Frucht – Vernachlässigung und nicht Zuwendung dem Kind schadet. »Noch bevor meine Tochter geboren war, hat man mich damit unter Druck gesetzt, sie ja nicht zu verwöhnen«, sagt Judith, Mutter der dreijährigen Kelsey. »Aber ich hatte ein ganz anderes Gefühl in mir. Die Informationen über die Vorteile der Babymassage haben mich darin bestärkt, als Mutter so zu werden, wie ich es mir vorgestellt habe. Und die Forschung hat mir die Gegenargumente geliefert, wenn man mir widersprochen hat.« Wenn wir wissen, warum unsere Zärtlichkeit für unsere Kinder so wichtig ist, fällt es uns leichter, unserer Intuition zu folgen.

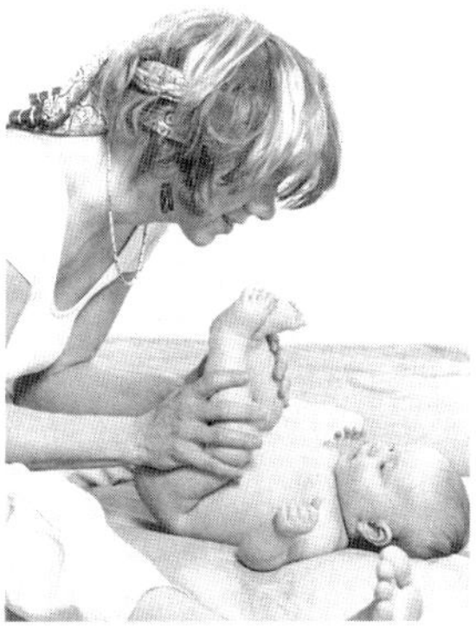

Die positive Wirkung der Babymassage ist für Babys und Eltern weitreichender, als es zunächst den Anschein hat. Für ein Kind ist die Massage viel mehr als eine angenehme Sinneserfahrung oder eine Form der physikalischen Therapie. Vielmehr ist sie in vieler Hinsicht ein Mittel zur Erhaltung der Gesundheit und des Wohlbefindens. Sie trägt zum Selbstvertrauen der Eltern bei, die ihrem neugeborenen Kind, das ihnen so plötzlich und nachdrücklich anvertraut wurde, etwas Gutes tun wollen. Und sie erhalten eine positive Reaktion darauf.

Die Vorteile der Hautstimulation

Die Sensibilität der Haut ist eine der am frühesten entwickelten und wichtigsten Körperfunktionen. Ihre Stimulation ist sowohl bei Tieren als auch bei Menschen von wesentlicher Bedeutung für die altersgemäße organische und psychische Entwicklung. Nach dem Hintergrund der Babymassage befragt, antwortete der Anthropologe Ashley Montagu: »Die Menschen erkennen nicht, dass sich das Baby als Erstes über den Hautkontakt ausdrückt und mittels der Haut kommuniziert. Wenn sich die meisten Menschen dessen bewusst wären, ließen sie ihren Kindern schon lange die notwendige Hautstimulation zuteil werden.«[1]

Vielleicht fragen Sie sich, warum ich anfangs nur über Babys sprach und nun auch Tiere mit ins Spiel bringe. Der Grund dafür liegt darin, dass die Wissenschaftler bei Tieren Verhaltens- und Reaktionsweisen entdeckt haben, die oftmals faszinierende Parallelen zur menschlichen Entwicklung aufweisen. Säugetiere »verstecken« ihre Jungen entweder in einem Nest oder sie tragen sie mit sich herum. Die Nestbauer lassen ihre Jungen oft allein, wenn sie auf Nahrungssuche gehen. Die Jungen müssen sich lange Zeit still verhalten, um keine Feinde auf sich aufmerksam zu machen. Deshalb schreien sie nicht. Aus dem gleichen Grund urinieren sie nicht, außer, wenn sie von der Mutter dazu stimuliert werden. Sie können auch ihre Körpertemperatur selbst regulieren. Die Muttermilch dieser Tiere enthält besonders viel Protein und Fett, und die Jungen saugen sehr schnell.

Im Gegensatz dazu haben die Tiere, die ihre Jungen bei sich tragen, ständigen Körperkontakt und säugen ihre Jungen sehr oft. Die Jungen saugen langsam, urinieren häufig, schreien, wenn sie in Not oder allein sind, und brauchen die Mutter, um sich warm zu halten. Der Protein- und Fettgehalt der Muttermilch ist niedrig, sodass die Jungen häufig gesäugt werden müssen. Die menschliche Rasse entspricht den Tieren, die ihre Jungen bei sich tragen. Tatsächlich ist der Protein- und Fettgehalt der menschlichen Muttermilch mit dem der Menschenaffen identisch – und diese tragen ihre Jungen bei sich. Unsere Kinder brauchen diesen engen Körperkontakt mit uns so viel wie möglich.

Die berühmten Affenexperimente von Harry Harlow erbrachten als erste den Nachweis, dass für Kinder Körperkontakt wichtiger als Nahrung ist. Affenbabys, die zwischen einer künstlichen Affenmutter aus Draht mit Futter und einer Plüschmutter ohne Nahrung wählen konnten, entschieden sich für die Plüschpuppe.[2] Menschliche Babys mit Gedeihstörungen zeigen die gleiche Verhaltensweise. Obwohl sie die Nahrung erhalten, die sie brauchen, verlieren sie zunehmend an Gewicht, wenn sie keine emotionale Fürsorge, keinen Trost durch Körperkontakt und keine Körperpflege bekommen.

In körperlicher Hinsicht dient die Massage beim Menschen demselben Zweck wie das Lecken bei den Tieren. Durch das Lecken bleiben Tiere in engem Körperkontakt mit ihren Jungen. Tiere, die in der frühen Entwicklungsphase nicht geleckt oder gestreichelt wurden und die sich nicht anklammern konnten, bleiben unterentwickelt und sind viel anfälliger für Stress. Sie zeigen mehr Kampfbereitschaft und misshandeln und vernachlässigen ihre eigenen Jungen. Das Lecken regt die physiologischen Systeme an und garantiert die Bindung zwischen Mutter und Jungem. Eine Katzenmutter verbringt über die Hälfte ihrer Zeit damit, ihre Jungen zu lecken – und Sie werden niemals ein Kätzchen mit Koliken sehen! Tatsächlich sterben neugeborene Kätzchen ohne die Stimulation durch das Lecken, die dazu beiträgt, dass ihr Verdauungssystem zu funktionieren beginnt.

In einer Studie mit Ratten, denen die Schilddrüse und die Nebenschilddrüse (endokrine Drüsen, die das Immunsystem regulieren) entfernt worden waren, zeigten die Tiere eine bemerkenswerte Reaktion auf Massage. In der Versuchsgruppe wurden die Ratten mehrmals täglich massiert, und man sprach mit ihnen. Sie waren entspannt, zutraulich und weniger ängstlich. Ihr Nervensystem blieb stabil. Die Kontrollgruppe, die diese Fürsorge nicht erhielt, war nervös, ängstlich, reizbar und aggressiv. Die Ratten in dieser Gruppe starben innerhalb von 48 Stunden. Eine andere Studie ergab eine größere Immunität gegen Krankheiten, eine schnellere Gewichtszunahme und eine bessere neurologische Entwicklung bei den Ratten, die als Junge zärtlich gestreichelt worden waren.

Bei den höher entwickelten Tiergattungen weisen Hunde, Pferde, Kühe, Delphine und viele andere Tiere auffällige Unterschiede auf, wenn sie als Junge liebevoll behandelt wurden. Zärtliche Berührung und Streicheln verbesserten die Funktion praktisch aller lebenswichtigen Körpersysteme (Atmung, Kreislauf, Verdauung, Ausscheidung, Nerven und endokrine Drüsen) und führten zu einer drastischen Veränderung der Verhaltensmuster. Die Tiere waren nicht so ängstlich und leicht erregbar und sie waren sanfter, gutmütiger und zutraulicher. In seinem Buch »Körperkontakt« schreibt Ashley Montagu: »... je mehr wir über die Wirkung von Hautstimulation in Erfahrung bringen, desto deutlicher wird uns, wie ausgesprochen wichtig sie für eine gesunde Entwicklung ist.«[3]

In fast jeder Studie mit Vögeln oder Säugetieren konnte nachgewiesen werden, dass der enge Körperkontakt sowohl für das gesunde Überleben der Jungen als auch für die Milchproduktion der Mutter von wesentlicher Bedeutung ist. Wenn in den oben erwähnten Studien mit Ratten die trächtigen Weibchen daran gehindert wurden, sich zu lecken (eine Art Selbstmassage), nahm ihr mütterliches Interesse an den Jungen stark ab. Darüber hinaus nahmen die Jungen von Rattenmüttern, die während ihrer Trächtigkeit jeden Tag gestreichelt worden waren, besser zu und waren weniger erregbar. Die Rattenmütter kümmerten sich mehr um ihre Jungen und hatten mehr und gehaltvollere Milch.

Die Untersuchungsergebnisse bestätigen, dass das Gleiche auch auf Menschen zutrifft. Studien mit Frühgeborenen, bei denen ähnliche Techniken wie die in diesem Buch angewendet wurden, ergaben, dass die tägliche Massage von enormem Nutzen ist. Die Forschungsprojekte der Medizinischen Fakultät der Universität Miami unter der Leitung von Dr. Tiffany Field, Begründerin des *Touch Research Instituts*, führten zu bemerkenswerten Resultaten. In einer Studie wurden 20 Frühgeborene jeweils dreimal täglich 15 Minuten lang massiert.[4, 5] Sie nahmen pro Tag durchschnittlich 47 Prozent mehr zu, waren aktiver und munterer, und ihre neurologische Entwicklung war viel fortgeschrittener als die der anderen Babys, die nicht massiert wurden. Darüber hinaus verkürzte sich ihr Krankenhausaufenthalt im Durchschnitt um sechs Tage.

Ruth Rice, eine Psychologin aus Dallas, führte eine Untersuchung an 30 Frühgeborenen durch, nachdem diese das Krankenhaus verlassen hatten. Sie teilte sie in zwei Gruppen ein. Die Mütter in der Kontrollgruppe wurden in der herkömmlichen Kinderpflege geschult, während die Forschungsgruppe Anleitungen für die tägliche Massage und das Wiegen erhielten. Im Alter von vier Monaten waren die Babys, die massiert worden waren, den anderen sowohl in ihrer neurologischen Entwicklung als auch hinsichtlich ihrer Gewichtszunahme voraus.[6]

Die natürliche Sinnesstimulation der Massage beschleunigt die Myelinbildung des Gehirns und des Nervensystems. Die Myelin-Mark-Scheide ist eine Fettschicht, die jeden Nerv umhüllt wie die Isolierung um ein Elektrokabel. Sie schützt das Nervensystem und beschleunigt die Impulsübertragung vom Gehirn in den restlichen Körper. Der Prozess der Ummantelung der Nerven ist bei der Geburt noch nicht abgeschlossen. Durch die Hautstimulation wird er unterstützt, wodurch die Geschwindigkeit der Neuralzellenübertragung erhöht und die Kommunikation zwischen Gehirn und Körper verbessert wird.

Im Jahre 1978 wurde die transkutane Sauerstoffmessung entwickelt, die es den Ärzten ermöglicht, den Sauerstoffgehalt im Körper mittels einer Elektrode auf der Haut zu messen. Man fand heraus, dass Kinder im Krankenhaus einen enormen Anstieg des Sauerstoffgehalts aufwiesen, wenn man sie Stress aussetzte. Massage und Entspannung durch Berührung (siehe Kapitel 5) gleichen diese Schwankungen aus. Inzwischen sind solche Methoden in Krankenhäusern zur Routine geworden, um den Stress beim Windelwechseln, bei der Blutentnahme an der Ferse und anderen aufregenden Maßnahmen zu lindern.

Neuere Forschungen kommen jeden Tag zu ähnlichen Ergebnissen, die bestätigen, was uns die jahrhundertealte Tradition lehrt: Kinder brauchen liebevolle Berührung. Prof. Dr. Lawrence Schachner, Professor für Dermatologie und Plastische Chirurgie, empfiehlt die Berührung zur Linderung bei Hautkrankheiten wie Ekzemen. »Darüber hinaus verbessert sie die Interaktion zwischen Eltern und Kind«, sagt er. Dr. Tiffany Field stimmt ihm zu: »Unsere Forschungsergebnisse deuten darauf hin, dass die Berührung für Babys und Kinder ebenso wichtig ist wie Essen und Schlafen.« Sie weist darauf hin, dass liebevolle Berührung physiologische Veränderungen herbeiführt, die das Wachstum und die Entwicklung des Kindes fördern. Außerdem stimuliert Bewegung die Nerven im Gehirn, welche die Verdauung unterstützen und Stresshormone abbauen, was wiederum zu einer besseren Funktion des Immunsystems beiträgt.[7] Ein Bericht des *Families and Work-Instituts* besagt, dass in den ersten drei Lebensjahren der Großteil der Synapsen (gr.: Verknüpfungen; Anm.d.Übers.) zwischen den Gehirnzellen gebildet wird. Die Autoren gelangen zu der Schlussfolgerung, dass der Austausch von Zärtlichkeit, wie er bei einer Massage erfolgt, die emotionale Entwicklung des Kindes und seine Fähigkeit, als Erwachsener mit Stress umzugehen, direkt beeinflussen kann.

Mütter und Väter profitieren ebenfalls von liebevollem Körperkontakt und Massage. Mütter, die während der Schwangerschaft und bei der Entbindung viele Streicheleinheiten bekommen, haben in der Regel leichtere Geburten und gehen besser auf ihre Babys ein. Darüber hinaus belegen Forschungsergebnisse, dass Mütter, die während der Schwangerschaft unter Dauerstress standen, oftmals Babys zur Welt bringen, die mehr und ausdauernder schreien als die Kinder von Müttern mit einer harmonischen Schwangerschaft.

Väter, die eine Beziehung zu ihrem Kind herstellen wollen, indem sie die Mutter sanft massieren, mit dem Baby sprechen, seine Bewegungen im Mutterleib spüren, Geburtsvorbereitungskurse mit ihrer Frau besuchen und Bücher über die kindliche Entwicklung und Psychologie lesen, sind gewöhnlich aufmerksamere und bessere Väter. Indem Sie Ihr Baby regelmäßig massieren (und sich während der Schwangerschaft sanft massieren lassen), kommt eine gesunde Kettenreaktion in Gang, die wiederum Ihre Fähigkeiten als Mutter Tag für Tag verbessert und das Wohlbefinden des Kindes, seine Disposition und nicht zuletzt die Mutter-Kind-Bindung stärkt.

Stress und Entspannung

Zur Zeit unserer Großmütter war Fieber bei Babys noch ein großes Risiko. In jedem Jahrhundert gab es irgendeine gefährliche Kinderkrankheit. Obwohl viele ansteckende Krankheiten durch bessere hygienische Bedingungen und den medizinischen Fortschritt ausgemerzt wurden, ist die heutige Zeit durch eine viel subtilere und heimtückischere Krankheit gekennzeichnet – durch den Stress.

Stress kann sich sogar schon vor der Geburt negativ auf das Kind auswirken. Durch die Plazenta gelangen die Stresshormone, die im Blutkreislauf der Mutter ständig vorhanden sind, ins Blut des Kindes. Untersuchungen haben ergeben, dass Dauerstress und Angst die Nahrungsverwertung der Mutter beeinträchtigen, wodurch sich das Geburtsgewicht des Babys verringern kann und sie womöglich ein hyperaktives und übererregbares Kind zur Welt bringt.

Wenn wir begreifen, dass unsere Erfahrungen und Reaktionen unsere eigene Biochemie beeinflussen, indem lebenserhaltende oder angstauslösende Stoffe durch unseren Körper fließen, leuchtet es uns ein, dass diese Stoffe auch in den Körper unseres ungeborenen Kindes gelangen. Seine Zellen empfangen die jeweilige Information und programmieren seine Struktur entsprechend. Deshalb erlebt womöglich bereits das Ungeborene die Welt als einen Ort voller Angst und Stress, wo man kämpfen muss oder bedroht ist, oder aber es erlebt sie als einen Ort der Sicherheit und Liebe, der Freude und Selbstverwirklichung. Das soll nicht heißen, dass alles verloren ist, wenn die Lebensumstände nicht gerade die besten sind. Die Babymassage ist ein Mittel, um die Einstellung unserer Kinder zum Leben zu verändern, ihren Schmerz und Kummer zu lindern, ihre Angst abzubauen und ihnen zu helfen, Liebe und Freude zu erfahren. Je bewusster wir werden, desto besser verstehen wir, wie wichtig unsere geistige Einstellung für unsere Gesundheit und ein langes Leben ist – und ebenso für die Gesundheit, das lange Leben, die Intelligenz und die Fähigkeit unserer Kinder, Liebe und Lebensfreude zu empfinden und auszudrücken.

Früher lebten die Kinder in einfacheren Kulturen, was den Vorteil hatte, dass sie in Großfamilien und in einer natürlichen Umgebung mit relativ wenigen Veränderungen aufwuchsen. Unsere Kinder heute, die in eine Welt mit rasantem technischen Fortschritt hinein geboren werden, müssen lernen, mit Stress umzugehen, um gut zu gedeihen und zu überleben. Daher müssen wir ihnen vom Zeitpunkt der Empfängnis an positive und erfolgreiche Methoden zur Stressbewältigung beibringen und ihnen Vertrauen in ihre eigene Kraft und Anpassungsfähigkeit geben.

Sicherlich können wir Stress nicht ganz abschaffen, was auch gar nicht wünschenswert wäre, denn in der richtigen Dosierung trägt er wesentlich zur Entwicklung der Intelligenz bei. Wie funktioniert das? Im Stresszustand produziert die Hirnanhangdrüse das Hormon »ACTH« (adrenocorticotropes Hormon). Das ACTH reguliert die Ausschüttung von Glukokortikoiden (auch Glukosteroide; auch als »Stresshormone« bezeichnet; Anm.d.Übers.) in der Nebennierenrinde, die wiederum das Gehirn und den Körper in die Lage versetzen, auf unbekannte oder unvorhergesehene Notfälle zu reagieren. In Tierversuchen stellte man fest, dass dieses Hormon die Produktion vieler neuer Proteine in Gehirn und Leber anregt – Proteine, die einen wesentlichen Einfluss auf die Lernfähigkeit und die Gedächtnisleistung haben. Durch die Verabreichung von ACTH bildeten sich in den Gehirnen der Versuchstiere Millionen neuer Verknüpfungen (Synapsen; Anm.d.Übers.) zwischen den Neuronen (Nervenzellen). Diese Synapsen ermöglichen dem Gehirn, Informationen zu verarbeiten.

Für die Entwicklung des kindlichen Gehirns ist der Stress sogar besonders wichtig, durch den das Baby angemessen auf unbekannte Situationen reagieren und diese dadurch in etwas Bekanntes und Vorhersehbares umwandeln kann.

Aber Stress ist nur ein Teil des Kreislaufs, der die Lernprozesse anregt. Ohne den ebenso wichtigen Ausgleich – die Entspannung – kann Stress zu Übererregung, Erschöpfung und Schockzuständen führen. Bei Dauerstress ohne ein entsprechendes Maß an ausgleichender Entspannung beginnt der Körper, sich vor jeglichen Sinneseindrücken zu schützen, wodurch der Lernprozess vollständig blockiert wird. Der Neurologe Bruce Lipton erklärt, dass die biologischen Schutzmechanismen gegenüber den wachstumsorientierten Verhaltensweisen stets vorrangig sind, weshalb sie die Weiterentwicklung oder das Lernen verhindern.

Was hat das mit Babymassage zu tun? Zunächst einmal stellt die Massage eine Möglichkeit dar, unseren Kindern zu einer entspannenden und angenehmen Erfahrung zu verhelfen. Durch die Anwendungen von Methoden, die Fremdreflexe auslösen – ähnlich den Geburtshilfetechniken von Lamaze und anderen – können wir unseren Babys beibringen, wie sie ihren Körper bei Stress entspannen können. Die Fähigkeit, sich bewusst entspannen zu können, ist angesichts der Anforderungen, die unsere moderne Gesellschaft an das Erwachsenwerden stellt, von enormem Vorteil. Wenn diese Fähigkeit zur Entspannung schon früh im Leben entwickelt wird, gehört sie ebenso zum natürlichen Abwehrsystem unserer Kinder wie die Antikörper, die sie vor Krankheit schützen.

Stress ist ein natürlicher Teil des kindlichen Lebens, aber oftmals profitieren unsere Babys nicht in dem Maße davon, wie sie eigentlich könnten. Unsere schnelllebige Gesellschaft überflutet sie mit Reizen, aber das Schreien zur Spannungslösung wird nicht akzeptiert. Diese Doppelbotschaft führt dazu, dass viele Babys frustriert sind und eine Menge Spannung und Angst in sich aufstauen. Die Massage hilft den Babys dabei, die vielfältigen Reize zu verarbeiten und entspannt darauf zu reagieren. Wenn man eine geschickte Mutter beim Massieren ihres Babys beobachtet, erkennt man bei ihren rhythmischen Streichbewegungen und den Reaktionen des Kindes sowohl Stress als auch Entspannung. Der Säugling erlebt alle möglichen neuen Empfindungen, Gefühle, Gerüche, Geräusche und visuellen Eindrücke. Sein Bauch gluckert, sein Körper erwärmt sich durch die Anregung der Blutzirkulation, das Baby spürt die Luft auf seiner nackten Haut – all das ist aufregend und mit ein wenig Stress verbunden.

Die angenehme Stimme seiner Mutter, ihr Lächeln und ihre Berührung hingegen wirken entspannend auf den Säugling und lindern das Unbehagen, das ihm die neuen Sinneseindrücke bereiten. Um es mit den Worten von Dr. Frédérick Leboyer auszudrücken, gibt die Mutter dem Baby die Sicherheit, dass die Welt außerhalb des Mutterleibs »immer noch lebendig, warm, pulsierend und freundlich« ist.[8]

Die tägliche Massage hebt die Reizschwelle des Kindes. Babys, die Reize schwer verarbeiten können, bauen allmählich eine höhere Toleranzgrenze auf. Hochsensible Kinder lernen, ihre Reaktionen auf stressauslösende Erfahrungen besser zu steuern, wodurch die Spannung verringert wird, die sie über den Tag hinweg aufstauen. Babys, die unter Koliken leiden, beruhigen sich und können ihren Körper besser entspannen, sodass sie zusätzlich zu ihrem körperlichen Unwohlsein nicht auch noch unter Anspannung leiden. Regelmäßige Massage gibt unserem Baby ein frühes Stressmanagement-Programm mit auf den Weg, das im Erwachsenenalter einmal von großem Wert sein wird.

Bis ins Erwachsenenalter

Psychologen schließen aus den Bindungen in unserer Kindheit auf unsere späteren Beziehungen. Menschen, die als Kind Sicherheit und Geborgenheit erfahren haben, gehen als Erwachsene gesündere Beziehungen ein. Sie haben kein Problem mit der Nähe zu anderen und der gegenseitigen Abhängigkeit in einer Beziehung. Ihre Partnerschaften sind glücklich, von gegenseitigem Vertrauen geprägt, dauerhaft, und die Scheidungsrate ist bei dieser Gruppe am niedrigsten. Andererseits entwickeln Kinder, deren Bindungen von Unsicherheit und Angst gekennzeichnet waren, weniger Mitgefühl für andere und es fällt ihnen schwer, sich von anderen Menschen Unterstützung und Hilfe zu holen. In ihren Beziehungen fehlen Vertrauen und Intimität. Ihre Freundschaften und Ehen werden durch Eifersucht, der Schwierigkeit, sich einzulassen, und durch Ängste untergraben. Bei Menschen, deren Vertrauen in der Kindheit ständig missbraucht wurde, besteht ein deutlich höheres Risiko, als Erwachsene zu soziopathischen Kriminellen zu werden, sofern sie nicht schon sehr früh Hilfe erhalten haben.

Ihr Kind nimmt alles, was durch die Massage vermittelt wird, mit ins Erwachsenenalter: das Vertrauen, die Liebe, das Mitgefühl, die Wärme und Offenheit und den Respekt. Besonders wenn Ihre Erziehungsmethoden die gleichen Werte aufgreifen, die der Babymassage zugrunde liegen, ist es sehr wahrscheinlich, dass Ihr Kind anderen voll Mitgefühl und Wärme begegnet, sich mit sozialen Problemen mitfühlend und altruistisch auseinander setzt und das Leben als ein Abenteuer und eine Quelle der Freude betrachtet, das ihm Gelegenheit gibt, zu lieben und geliebt zu werden.

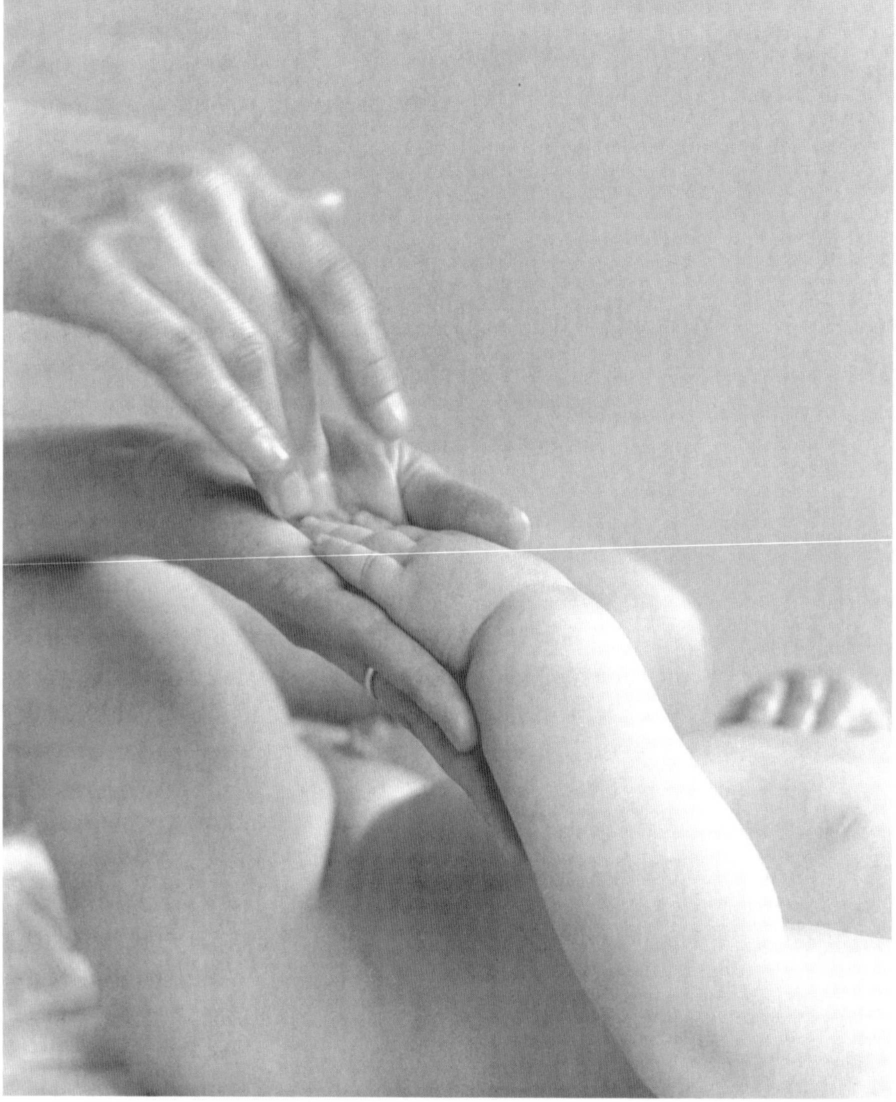

2 Die sinnliche Welt des Babys

Zwei kleine Äuglein blicken sich um,
Zwei kleine Öhrchen lauschen einem Ton,
Ein kleines Näschen riecht den süßen Duft,
Ein kleines Schleckermäulchen genießt sein Essen.

Traditionelles Wiegenlied

Die Sinne des Kindes entwickeln sich nacheinander: Zuerst entfaltet sich die Sinneswahrnehmung aus der Nähe (es werden nahe Objekte gebraucht, damit die Sinne effektiv funktionieren können), später entwickelt sich die Fernwahrnehmung (mit der das Baby Dinge in weiterer Entfernung erkennt). Was die Sinneswahrnehmung der Nähe anbelangt, spielt Berührung die wichtigste Rolle.

Berührung und Bewegung

Der Tastsinn wurde bereits bei menschlichen Embryonen festgestellt, die weniger als acht Wochen alt waren. Obwohl das Baby in diesem Alter noch nicht einmal zwei Zentimeter groß ist und weder Augen noch Ohren hat, ist die Sensibilität seiner Haut bereits stark ausgeprägt. Lange vor der Geburt beginnt die Natur mit Babymassage. Zunächst kann das Kind noch im Mutterleib schwimmen, später wird seine Welt immer enger. Die zarten Berührungen im Mutterleib werden kräftiger, allmählich kommen die ersten Wehen, die das Baby drücken und stoßen und eine enorme Stimulation auf seine Haut und seine Organe ausüben.

Säuglinge sind daran gewöhnt, dass ihre Haut durch ständige Bewegung gereizt wird, und nach der Geburt brauchen sie die Fortsetzung dieser rhythmischen Bewegungen. In zwei Studien sollten Mütter einer Gruppe ihre Babys jeden Tag zusätzlich in einem weichen Tragesack herumtragen, und zwar nicht nur beim Füttern oder wenn das Baby schrie. Diese Säuglinge wurden dann mit denjenigen verglichen, die normal gehalten und getragen wurden. Mit sechs Wochen schrien die Babys, die zusätzliche Bewegung und Berührung erhalten hatten, nur halb so viel wie die anderen. Heute ist die »Känguru-Methode« auf den Säuglingsstationen wegen ihrer positiven Wirkung auf die physiologische, soziale, emotionale und psychische Gesundheit der Frühgeborenen weit verbreitet. Seit die Forschungsergebnisse von Dr. Tiffany Field den enormen Einfluss der Babymassage auf das Wachstum und die Entwicklung bestätigt haben, erhalten Frühgeborene im Rahmen der Babypflege oft auch Massagen.

Geschmack und Geruch

Geruch und Geschmack sind ebenfalls Sinneswahrnehmungen der Nähe, die mit Berührung einhergehen und von wesentlicher Bedeutung für das Neugeborene sind. Ein fünf Tage altes Baby kann bereits den Geruch der Mutter und den Geschmack der Muttermilch von der einer anderen Mutter unterscheiden. Auch Säuglinge haben ihre besondere »Chemie«, an der ihre Mütter sie erkennen können. Die Forschung hat gezeigt, dass viele Mütter die Kleidungsstücke ihres Kindes nur anhand des Geruchs wieder finden, nachdem das Neugeborene diese gerade einmal zwei Stunden getragen hat.

Sehen und Hören

Die Sinneswahrnehmungen der Ferne – nämlich Sehen und Hören – können für die emotionale Bindung des Babys zu seiner Mutter sehr wichtig sein, und zwar als Grundlage für den Aufbau einer gesunden Mutter-Kind-Bindung. Wenn ein Baby verantwortungsbewusste Eltern hat, wird diese Bindung selbst bei einer angeborenen Hörschädigung oder Sehstörung nicht beeinträchtigt, denn die nahe Sinneswahrnehmung der Berührung und ihr Einfluss auf die Bindung zur Mutter ist genauso groß. Tatsächlich kann Berührung sogar viel intensiver sein, da sie der bedeutsamste und am stärksten entwickelte Sinn ist.

Ein Baby kann bereits vor seiner Geburt sehen. Noch bevor Sie von Ihrer Schwangerschaft wissen, hat sich der Sehnerv des Babys entwickelt (der Nerv, der Signale vom Auge zum Gehirn weiterleitet). Im sechsten bis siebten Schwangerschaftsmonat reagiert das Gehirn des Babys auf Licht, der Säugling kann seine Augen öffnen und schließen und er kann nach oben, unten und nach beiden Seiten blicken. Das Neugeborene ist bereits darauf programmiert, die Mutter zu erkennen. Seine Augen können auf eine Entfernung von etwa 18 bis 30 cm ziemlich scharf sehen – genau der Abstand, in dem die Mutter das Baby in ihren Armen hält. Besonders angezogen wird es von den kontrastreichen, »bullaugenförmigen« Konturen der Augen und Brustwarzen der Mutter. Diese Anziehung vertieft die Bindung durch den Blick- und Hautkontakt und sichert auf diese Weise das Überleben des Babys. Darüber hinaus fördert die Stimulation durch das Betrachten dieser Körperteile wiederum den Aufbau der Nervenfasern und die physiologische Entwicklung.

Instinktiv spricht die Mutter zu ihrem Baby in einer höheren Stimme, was auf wunderbare Weise seiner Vorliebe für höhere Frequenzen entgegen kommt. Bereits im Alter von zwei Wochen ist die Verbindung zwischen dem Seh- und Hörzentrum voll ausgebildet. Das Kind schaut seine Mutter gerne an und es mag ihre Stimme hören. In einem Experiment bot man Babys vier unterschiedliche Kombinationen aus Hör- und Seherlebnissen an: die normale Stimme der Mutter, die Stimme einer fremden Person, eine Fremde, die die Stimme der Mutter nachahmt und die Mutter mit der Stimme einer Fremden. Als die Babys die normale Stimme ihrer Mutter hörten, reagierten sie voller Freude. Weniger interessant fanden sie die Stimme einer unbekannten Frau. Hingegen war die Nachahmung der Stimme ihrer Mutter unerträglich. Die Babys fingen laut zu schreien an, sobald sie die verstellten Stimmen hörten. In einem anderen Versuch hörten Babys über Kopfhörer eine Geschichte. Wenn sie fest an ihrem Schnuller nuckelten, ertönte die Stimme der Mutter, ansonsten erzählte eine fremde Frau. Die Babys lernten, was sie tun mussten, um die Stimme der Mutter zu hören – und sie zogen deren Stimme jeder anderen vor.

Zu Beginn erkennt man die Entwicklung der Sprache beim Baby daran, dass es seine Körperbewegungen rhythmisch an die Sprachmuster, die Intonation und die Pausen der Mutter anpasst. Computerstudien analysierten Filme von Müttern und ihren Babys. Es stellte sich heraus, dass jedes Kind über ein individuelles Bewegungsrepertoire verfügt, das mit der Sprache seiner Mutter synchron läuft – eine Körperreaktion entspricht einem Sprachmuster. Wenn das Baby älter wird, werden diese Bewegungen immer feiner und können nur mithilfe hoch empfindlicher Geräte erkannt werden. Zunächst macht das Baby Reflexbewegungen, gefolgt von der Entwicklung der Stimme, der Stimmmodulation, dem Ausdruck von Zufriedenheit und dem ersten Plappern. Schließlich spricht es die ersten Wörter, und am Ende hat jedes dieser Wörter eine eigene Bedeutung, weshalb die reflexhaften Bewegungen nicht mehr notwendig sind. Aber sogar ein Vorschulkind bewegt noch seinen Fuß, wenn Sie es bitten, das Wort »Fuß« zu sagen. Es hat die Stimme der Mutter so verinnerlicht, dass sein Körper auf das ausgesprochene Wort »Fuß« reagiert. Der Klang Ihrer Stimme, auch das beiläufig oder in Babysprache Gesagte, sowie die rhythmischen Lieder und Reime haben einen direkten Einfluss auf die rechte Gehirnhälfte, die bei Babys dominant ist.

In dem Moment, wo sich im Mutterleib das Hörorgan des Babys entwickelt, kann es die Stimmen von Mutter und Vater hören, den Sprachrhythmus aufgrund des Nachhalls durch die Knochen der Mutter sogar noch früher. Man nimmt heute an, dass Babys bereits mit sechs Wochen beginnen, Sprache zu verstehen. Andere Untersuchungen haben ergeben, dass Säuglinge verschiedene Satzstrukturen und Wortverbindungen unterscheiden können, wie zum Beispiel das Wort »der« vor »Hund«.

Die Neurologin Patricia Kuhl bewies 1997 anhand ihrer Forschungen an der Universität Washington, dass Mütter unbewusst die Vokale betonen, was den Babys beim Erlernen der Phonetik hilft.[1] Manche Worte können vom Klang her leicht miteinander verwechselt werden. Deshalb verwenden Mütter die »Babysprache« und dehnen die Vokale, indem sie beispielsweise mit hoher Sing-Sang-Stimme sagen: »Schau mal, Mamis Ke-e-e-tte«, wobei die Vokale überbetont werden. Auf natürliche Weise fördert die Mutter dadurch die Fähigkeit, die Vokale zu unterscheiden, was ihren Kindern beim Sprechenlernen und später beim Lesenlernen hilft.

Patricia Kuhl stellte fest, dass sechs Monate alte Babys Vokale erkennen können, die in ihrer Muttersprache bedeutsam sind. In jeder Sprache, die sie untersuchte, betonten die Mütter die Vokale. Es scheint, als wären wir »programmiert«, die auditiven Informationen zu liefern, die unsere Kinder brauchen, um ihre Muttersprache verstehen und sprechen zu lernen. Später, wenn wir mit der Babymassage beginnen, werden Sie feststellen, dass bestimmte Streichbewegungen mit einem Rhythmus oder einem Klang verbunden sein können, was dem gleichen Zweck dient. Während Mütter beispielsweise die Streichbewegung »Ich liebe dich« auf dem Bauch des Babys ausführen, sollen sie dabei die Vokale mit einer hohen Stimme dehnen. In jedem Babymassagekurs, den ich geleitet oder besucht habe, reagieren die Säuglinge sofort und voller Freude auf diese Streichbewegung. Quengelige Babys beruhigen sich, wenn alle Mütter im Raum gleichzeitig die »Ich liebe dich«-Streichbewegung machen und dabei die Worte laut und gedehnt aussprechen. Die Babys gurren dann vor Vergnügen und lächeln. Mit gespannter Aufmerksamkeit reagieren sie auf die Wiederholung der Streichbewegung. Auch Kleinkinder verlangen am häufigsten nach dieser Massage und sprechen dabei ihren Müttern nach.

»Babystimulation«

Obwohl niemand bestreitet, dass Säuglinge sich automatisch zu den Reizen hingezogen fühlen, die sie für ihre gesunde Entwicklung brauchen, sind sich die Forscher nicht darüber einig, ob es richtig ist, die Sinne eines Babys künstlich zu stimulieren. Die Verfechter der frühen Stimulation behaupten, das Betrachten von starken Schwarz-weiß-Kontrasten (wie Mobiles mit schwarz-weißen Kugelaugen, Schachbrettmustern und Streifen), das Hören von Kassetten sowie von vertrauten Geräuschen (wie der Lärm des Staubsaugers oder das Motorengeräusch des Autos) und andere sensorische Reize würden die kindliche Entwicklung beschleunigen, seine Intelligenz steigern, beim Einschlafen helfen und bei Koliken beruhigend wirken.

Dr. Henry Williams, der renommierte Arzt und ehemalige Vorsitzende der »Anthroposophischen Gesellschaft der Ärzte«, meint, Babys kämen aus einer Welt mit sanften Konturen und verschwommenen Farben und sollten erst allmählich an die kontrastreiche Umgebung gewöhnt werden, in die sie hineingeboren wurden. »Wir wollen sie auf dieser Ebene der Existenz sanft ins Leben holen«, sagt Dr. Williams, »um ihnen einen ruhigen, behutsamen Übergang mit leiser Musik, weichen Konturen und gedämpften Farben zu ermöglichen. So gewöhnen sie sich langsam an die Ecken und Kanten unserer stofflichen Welt, die so faszinierend sein kann, weil alles darin neu für sie ist. Aber das hat keine Eile.«[2]

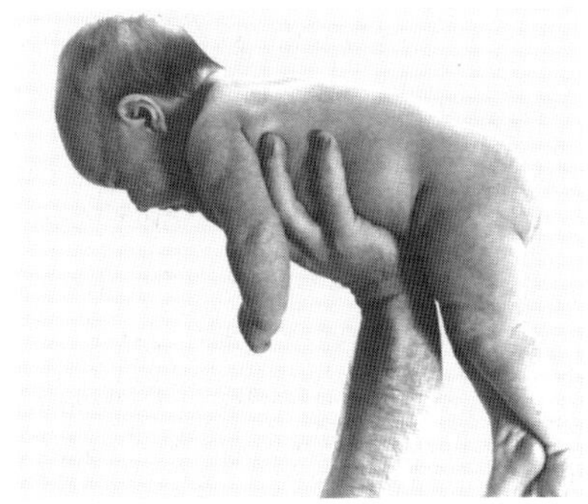

Die große Sorge, unsere Kinder könnten bei Intelligenztests nicht mithalten, treibt uns womöglich dazu, Erziehungsmodelle zu übernehmen, deren Wert fraglich ist und die auf Dauer gesehen womöglich sogar die emotionale und spirituelle Entwicklung des Kindes beeinträchtigen. Besonders die Spielzeughersteller behaupten, unsere Kinder könnten in einer zunehmend von Konkurrenzkampf geprägten Welt hinsichtlich Geld und Status nicht bestehen, wenn sie nicht so früh wie möglich mit bestimmten Gegenständen umgehen können und an eine bestimmte Art der Informationsverarbeitung gewöhnt werden. Die Industrie profitiert sicherlich davon, wenn Kinder von materiellen Gegenständen als »Sinnesreize« abhängig gemacht werden, ebenso profitieren die Experten, die sie befürworten. Gleichzeitig stehen Eltern, die in ihrer Rolle wenig oder gar keine kulturelle Unterstützung erhalten, hinsichtlich dieser äußeren Einflüsse oft unter Druck und leiden unter Schuldgefühlen. Ich bin sehr besorgt darüber, dass unsere intuitiven Fähigkeiten und unser Selbstvertrauen langsam verkümmern. Womöglich glauben wir eines Tages, materielle Dinge seien tatsächlich besser als wir selbst, um die kindliche Entwicklung oder die seines Gehirns zu fördern und das Kind zu beruhigen, und unsere Babys würden ohne diese Hilfsmittel zurückbleiben. Anstatt ihnen emotionale Fürsorge und spirituelle Bildung zuteil werden zu lassen und mit ihnen die lebendige Welt zu entdecken, strengen wir uns immer mehr an, unseren Kindern diese »notwendigen« Reizobjekte zu beschaffen.

Die Wissenschaft interessiert sich immer mehr für die unglaublich vielfältigen Vorteile der Babymassage, was den Profitmachern natürlich nicht verborgen bleibt. Vor vielen Jahren machte ich einmal im Scherz die Bemerkung, um reich zu werden, sollten wir ein »Babymassagegerät« erfinden, das man auf dem Körper des Babys anbringen kann. Der einzige Nachteil wäre, dass alle Vorzüge der Babymassage damit zunichte gemacht würden. Zu meinem großen Entsetzen hat eine Firma tatsächlich ein »Babymassagegerät« auf den Markt gebracht, ähnlich den so beliebten Shiatsu-Massagegeräten (die gewöhnlich auf dem Müll landen, weil nichts anderes Verspannungen lösen kann als die Berührung der menschlichen Hand). Viele unwissende Eltern werden dieses Gerät kaufen, in dem Glauben, es würde ihrem Kind gut tun. Aber auch diese Geräte werden auf dem Müll landen, wenn die Eltern erkennen, dass ihre liebevollen Hände durch nichts zu ersetzen sind.

Heute stimmen Entwicklungspsychologen darin überein, dass Kinder auf natürliche Weise lernen und sich aus ihrem herzlichen, liebevollen Umfeld alle Informationen holen, die sie brauchen. Die fundamentale Sicherheit, die durch eine starke Mutter-Kind-Bindung entsteht, ermöglicht es den Babys, in ihre Welt hineinzuwachsen und sich körperlich, geistig und seelisch bestmöglich zu entwickeln. Die Babymassage bietet eine Fülle von faszinierenden sinnlichen Erfahrungen. Ihre Augen, Ihre Frisur, Ihr Lächeln, Ihr Geruch und der Klang Ihrer Stimme, wenn Sie eine Geschichte erzählen oder ein Wiegenlied singen, bieten nicht nur die interessante Abwechslung, die Ihr Kind braucht, sondern geben ihm auch eine herzliche, liebevolle Rückmeldung. Dies beschleunigt nicht nur die Bildung der Nervenfasern, sondern gibt Ihrem Kind die Gewissheit, in eine lebendige Welt hineingeboren worden zu sein. Es gibt keine schönere Musik als den Gesang einer Mutter und kein Spielzeug, das eine Geschichte so gut erzählen kann wie ein echter, lebendiger Vater. Niemand kann einen Ersatz für die zärtliche Berührung der Eltern erfinden. Kein Gerät kann das Gefühl ersetzen, liebevoll in den Armen gewiegt und gehalten zu werden. Und was die »vertrauten Geräusche« anbelangt, kann nichts den Zusammenklang von Atem und Herzschlag übertreffen.

3 Bindung, Zugehörigkeit und Babymassage

Mein kleines Kind, ich liege da und betrachte dich
und vergesse alles um mich herum.
In meinen Träumen taucht die irdische Welt vor mir auf,
aber wenn ich wach bin, schenke ich ihr keine Bedeutung.
Ich höre, wie du leise ein- und ausatmest,
deinen Atem, der dir erst vor Kurzem eingehaucht wurde.
Und ich blicke in deine blauen, unschuldigen Augen,
in denen sich das klare Licht des Himmels spiegelt.

Anonym, 1860

Die Bedeutung von Bindung, Zugehörigkeit und Babymassage

Bindung ist ein Urphänomen, das es im gesamten Universum gibt. Wenn man zwei menschliche Herzzellen nahe zusammenbringt, schlagen sie im Gleichtakt. Im Tierreich und auch bei den Menschen gewährleistet die liebevolle Bindung zwischen Mutter und Kind eine gesunde Interaktion und Entwicklung. Die Nähe, die zwischen Mutter und Kind durch sensorische Erfahrungen und durch ein liebevolles Miteinander entsteht, führt zu einem bedeutsamen Einklang.

Tierforscher wissen um diese Prägung, seit der Verhaltensforscher Konrad Lorenz herausfand, dass junge Enten biologisch so programmiert sind, dass sie dem ersten Gegenstand, den sie in Bewegung sehen, nachlaufen und eine Bindung zu ihm herstellen.[1] Inzwischen haben Harry Harlow und seine Kollegen bei ihren Untersuchungen von Affen und Ziegen herausgefunden, dass es kritische Bindungsphasen gibt, die nicht nur für das körperliche Überleben, sondern auch für die so genannte »emotionale Gesundheit« entscheidend sind. Wenn die eigene Mutter-Kind-Bindung gestört ist, neigen Affenweibchen dazu, ihre Jungen zu misshandeln.

Bei Tieren ist die wichtige Phase für die Entstehung einer Bindung normalerweise eine Sache von Minuten oder der ersten Stunden nach der Geburt. Durch

Lecken und Berühren stellt das Muttertier eine Bindung zu ihrem Jungen her – eine Art Massage – und erleichtert ihm auf diese Weise die körperliche Anpassung an das Leben außerhalb des Mutterleibs. Wenn die Mutter in dieser Zeit von ihrem Jungen getrennt und später wieder mit ihm zusammengebracht wird, nimmt sie ihr Junges oftmals nicht mehr an oder vernachlässigt es. In Folge dessen stirbt das Junge womöglich wegen der fehlenden mütterlichen Stimulation, sogar dann, wenn es auf andere Weise gefüttert wird.

In ähnlichen Untersuchungen wie in der Tierforschung haben die Ärzte John Kennell und Marshall Klaus festgestellt, dass es auch beim Menschen eine kritische Phase für die Mutter-Kind-Bindung gibt.[3] Diese scheint zeitlich jedoch nicht so eng begrenzt zu sein und kann sich über Monate, sogar über Jahre nach der Geburt erstrecken. Wichtig im Zusammenhang mit der Mutter-Kind-Bindung ist auch das Gefühl der »Zugehörigkeit«. Während Bindung für die Geburt und für unsere Verwandtschaft mit den Tieren kennzeichnend ist, entsteht das Gefühl der Zugehörigkeit zwischen Menschen im Laufe der Zeit. In seinem Buch *When Bonding Fails*[4] beschreibt Frank Bolton Bindung als einen einseitigen Prozess, der bei der biologischen Mutter während der Schwangerschaft beginnt und sich über die Geburtsphase und die ersten Lebenstage des Babys fortsetzt. Im Gegensatz dazu entsteht das Gefühl der Zugehörigkeit durch eine Wechselbeziehung zwischen Eltern und Kind, egal, ob es sich um die biologischen Eltern handelt oder nicht. Das Gefühl der Zugehörigkeit entwickelt sich während des ersten Jahres ihres Zusammenlebens und verstärkt sich im Laufe der Jahre. Frank Bolton bezeichnet es als das Gefühl, der andere sei »unersetzbar«.

Oftmals werden die Begriffe »Bindung« und »Zugehörigkeitsgefühl« miteinander vertauscht, da der Bindungsprozess beim Menschen so lange dauern kann, dass er in die Phase übergeht, in der das Zugehörigkeitsgefühl entsteht. Kennell und Klaus definieren »Bindung« als »eine einzigartige Beziehung zwischen zwei Menschen, die einmalig und dauerhaft ist«[5]. Diese Definition trifft auch auf das »Zugehörigkeitsgefühl« zu. In diesem Buch möchte ich die beiden Begriffe abwechselnd verwenden, da wir uns hier nicht an den korrekten wissenschaftlichen oder medizinischen Sprachgebrauch halten müssen. Vielmehr benutzen wir die Umgangssprache, um die mit diesen Worten verbundene Liebe zwischen Mutter und Kind auszudrücken, sei es nun ein leibliches oder adoptiertes Neugeborenes oder ein Kleinkind. Nach unserem Verständnis umfassen die Begriffe »Bindung« und »Zugehörigkeit« das gesamte Spektrum von Nähe, die über die Zeit hinweg entsteht und durch die Anwendung der Babymassage vertieft werden kann.

Kennell und Klaus halten Schmusen, Küssen und langen Blickkontakt für Zeichen einer entstehenden Bindung. Bei ihren Untersuchungen fanden sie erschütternde Beweise dafür, dass es später zu Kindesmisshandlung, Vernachlässigung und Wachstumsstörungen kommt, wenn die frühe Bindung unterbleibt oder sich kein Zugehörigkeitsgefühl entwickelt. Mütter, die in der Zeit nach der Geburt von ihren Babys getrennt waren, finden danach oft schwer in ihre Mutterrolle hinein und haben Schwierigkeiten mit den grundlegenden Aufgaben einer Mutter. Selbst eine kurzfristige Trennung kann sich manchmal sehr nachteilig auf die Mutter-Kind-Beziehung auswirken.

Experten aus unterschiedlichen Wissenschaftsgebieten sind zunehmend beunruhigt über die so genannte »Bindungsstörung« in westlichen Ländern. Lange bevor die Gewalt unter Kindern in den Vereinigten Staaten zunahm, wies Dr. Ken Magid, Psychologe und Autor des Buches *High Risk: Children Without a Conscience*, auf eine so genannte »demographische Revolution« hin, die den Lauf unserer Geschichte ändern würde. »Arbeitende Mütter – und die Möglichkeit, dass ihre Kinder unter einer gestörten Bindung leiden – erhalten einfach zu wenig Beachtung«, sagt er.[6] Im Jahre 1988 betonte er in einer alarmierenden Voraussage kommender Ereignisse, dass die Überforderung von Familien mit Doppelverdienern, der Überlebenskampf allein erziehender Mütter, die Leistungsgesellschaft, schlecht ausgestattete und unterbesetzte Kindertagesstätten, wenig oder gar kein Sonderurlaub für Eltern, schlecht betreute Adoptionen und unangemessene Scheidungsvereinbarungen bezüglich des Sorge- und Umgangsrechts hohe Risikofaktoren für die kommenden Generationen seien. Kinder ohne Bindungen und Kinder, die in Bezug auf ihre Bindungen verunsichert sind, entwickeln mit der Zeit eine Reihe von Störungen, angefangen von der Schwierigkeit, Beziehungen einzugehen und aufrechtzuerhalten, bis hin zu soziopathischem und kriminellem Verhalten. »Verunsichert« bedeutet, dass ein Baby keine beständige Zuwendung von seinen Eltern erhält, sodass es sich nicht entspannen und darauf vertrauen kann, dass seine Bedürfnisse befriedigt werden und die Welt ein guter und freundlicher Lebensraum ist. Diese Kinder haben Angst vor dem Leben und tun sich schwer, anderen zu vertrauen und sich zu öffnen. Sie haben oft viel Wut in sich angestaut, die später auf unangemessene Weise zum Ausbruch kommen kann. Weil sie als verunsicherte Kinder kein Vertrauen lernten, können sie nur schwer feste, liebevolle Bindungen herstellen.

Anders als die Affenbabys, die sich an die Mutter anklammern können, hat der Säugling keine Möglichkeit, den Körperkontakt zur Mutter selbst herzustellen und auf diese Weise seine Bedürfnisse zu befriedigen. Sein Leben hängt davon ab, wie stark die emotionale Beziehung seiner Mutter zu ihm ist. Bei einem frühzeitigen und intensiven Mutter-Kind-Kontakt zeigen die Untersuchungen beeindruckend positive Ergebnisse. Mütter, die in den ersten Lebensstunden und -tagen eine Bindung zu ihren Babys aufbauten, erleben später eine größere Nähe zu ihren Kindern, können sie besser beruhigen, haben mehr Blickkontakt und tauschen mehr Berührungen aus. Mütter mit einer frühen Bindung an ihr Kind haben mehr Erfolg beim Stillen, betrachten ihre Babys beim Füttern ausgiebiger und ihre Babys nehmen besser zu. Im Alter von drei Jahren erzielen solche Kinder beim Standford-Binet-Intelligenztest auffallend bessere Ergebnisse als Kinder, die von ihren Müttern getrennt wurden.

Kindertagesstätten

Bereits 1985 schlugen Fachleute Alarm, als viele Untersuchungen über die Auswirkungen von Kindertagesstätten auf Kinder unter einem Jahr zu der Schlussfolgerung kamen, dass unzulängliche Kinderkrippen oder private Betreuungsplätze sowie eine zu frühe Unterbringung in einer Tagesstätte langfristig Stress verursachen und die wichtige Mutter-Kind-Beziehung beeinträchtigen kann.

Viele Jahre danach sind wir bestürzt über die hohe Anzahl von Kindern, die wenig oder gar keine Hemmungen haben, Gewalt als Mittel zu benutzen, um sich ihren Status zu erkämpfen, um von Gleichaltrigen anerkannt zu werden und sich von Ängsten und Frustrationen zu befreien. Einige Experten vermuten, dass ein gestörter Bindungsprozess der Psyche eines Kindes enorm schadet und verheerende Auswirkungen auf sein späteres Leben und die Harmonie innerhalb der Familie hat. Viele verschiedene Faktoren tragen zusätzlich zu diesem Phänomen bei, wie der negative Einfluss von gewaltverherrlichenden Filmen, eine höhere Toleranz gegenüber Gewalt in unserem gesamten Kulturraum, die Zerrüttung von intensiven, familiären Beziehungen und der finanzielle Druck, der für die Familien eine übermäßige, zusätzliche Belastung darstellt.

Kinder, die in ihren Bindungen verunsichert oder deren Familien nicht in der Lage sind, einen positiven Einfluss auszuüben und ihnen angemessene Grenzen zu setzen, entwickeln oft starke psychosoziale Probleme, an die man kaum herankommt und die nur schwer zu heilen sind.

Viele, die gerade Eltern geworden sind, haben keine andere Wahl, als dass beide verdienen, weshalb die Kindertagesstätten für diese Familien von großer Wichtigkeit sind. Ich möchte bei diesen Eltern daher keine Schuldgefühle wecken. Die entscheidende Frage ist nicht, Kindertagesstätte oder die Betreuung zu Hause, obwohl diese Frage mit besonderer Sorgfalt erwogen werden sollte. Ich glaube, der wichtigste Aspekt hierbei ist die Qualität der Fürsorge, die das Kind erhält, egal von wem, und entscheidend ist auch das familiäre Klima, wenn es wieder nach Hause kommt. Dennoch glaube ich, dass die Eltern die besten Betreuer eines Kleinkindes sind, da sich in der frühen Kindheit die wichtigen Bindungen entwickeln, die seine Psyche und sein Verhalten prägen und daher auch die Art und Weise, wie seine Umwelt später auf es wirkt.

In seinem bereits erwähnten Buch *High Risk* hebt Dr. Magid die Gefahren einer zu frühen Unterbringung in einer Tagesstätte hervor: »Nach allem, was ich gelesen habe, bin ich zu der Meinung gelangt, dass kein Kind im ersten Lebensjahr für längere Zeit einer anderen Person überlassen werden sollte. Eltern sehr kleiner Kinder sollten große Vorsicht walten lassen, wenn es darum geht, jemand anderem die Betreuung ihres Kindes zu überlassen, sei dies nun ein Babysitter oder ein Verwandter. Dies ist die wichtigste Zeit im Leben eines Kindes.«[7]

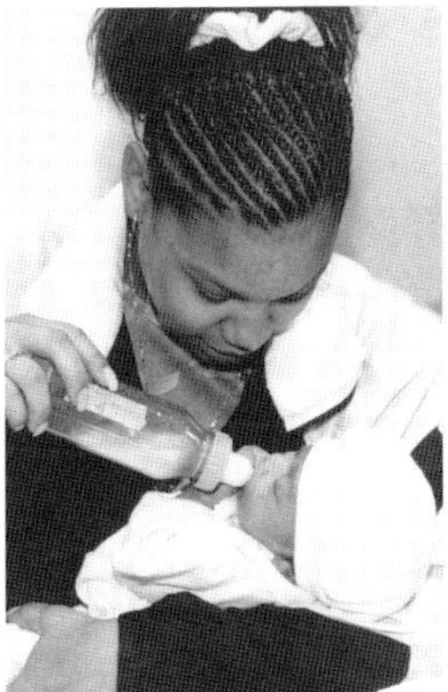

In einer Untersuchung eines amerikanischen Instituts im Jahr 1996 wurden 1.300 Familien über einen Zeitraum von sieben Jahren hinweg beobachtet, deren Kinder in Tagesstätten und auch zu Hause betreut wurden. Die Studie ergab, dass Kinder in schlechten Tagesstätten oder mit wechselnden Betreuern in ihren Bindungen mehr verunsichert waren, wenn ihre Mütter nicht zusätzlich auf ihre Bedürfnisse reagierten. Nicht die Zeit, die ein Kind in einer Tagesstätte verbringt, ist ausschlaggebend für die Entwicklung gesunder Bindungen, sondern die Art des Miteinanders in der Familie, die Atmosphäre in der Tagesstätte und die Interaktion mit den Betreuern (am besten so wenige wie möglich).

Forschungsergebnisse belegen aber auch, dass eine gute Betreuung in einer Tagesstätte sogar die Abnahme des Intelligenzquotienten verhindern kann, was sich bei Babys aus Familien der sozialen Unterschicht im Alter zwischen zwölf und dreizehn Monaten zeigt. Scheinbar spielt es also keine große Rolle, ob ein Säugling in einer Tagesstätte untergebracht ist oder nicht. Vielmehr ist der größte Risikofaktor bei der Entwicklung einer Bindungsstörung eine stressbeladene Umgebung, in der das Kind nicht die Liebe, Zuneigung und entspannte Aufmerksamkeit erhält, die es braucht. Selbst wenn die Mutter zu Hause bleibt, um ihr Baby selbst zu betreuen, schadet es dem Kind, wenn sie deshalb wegen des Einkommensverlustes oder mangelnder Anerkennung unter starkem Stress steht. In diesem Fall ist es besser, das Baby in einer guten Tagesstätte unterzubringen, wo es von ein oder zwei zuverlässigen, liebevollen Betreuern versorgt wird, die Eltern zufrieden sind, wenn es heim kommt, ihm in ihrer Freizeit Liebe, Zuneigung und ihre volle Aufmerksamkeit schenken und Zeit zum gemeinsamen Spielen haben.

Mütter, die nicht die Möglichkeit haben, sich beurlauben zu lassen, um ihr Neugeborenes selbst zu betreuen, bekommen in unserer Gesellschaft wenig Unterstützung, um einen ebenbürtigen Ersatz zu finden. Sie müssen den Trennungsschmerz ertragen und die mit der Trennung von ihrem Kind verbundenen Schuldgefühle, und sie müssen die Sorgen aushalten, ob ihr Kind in der Betreuungsstätte, die sie ausgewählt haben, auch gut untergebracht ist. Oftmals distanzieren sich Mütter aufgrund dieser Gefühle von ihren Kindern, wodurch die Mutter-Kind-Bindung noch mehr leidet, anstatt fester zu werden.

Wenn ein Baby in einer Tagesstätte untergebracht ist, kann die tägliche Massage von enormem Nutzen sein, um die Liebesbeziehung zwischen Eltern und Kind zu vertiefen. Eine Mutter, die sich nach der Arbeit eine halbe Stunde Zeit für eine Babymassage nimmt, kommt wieder in Kontakt zu ihrem Kind und kann sich dabei wieder auf das Familienleben einstimmen. Außerdem trägt sie dazu bei, dass ihr Kind sich geborgen und gut versorgt fühlt.

Barbara, Mutter des sechs Monate alten John, erzählt: »Unser Sohn genießt seine Massage in vollen Zügen und lächelt und gluckst dabei vor Vergnügen. Da mein Mann und ich außer Haus arbeiten, gibt uns die Massage die Möglichkeit, nach einem anstrengenden Tag abzuschalten und uns wieder aufeinander einzustimmen. Wir sind davon überzeugt, dass unser Kind glücklich und entspannt ist, weil wir uns die Zeit nehmen, es zu massieren.«

Andere arbeitende Eltern machen die Erfahrung, dass ihr Kind bei der Massage quengelig ist. Eine Mutter berichtete mir, sie glaube, ihr Baby ziehe ihr die Betreuerin der Tagesstätte vor, weil es in der ersten Stunde nach der Heimkehr heftig schreie und zu Anfang der Massage quengele. In der Tagesstätte hingegen scheine es ihm sehr gut zu gehen. Oft höre sie einfach auf, es zu massieren und lasse es schreien, bis es einschliefe, wobei sie sich als Mutter frustriert und unzulänglich fühle. Sie sah die Situation ganz anders, als ich ihr erklärte, dass das Schreien das genaue Gegenteil bewies, nämlich dass ihr Sohn seinen Stress erst bei ihr ausdrücken konnte, in der Umgebung, wo er sich am sichersten fühlte und die Spannung, die er durch die Reizüberflutung am Tag in sich aufgestaut hatte, loslassen konnte. Durch diese Sichtweise war die Mutter in der Lage, ihm zu helfen, sich zu entspannen, indem sie die Massage durch ihre Stimme und Körpersprache unterstützte und spezielle Festhaltetechniken und Pausen zum Trösten verwendete. Innerhalb von ein paar Wochen schrie ihr Sohn immer weniger. Schließlich war ihre Bindung so fest geworden, dass sie ihn nach der Arbeit massieren konnte und sich dabei kompetent, liebevoll und fürsorglich fühlte, in dem Bewusstsein, eine gute Mutter zu sein und mit der Gewissheit, dass sich ihr Kind bei ihr sicherer fühlte als bei allen anderen. Der Junge gewöhnte sich an die Massage und begann, sie zu genießen, er gluckste dabei vor Vergnügen, betrachtete seine Mutter und entspannte sich bei den rhythmischen Streichbewegungen und dem beruhigenden Klang ihrer Stimme.

Die wichtigsten Elemente von Bindung und Zugehörigkeit

Die wichtigen Elemente, die zur Entstehung der Mutter-Kind-Bindung beitragen, sind der Blick- und Hautkontakt, die Stimme der Mutter, die Reaktionen des Babys auf die Mutter, die Anregung der Ausschüttung mütterlicher und väterlicher Hormone durch den Kontakt mit dem Baby, der Ausgleich der Körpertemperatur und die Bakterien und Antikörper, die durch den engen Hautkontakt mit den Eltern übertragen werden und das Immunsystem stärken.

Obwohl jedes dieser Elemente bei der Massage eine große Rolle spielt, sind der Blick- und Hautkontakt, die Stimme und die Kommunikation – die Reaktionen des Babys auf die Mutter sowie der »Tanz«, sich ganz miteinander vertraut zu machen – dabei am wichtigsten.

Blickkontakt

Der Blickkontakt ist eine unserer intensivsten Kommunikationsformen und ein fundamentales Bindeglied zwischen Mutter und Kind. Mütter scheinen geradezu magisch davon angezogen, ihr Neugeborenes von Angesicht zu Angesicht zu betrachten und in seine Augen zu schauen. »Guck mal, da ist die Mami!«, rufen Mütter von neugeborenen Babys. Und wenn das Baby dann Blickkontakt aufnimmt, sind sie außer sich vor Freude. Mütter berichten, dass sie sich ihrem Kind das erste Mal ganz nahe fühlen, wenn der Blickkontakt hergestellt ist. Die Sehfähigkeit des Babys ist so ausgebildet, dass es die Kontraste der kugelförmigen Augen und Brustwarzen der Mutter unterscheiden kann. Durch die weiblichen Hormone wird der Warzenhof während der Schwangerschaft dunkler pigmentiert, vielleicht, um den Blick des Babys darauf zu lenken. Fachleute vermuten, dass der Blickkontakt einen enormen Einfluss auf das physiologische System eines Babys hat. Die Botschaft, die vom Gehirn empfangen wird, verringert die Produktion der Stresshormone, die während der Geburt ausgeschüttet werden. Bei der Massage liegt das Kind von Angesicht zu Angesicht der Mutter gegenüber, und diese Form der Interaktion ermöglicht eine Fülle von positiven Rückmeldungen durch den Blickkontakt – sowohl für die Mutter als auch für das Baby, wobei beständig die Botschaft verstärkt wird: »Es ist in Ordnung, sich jetzt zu entspannen.«

Hautkontakt

Scheinbar instinktiv streicheln Mütter ihre Babys nach der Geburt, wodurch der Myelinaufbau in den Nervenfasern und die Sinnesorgane angeregt werden. Berührung ist ein wesentliches Element zwischenmenschlicher Bindung. Verliebte, Kinder, die Freundschaft miteinander schließen, sogar Menschen, die sich ein neues Haustier angeschafft haben, verbringen besonders viel Zeit in engem Kontakt miteinander, bis die Bindung gefestigt ist. Tiere, die ohne Berührung aufwachsen, entwickeln ein antisoziales und aggressives Verhalten und neigen später dazu, ihre eigenen Jungen zu misshandeln und zu vernachlässigen. Der Neurologe Richard Restak, Autor des Buches *The Infant Mind*, schreibt über die Bedeutung der Berührung:

> *»Das Baby wendet sich der Mutter zu. Wie wird sie reagieren? Wird sie es berühren? Wird sie sich abwenden? Welch scheinbar belanglose und unwichtige Situation. Aber diese scheinbare Bedeutungslosigkeit des nur ein paar Sekunden dauernden Austauschs, der aber über Jahrzehnte hinweg wirkt, täuscht. Die Mutter wendet sich ihrem Kind zu und berührt es. Keiner spricht ein Wort. Wer käme jemals auf den Gedanken, daß die schlichte Berührung eines anderen Menschen von so großer Wichtigkeit sein könnte?«*[8]

Stimme

Das dritte Element im Tanz der Bindung ist die Stimme. Vom Moment an, als das Baby im siebten Schwangerschaftsmonat Geräusche hörte, lauschte es der Stimme seiner Mutter. Sein Körper bewegt sich im Rhythmus mit ihrer Sprache, und die hohen Töne, die die Mutter verwendet, wenn sie mit ihm spricht, sind Musik in seinen Ohren. Während der Massage können Sie Ihrem Kind ein Lied vorsingen oder eine Geschichte erzählen. Dann wird es bestimmte Töne mit der Massage verbinden. Sagen Sie wiederholt seinen Namen und »entspanne dich«, um ihm behutsam beizubringen, wie man Spannung loslässt. (Mehr dazu in Kapitel 5)

Babymassage vertieft die Mutter-Kind-Bindung, die mit der Geburt entstanden ist. Das Baby lernt, das wunderbare Wohlbehagen und die Geborgenheit zu genießen, die aus dem Gefühl, zu lieben und geliebt zu werden, erwachsen. Es lernt seinen eigenen Körper kennen, wenn seine Mutter ihm zeigt, wie man einen Arm oder ein Bein entspannt oder schmerzhafte Blähungen löst. Die Mutter schaut in seine Augen, singt ihm etwas vor, spricht beruhigend auf es ein und streichelt seine Haut. So beginnt der Tanz der Mutter-Kind-Bindung jeden Tag aufs Neue.

»Ich fühle mich meiner Tochter viel näher und bin viel mehr in Harmonie mit ihrem Körper«, erzählt Debbie, Mutter der drei Monate alten Kelly. »In dem Bewusstsein, wie schnell sie größer wird, ist es wunderbar, mit ihrem kleinen Körper in Berührung zu bleiben und sein Wachstum Tag für Tag mitzuerleben. Ich glaube, auch meine Tochter ist mir näher, und durch unsere tägliche Massage entwickelt sich echtes Vertrauen. Ob in guten oder schwierigen Zeiten, möchte ich ihre Kindheit bereichern, und Massage eignet sich wunderbar dazu. Die körperlichen und emotionalen Vorteile der Babymassage sind ein echter Gewinn.«

Miteinander vertraut werden

Bei der regelmäßigen Massage haben Eltern die Gelegenheit, die Körpersprache ihres Babys kennen zu lernen. Sie entdecken seinen Kommunikationsrhythmus und seine Toleranzgrenze gegenüber Außenreizen und sie finden heraus, wann sein Körper ver- und wann er entspannt ist.

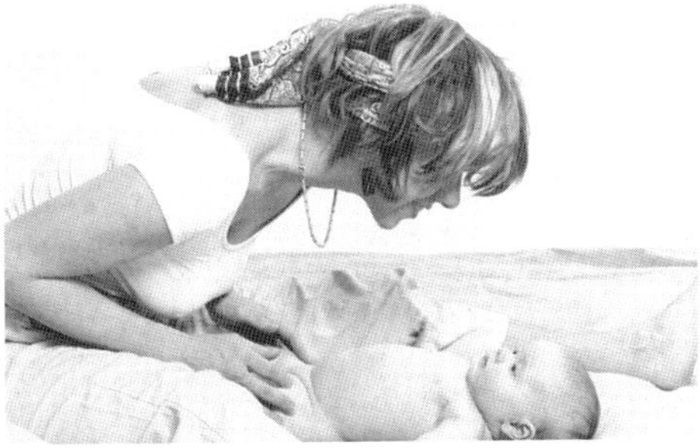

Untersuchungen über die Mutter-Kind-Bindung weisen auch darauf hin, dass Mütter eine größere Nähe zu ihrem Kind empfinden, wenn sie durch eine bestimmte Massagetechnik eine positive Reaktion hervorrufen können. Massage, die Nähe, Kommunikation, Spiel und Fürsorge in sich vereint, verstärkt das Gefühl der elterlichen Kompetenz. Wenn die Mutter sich Zeit nimmt, ihr Kind bei der Massage zu berühren und zu streicheln, schickt sie ihrem Kind eine ganz besondere Botschaft, die lautet: »Ich liebe dich und möchte in Kontakt mit dir sein – mit dir ganz allein!« Aus meiner langjährigen Erfahrung kann ich bestätigen, dass die meisten Babys diese Botschaft tatsächlich verstehen! Meine eigenen Kinder, die inzwischen erwachsen sind, profitieren noch heute von den täglichen Massagen, die ich ihnen gab, als sie noch Kinder waren. Sie sind liebevolle, mitfühlende, reife Persönlichkeiten geworden. Unsere enge Beziehung blieb auch in der Zeit bestehen, als sie sich als Teenager und Twens vom Elternhaus lösen und ihre eigene Identität und ihren eigenen Weg im Leben finden mussten. Obwohl es auch bei uns Phasen gibt, in denen wir seltener Kontakt haben, finden wir immer wieder in Liebe zueinander – und kommen uns dabei immer noch näher und verstehen einander immer besser. Das gegenseitige Vertrauen in unserer Familie ist unerschütterlich, und ich kann diese Nähe und Verbundenheit eindeutig auf unsere frühen Erfahrungen mit dem Aufbau tiefer Bindungen durch liebevolle, einfühlsame Massagen zurückführen.

Verspätete Bindung

Wenn die Mutter-Kind-Bindung durch eine Trennung verzögert wurde, kann die Mutter dies mit den geeigneten Methoden und entsprechender Ermutigung kompensieren. Verzweifeln Sie also nicht, wenn Sie mit Ihrem Baby keine frühe, enge und liebevolle Bindung aufbauen konnten. Das Gute am Menschsein ist, dass wir die wunderbare Fähigkeit besitzen, Rückschläge zu überwinden und neue Verhaltensmuster zu erlernen. Wenn Sie sich der Wichtigkeit der Mutter-Kind-Bindung bewusst sind, können Sie eine Möglichkeit finden, die Natur gezielt zu unterstützen.

Ein Kind, das den Blickkontakt vermeidet, seinen Körper versteift und sich nicht an Ihren Körper anschmiegt, bedarf zusätzlicher Aufmerksamkeit und Hilfe, um das Vertrauen und die Bindungen aufzubauen, die es für seine gesunde

Entwicklung braucht. Dabei können Ihnen einige Anregungen in Kapitel 14 helfen. Die tägliche Massage kann dazu beitragen, die Elemente der Bindung zu entwickeln, mit denen Sie sich aufeinander einstimmen können. Vielleicht müssen Sie mit einer sehr kurzen Massage – nur fünf Minuten – beginnen, und die Dauer allmählich steigern, wenn das Baby beginnt, Ihre Streichbewegungen und Ihren Blickkontakt zu akzeptieren. Ebenso hilfreich kann es sein, wenn Sie sich zusätzlich etwas Zeit nehmen, das Baby zu tragen, bei ihm zu schlafen, mit ihm zu baden und mit ihm zu spielen, wenn es wach und munter ist. Sie sollten sich auf Aktivitäten konzentrieren, die Berührung, Sprechen, Blickkontakt und Zuneigung beinhalten. Aber gehen Sie langsam vor. Manche Mütter übertreiben aufgrund ihrer Angst, die frühe Bindungsphase verpasst zu haben, und überreizen und überfordern ihr Kind, indem sie zu viel des Guten tun und zu schnell vorgehen. Überlassen Sie Ihrem Baby die Führung, schenken Sie ihm Ihre Aufmerksamkeit und Zuneigung, nehmen Sie Blickkontakt auf, schmusen Sie mit ihm, tragen Sie es herum und beruhigen Sie es in einer Art und Weise, die es toleriert.

Manchen Eltern fällt dieser verspätete Aufbau einer Bindung schwer, weil sie durch die Trennung von ihrem Kind mit zu viel Stress und Depression belastet sind. Wenn Sie sich gestresst oder deprimiert fühlen, holen Sie sich Hilfe. Eine therapeutische Beratung kann von großem Nutzen sein. Seinen Schmerz herauszulassen ist ein wesentlicher Schritt zur Heilung. Ein Berater oder Psychotherapeut kann Ihnen auch helfen, Möglichkeiten der Stressbewältigung zu finden, an die Sie noch nicht gedacht haben. Zum Wohl Ihres Kindes und für eine langfristige, gesunde Beziehung zwischen Ihnen beiden kann Hilfe von außen von unschätzbarem Wert sein.

In späteren Kapiteln werden wir die Themen Adoption, Pflegschaft, Frühgeborene und andere besondere Situationen erörtern. In all diesen Fällen ist eine besondere Massagetechnik erforderlich. Aber jede davon ist, ein fester Bestandteil Ihrer elterlichen Fürsorge zu werden.

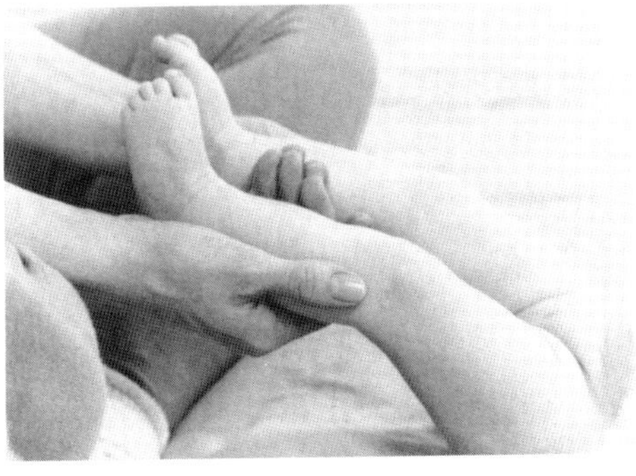

4 Besonders für Väter

Unser kleiner Paradiesvogel ist ganz schön aufgeweckt, Vater.
Vermutlich weiß sein kluges Köpfchen schon ganz genau,
dass es sich bald an deinen rauen Mantel schmiegen kann,
wenn es nur lange genug quengelt.

Norman Gale

Papa, bring dich von Anfang an mit ein!

Moderne Väter beteiligen sich immer mehr an der Kinderbetreuung. Das Bild vom ungeschickten, ängstlichen Vater, der das Baby lieber seiner Frau überlässt, bis es älter ist und er besser mit ihm spielen kann, ist inzwischen eher die Ausnahme.

Trotz seiner Bemühungen, von Anfang an sein Sorgerecht für das Kind auszuüben, steht ein junger Vater in der Regel vor logistischen Problemen. Seine Freizeit beschränkt sich auf die Abende und Wochenenden. Nach der Arbeit ist er müde. Er muss den zusätzlichen Stress bewältigen, sich mit um den Haushalt zu kümmern und eine größere, finanzielle Belastung zu tragen. Darüber hinaus arbeitet vielleicht auch seine Frau außer Haus, sodass sie ebenfalls unter Stress steht und womöglich Schwierigkeiten mit dem Stillen hat, während sie versucht, ihren beruflichen Anforderungen gerecht zu werden.

In den ersten Wochen nach der Geburt ist die Mutter womöglich abends müde und das Baby quengelig. Weit entfernt von der Vorstellung mancher Leute, das Leben einer Mutter, die den ganzen Tag zu Hause ist und mit ihrem Kind spielt, sei der reine Luxus – wie uns auch manche Seifenopern im Fernsehen vorgaukeln –, muss die junge Mutter im Laufe des Tages eine Aufgabe nach der anderen erfüllen, ohne Pausen und ohne Kontakt mit anderen Erwachsenen. Viele dieser Pflichten wiederholen sich – Putzen, Waschen, Wickeln, Füttern, Trösten, Einkaufen – und dafür bekommt sie weder Gehalt noch die Anerkennung eines Vorgesetzten als Ausgleich. Wenn der Vater also abends von der Arbeit nach Hause kommt, sind die meisten Mütter nicht unbedingt bester Laune. Ein Vater, dessen Frau gestorben war, erzählte, er habe immer gedacht, sich sehr viel um seine Kinder gekümmert zu haben, aber »nicht gewusst, wie wenig dies war, bis er die unzähligen Kleinigkeiten erledigen musste, die notwendig sind, um ein Kind aufzuziehen«.

Warten Sie nicht auf eine Einladung!

Als Vater sollten Sie nicht erst auf eine Einladung warten, um sich an der Betreuung Ihres Babys zu beteiligen. Überlassen Sie in der Klinik, im Geburtshaus oder daheim während der ersten Tage nicht wohlmeinenden Tanten oder Großmüttern das Feld. Fragen Sie eine Krankenschwester, Hebamme oder eine Großmutter, wie man ein Baby wickelt, es ein Bäuerchen machen lässt, bei ihm Fieber misst und es badet. Wenn Sie sich mit Ihrer Frau darauf geeinigt haben, lernen Sie, Ihr Baby zu füttern. (Sogar Stillkinder nehmen gelegentlich Muttermilch aus dem Fläschchen an.) Wenn sich Ihre Frau darüber beschwert, wie Sie es machen, gehen Sie nicht in die Defensive. Bitten Sie sie vielmehr, Ihnen zu zeigen, wie man es macht und bedanken Sie sich dafür. Ein Vater drückte es einmal so aus: »Eines Tages wird sie es leid sein, ständig ›der Boss‹ zu sein, und Ihnen immer mehr Verantwortung übertragen.« Untersuchungen haben gezeigt, dass die einfühlsame Fürsorge eines Vaters eine feste Bindung zum Kind garantiert und dass ein liebevoller, auf gegenseitiger Anerkennung beruhender Umgang mit seiner Frau das Engagement des Vaters für seine Kinder verstärkt.

Beide Eltern finden neben ihrer Aufgabe als gute Mutter und guter Vater vielleicht nur schwer Zeit für sich selbst und ihre Beziehung. Der Vater möchte sich zurückziehen, wenn die Mutter und das Kind genau das Gegenteil wollen und brauchen. Darüber hinaus leiden beide Elternteile zumindest in der ersten Zeit unter Schlafmangel, da sie die oft überwältigende Verantwortung tragen, rund um die Uhr für ihr Baby da zu sein.

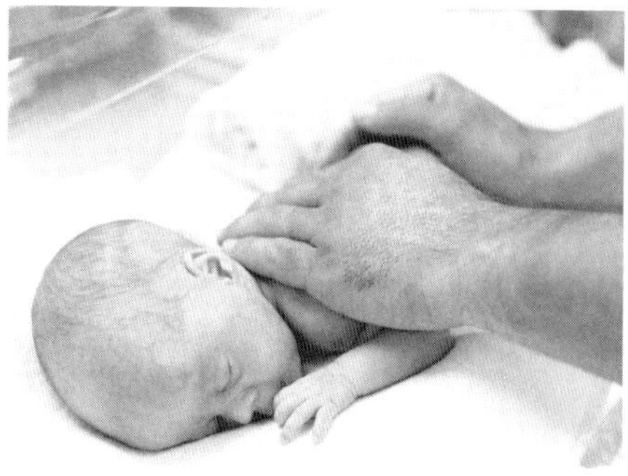

Diese Stressfaktoren machen es Vätern schwer, sich die Fähigkeit liebevoller und zärtlicher Fürsorglichkeit anzueignen. Außerdem haben Männer keine

»mütterlichen« Verhaltensweisen erlernt wie die meisten Frauen, weshalb Männer am Anfang besondere Unterstützung und Ermutigung brauchen. Aber Väter können mit ihren Kindern herumlaufen, sie in den Armen wiegen, ihnen ein Lied vorsingen, mit ihnen tanzen, ihnen etwas vorlesen und sie massieren, ebenso wie sie ihre Babys füttern, wickeln und baden können. Viele Menschen wissen nicht, dass auch Männer »väterliche Hormone« ausschütten, wenn sie in engem Kontakt mit ihren Säuglingen sind.

Der Psychologe Tom Daly berichtet: »Bei der Massage lernen Väter ihre Kinder in einer ganz besonderen Art und Weise kennen. Sie treten mit einem sehr tiefen Bereich des Kindes und einem sehr tiefen Bereich ihrer selbst in Verbindung – ihrer Fürsorglichkeit. Immer wieder werden Jungen darauf konditioniert, ab dem Alter von ungefähr neun Jahren diese Seite zu unterdrücken. Wenn sie sich später aber mit einem Baby beschäftigen, wird dieser Teil in ihnen wieder lebendig. Väter stellen dann fest, dass sie hervorragende ›Ernährer‹ sind, wenn sie erst einmal sicher sind, dass ihre Männlichkeit nicht beschnitten wird.«[1]

Wenn Kinder von ihren Vätern zusätzliche Aufmerksamkeit erhielten, würden sie selbstbewusster und kreativer, sagt Daly. »Männer und Männlichkeit verändern sich. Machen wir damit weiter, Väter stärker in die Kindererziehung zu integrieren. Babymassage ist eine hervorragende Möglichkeit, zu dieser Veränderung beizutragen. Jedes Mal, wenn ein Baby massiert wird, wird die Welt besser – und Väter müssen sich daran beteiligen.«[2]

Fürsorglicher Mann – erfolgreiche Frau: Sie können etwas dazu beitragen

Kinder profitieren enorm von der liebevollen Interaktion mit beiden Elternteilen. »Eine herzliche, liebevolle Vater-Sohn-Beziehung kann gerade die Entwicklung der Männlichkeit eines Jungen unterstützen«, erklärt Dr. Michael Lamb, Autor des Buches *The Role of Father in Child Development*.[3] »Ein fürsorglicher Vater eignet sich als Rollenvorbild viel besser. Sein Verhalten wird eher mit Liebe und Anerkennung verbunden und es besitzt einen größeren Nachahmungswert für einen Jungen als das eines Vaters, der keine Fürsorglichkeit vorlebt.«[4]

Auch Mädchen brauchen eine gesunde Vater-Bindung. Die »Berkeley«-Langzeitstudie lässt darauf schließen, dass Frauen, die als Erwachsene das gesündeste und am besten angepasste Verhalten zeigen, in einem Elternhaus mit zwei liebevollen, engagierten Elternteilen aufgewachsen sind. Die erfolgreichsten Frauen hatten Väter, die Weiblichkeit wertschätzten und weibliche Fähigkeiten förderten, die einen herzlichen und fürsorglichen Umgang mit ihren Töchtern hatten und gleichzeitig deren Unabhängigkeitsstreben unterstützten.

Massage ist eine wertvolle Erfahrung für Väter und Kinder, aus der beide großen Nutzen ziehen. Das Baby macht die Erfahrung, dass sein Papa es zärtlich und liebevoll berührt und es sich darauf verlassen kann, dass seine körperlichen und emotionalen Bedürfnisse durch ihn befriedigt werden. Ein Vater, der durch die Erfahrungen mit der Massage diese Fähigkeiten in sich selbst entdeckt, wird mit Sicherheit in seiner Rolle als Vater ganz wesentlich gestärkt.

Der größte Vorteil der regelmäßigen Massage besteht darin, dass eine Vater-Kind-Bindung hergestellt wird. So wie das Stillen die beständige Vertiefung der Mutter-Kind-Bindung gewährleistet – durch das Schmusen, den Haut- und den Blickkontakt –, kann Massage genau das Richtige sein, damit ein Vater mit seinem Baby »in Berührung« kommt. Väter, die ihre Kinder regelmäßig massiert haben, erinnern sich später daran, dass die Zeit der Massage mit großer Liebe verbunden war.

»Ich werde niemals vergessen, wie mein Sohn vor Vergnügen gluckste, wenn er hörte, wie ich das Öl in meinen Händen verrieb«, erzählt Ron, Vater des sieben Monate alten Jason. »Später wird es mir einmal großen Spaß machen, ihm davon zu erzählen und ihn daran zu erinnern, wenn er einmal selbst Kinder hat. Vielleicht werde ich ja eines Tages auch noch sein Baby massieren!«

Vielleicht müssen Sie sich als frisch gebackener Vater etwas einfallen lassen, damit Sie zwanzig oder dreißig Minuten Zeit für eine Babymassage haben. Der beste Zeitpunkt ist gewöhnlich morgens an Ihren freien Tagen, wenn Sie nicht unter Zeitdruck stehen und sich entspannen können. Wenn Sie die Grundtechniken der Babymassage von Ihrer Frau, aus diesem Buch oder in einem Kurs erlernt haben, sollten Sie bei der Massage mit Ihrem Baby allein sein. Es ist besser, wenn nicht beide Eltern gleichzeitig das Baby massieren, weil es dadurch unterschiedliche Botschaften bekommt und sich dann unwohl fühlt.

Gehen Sie am Anfang sehr behutsam vor und massieren Sie erst nur die Beine oder den Rücken. Vielleicht haben Sie das Gefühl, zu kräftig oder zu ungeschickt zu massieren, oder Sie glauben, Ihre Hände seien zu groß oder zu rau. Fast jeder ist anfangs etwas unbeholfen und nervös. Beginnen Sie damit, Ihre Hände sanft auf den Rücken des Babys zu legen und spüren Sie dabei, wie sich die Entspannung und Liebe durch Ihre Hände auf das Baby überträgt. Zunächst müssen Sie

Ihre Hände nicht einmal bewegen. Spüren Sie nur die Verbindung zwischen Ihnen beiden und konzentrieren Sie sich darauf, Ihren Körper zu entspannen und die Liebe zu Ihrem Kind fließen zu lassen. Wenn Ihnen die Berührung schon etwas vertrauter ist, fangen Sie an, leicht über den Rücken des Babys zu streichen, wobei Sie hin und wieder innehalten und ihm Zeit lassen, sich zu entspannen. Denken Sie daran, all Ihre Bewegungen sehr behutsam und langsam auszuführen, fast wie in Zeitlupe. Sprechen Sie leise mit Ihrem Baby oder singen Sie ihm ein Lied vor, stellen Sie Blickkontakt her, wenn es dazu bereit ist, und folgen Sie ganz allgemein seinen Kommunikationsrhythmen. Wenn Ihr Baby mit der Zeit vertrauter mit Ihren Berührungen geworden ist, können Sie es länger massieren oder zu anderen Körperteilen übergehen, wobei Sie Ihre eigenen Massagetechniken entwickeln. Um weitere Anregungen und hilfreiche Tipps zu erhalten, lesen Sie bitte weiter, denn dieses Buch wurde auch für Sie geschrieben.

5 Wie Sie und Ihr Baby lernen, sich zu entspannen

Da war ein Kind, das ausging jeden Tag,
Und das erste Ding, das es ansah,
dieses Ding ward es.

Walt Whitman

Visualisieren Sie, wie Sie und Ihr Baby sich entspannen

Schließen Sie für einen Augenblick die Augen und stellen Sie sich Ihr Baby vor. Was sehen Sie? Ist es wach oder schläft es? Weint es? Ist es aktiv oder ruhig? Ist es angespannt oder entspannt? Mollig oder schlank? Stimmt Ihre geistige Vorstellung damit überein, wie Ihr Baby im Moment wirklich ist?

Oft machen wir uns unbewusst ein Bild von uns selbst und anderen, auch von unseren Kindern, das auf einer begrenzten Wahrnehmung beruht. Mein zweites Kind war krank und musste gleich nach der Geburt ins Krankenhaus. Obwohl meine Tochter völlig gesund entlassen wurde, hielt ich sie unbewusst noch lange Zeit für anfällig und schwach. Selbst als ich erkannte, dass ich immer noch meine früheren Ängste auf sie projizierte, konnte ich diese Vorstellung nur schwer loslassen. Sie war zu einem gewohnten Denkmuster geworden. Doch solche Muster können andere stark beeinflussen, besonders unsere Kinder, die abhängig davon sind, dass wir ihnen ein klares Bild von sich selbst spiegeln.

Da die Vorstellungen der Eltern in Worte und Handlungen umgesetzt werden, übernimmt sie das Baby als seine eigenen. Positive Visualisierungen und Affirmationen tragen dazu bei, dass wir uns von einschränkenden Denkmustern befreien und unseren Kindern eine Rückmeldung geben, die ihnen zur bestmöglichen Entfaltung ihres Potenzials verhilft. Die tägliche Massage eignet sich bestens dazu, positive Bilder und verbale Botschaften zu übermitteln. Wenn Sie Ihr Baby massieren, stellen Sie sich vor, wie es sich entspannt, öffnet und

Spannungen loslässt. Sehen Sie es glücklich und gesund. Versuchen Sie, sich beim Massieren seine inneren Organe vorzustellen. Sehen Sie, wie sein Herz schlägt, seine gesunden Lungen und sein Darm gut funktionieren, wie sein Blut durch die Venen und Arterien strömt und durch die Massage besser in die Arme und Beine fließen kann. Loben Sie Ihr Baby, wenn es sich entspannt, und bewundern Sie sein Lächeln und seine zarte Haut. Nachfolgend finden Sie ein paar Rückmeldungen, die dazu beitragen, dass Ihr Baby ein positives Selbstbild entwickelt:

> »Was für einen schönen, weichen Bauch du hast!«
> »Ich spüre, wie es in deinem Bauch gurgelt. Mach mal mit, damit wir die Luft aus deinem Bäuchlein drücken können!«
> »Toll, wie du deine Beine entspannst!«
> »Wie gut dir das tut, wenn du so entspannt und locker bist!«
> »Sarah hilft der Mami bei der Massage. Das machst du ganz großartig!«

Sind Sie entspannt?

Die ersten Lebensmonate mit einem Baby sind glücklich und aufregend, aber sie können auch sehr anstrengend sein. Machen Sie jetzt eine Inventur Ihres Körpers. Welche Bereiche sind verspannt? Atmen Sie tief und voll ein und aus? Vielleicht tragen Sie gerade Ihr Baby auf dem Arm, stillen es oder laufen mit ihm herum, während Sie lesen. Ist es quengelig? Wenn es weint, was passiert dabei mit Ihrem Körper? Verspannen Sie sich, halten Sie den Atem an oder atmen Sie nur noch ganz flach? Wenn Ihr Baby schläft, sind Sie ängstlich oder warten Sie darauf, dass es zu weinen anfängt?

Die erstaunlichen Veränderungen, die in Ihnen während der Schwangerschaft und der Entbindung vorgegangen sind, die Anforderungen der Versorgung eines Neugeborenen, der Schlafmangel und die fehlenden Ruhepausen summieren sich und rufen Verspannungen und Ängste hervor, die in den ersten Wochen und Monaten einer Mutter zum Dauerzustand werden können. Bei der täglichen Babymassage können Sie sich selbst entspannen und loslassen. Tatsächlich ist es von wesentlicher Bedeutung, dass Sie entspannt sind.

Irgendwann ist jede Mutter einmal angespannt und nervös, und trotz aller Bemühungen wird das Baby quengelig und fängt zu schreien an. Babys sind höchst empfindsame kleine Wesen, die jede Nuance ihres Verhaltens und der darin enthaltenen Botschaften wahrnehmen. Wenn Sie Ihr Baby bitten, sich zu entspannen, und dabei ein verkniffenes Gesicht machen, empfängt es beide Botschaften, Ihr Gesichtsausdruck aber wirkt wesentlich stärker als Ihre Worte.

Vielleicht hat Ihr Baby tagsüber oder abends eine Phase, in der es besonders quengelig ist. Massieren Sie es ungefähr eine Stunde, bevor diese Quengelphase beginnt, damit es Spannungen abbauen kann. Fünfzehn Minuten Massage erweisen sich als sehr hilfreich, um den Kreislauf »quengeliges Baby – angespannte Mutter« zu durchbrechen.

Als mein Sohn noch sehr klein war, machte ich die Erfahrung, dass eine Massage mit einem anschließenden gemeinsamen Bad uns beiden half, die gereizte Stimmung am späten Nachmittag zu vermeiden. Im Sommer verschafften mir eine Babymassage in der warmen Morgensonne und das Baden im Planschbecken (das ich mit warmem Wasser füllte) Zeit, um in Ruhe zu meditieren – und mein Sohn machte gleichzeitig eine wunderbare, sinnliche Erfahrung.

Kontrollierte Bauchatmung

In den letzten Jahren habe ich aus meiner eigenen Massagepraxis und durch meine Lehrtätigkeit eine Technik entwickelt, die ich »kontrollierte Bauchatmung« nenne und die ich nach dem Aufwachen und nachts vor dem Einschlafen mache. Diese Atemtechnik wirkt sehr entspannend, ob man sich nun auf den Tag vorbereiten oder für einen ruhigen Schlaf sorgen will. Auch wenn Ihr Baby krank ist und Sie um Ihren Schlaf bringt, kann diese Methode sehr hilfreich sein, ebenso, um mit dem Alltagschaos fertig zu werden, das eine Familie naturgemäß mit sich bringt.

Ich schlage Ihnen vor, die »kontrollierte Bauchatmung« mindestens einen Monat lang auszuprobieren, um herauszufinden, ob sie Ihr Leben verändert. Sie lässt sich problemlos anwenden und in den normalen Tagesablauf integrieren. Sollten Sie einmal Lust zum Meditieren oder zum Beten haben, eignet sie sich hervorragend zur Einstimmung. Sie können diese Atemtechnik praktisch überall anwenden, sei es im Auto, im Bus, beim Kochen oder vor einem Termin. Zur Vorbereitung auf eventuell stressreiche Vorhaben wie einen Zahnarztbesuch oder einen chirurgischen Eingriff ist sie von besonders großem Nutzen, ebenso, wenn Ihnen eine schwierige Konfrontation mit einem Problem oder einem anderen Menschen bevorsteht. (Viele Therapeuten empfehlen ähnliche Methoden bei Angststörungen und Panikattacken.) Sie können diese Bauchatmung anwenden, wenn Ihre Kinder Ihre Nerven auf eine Zerreißprobe stellen und Sie so erschöpft oder erregt sind, dass Sie nicht mehr ein noch aus wissen. Ebenso eignet sie sich vor der täglichen Babymassage, damit Sie ruhig werden und sich auf die Liebe zu Ihrem Baby konzentrieren können. Und so funktioniert die »kontrollierte Bauchatmung«:

1. Setzen Sie sich mit relativ geradem Rücken irgendwo hin. Ihre Augen können offen oder geschlossen sein. Atmen Sie tief aus und lassen Sie die Luft aus Ihrer Lunge strömen.
2. Nun atmen Sie langsam durch die Nase ein und zählen dabei bis vier (1 und 2 und 3 und 4 und).
3. Im gleichen Rhythmus lassen Sie die Luft wieder aus Ihrer Lunge ausströmen (1 und 2 und 3 und 4 und).
4. Wiederholen Sie das Ein- und Ausatmen drei Minuten lang.

Am Ende jedes Ein- und Ausatmens werden Sie eine kurze Pause bemerken. Lassen Sie diese zu und erzwingen Sie nichts, sondern stellen Sie sich vor, wie die Luft ganz von selbst in Ihre Lungen strömt und wieder herausfließt. Atmen Sie tief aus dem Bauch heraus, wobei sich der Bauch beim Einatmen dehnen und beim Ausatmen wieder zusammenziehen darf. Währenddessen können Sie zu sich selbst sagen: »Entspanne dich« oder etwas anderes, das Ihnen gerade einfällt und Ihnen hilft, Ihren Körper zu entspannen und sich von Ihren Sorgen und Problemen zu befreien. Achten Sie auf jeden Körperteil, der verspannt ist, und entspannen Sie ihn bewusst. Manche Leute sagen gerne zu sich: »Mach mal langsam«, andere: »Lass alles los«, aber Sie können auch ganz einfach bis vier zählen, so wie ich es oben beschrieben habe.

Berührungsentspannung

Mit das Beste, was eine Mutter für ihr Kind tun kann, ist, ihm beizubringen, wie es sich selbst helfen kann. Sich vollkommen entspannen zu können, ist eine Fähigkeit, die uns allen nützt, und je früher Ihr Kind sie erlernt, desto leichter fällt es ihm, sie bei Bedarf einzusetzen. Für meine Kinder ist einer der Vorteile der täglichen Babymassage, von dem sie noch heute profitieren, ihre Gelassenheit im Alltag. In meinen Kursen eignen sie sich bestens als »Vorzeigemodelle«, weil sie schon im Kindergartenalter wussten, wie man sich entspannt. Kinder, denen man beigebracht hat, sich durch Berührung zu entspannen, zehren auch noch im späteren Leben davon.

Als meine Kinder älter wurden, erwies sich diese Berührungsentspannung als besonders nützlich. Meiner achtjährigen Tochter mussten wegen einer bevorstehenden Zahnregulierung einige Zähne gezogen werden – eine beängstigende und schmerzhafte Erfahrung. Im Wartezimmer des Zahnarztes hörte ich sie nebenan weinen. Ich ging ins Behandlungszimmer und bestand darauf, während des Eingriffs bei ihr zu bleiben. Der Zahnarzt war skeptisch, aber er willigte ein, weil meine Tochter so aufgelöst war. Ich setzte mich neben sie und begann, ihre Hände mit sanften Roll- und Streichbewegungen zu massieren, wie bei einer Massagetechnik, die ich für Babys entwickelt hatte. Ich redete in der hohen Babysprache zu ihr, die ich verwendet hatte, als sie noch ganz klein war, und ich bat sie, ein paar Mal tief ein- und auszuatmen, ihre Augen zu schließen und sich vorzustellen, dass sie auf einer Wolke schwebt und von der warmen Sonne beschienen wird. Sofort entspannte sie sich, und der Zahnarzt konnte ohne weitere Schwierigkeiten mit seiner Behandlung fortfahren. Ich erzählte ihr immer, wenn sie sich ganz tief entspannen musste, dass ihre Katze »Blackie« zu ihr kommen und um ihre Beine streichen würde. Wenn ich spürte, dass sie sich verspannte, sagte ich ruhig: »Jetzt kommt Blackie« und massierte dabei ihre Hand, worauf sich ihr Körper wieder entspannte. Bei körperlichem Stress wie Krankheit oder einer Verletzung, bei emotionalem Stress wie dem ersten Schultag oder dem Verlust eines Haustiers oder bei äußerem Stress wie einem Umzug sind solche Entspannungstechniken von unschätzbarem Wert.

Wie Sie die Bewegungsentspannung bei der Massage anwenden

Die Bewegungsentspannung zwischen den Streichbewegungen der Massage und nach Beendigung der Massage ist sehr einfach. Sie lassen sich gut mit der Massage kombinieren, können aber auch bei anderen Gelegenheiten angewendet werden. Wenn Sie einen Geburtsvorbereitungskurs besucht haben, erinnern Sie sich vielleicht noch daran, wie Sie bewusst jeden Körperteil entspannen sollten. Bei Ihrem Baby wenden Sie ein ähnliches Prinzip an, indem Sie seine Aufmerksamkeit auf einen bestimmten Bereich lenken und ihm zeigen, wie es diesen entspannt. Wenn es dies gelernt hat, verstärken Sie das mit positivem Feedback.

Ein Beispiel: Sie beginnen damit, das Bein Ihres Babys zu massieren, das sich steif und verspannt anfühlt. Nehmen Sie es sanft zwischen die Hände. Spüren Sie, wie es sich tief in Ihrer Hand entspannt, sobald diese die Haut des Babys berührt. Nun winkeln Sie das Bein behutsam an, klopfen es leicht mit den Handflächen und sprechen wiederholt mit leiser Stimme: »Du bist g-a-a-a-nz entspannt!« (wobei Sie die Vokale dehnen und betonen, wie in Kapitel 2 beschrieben). Verwenden Sie immer den gleichen Tonfall. Sobald Sie eine Entspannung der Muskeln wahrnehmen, geben Sie Ihrem Baby eine Rückmeldung wie zum Beispiel: »Wunderbar! Du hast dein Bein entspannt!«, wobei Sie es anlächeln und ihm einen Kuss geben. In gleicher Weise können Sie mit anderen Körperteilen verfahren. Um die Spannung zu lösen, verwenden Sie sanfte Bewegungen, indem Sie die Muskeln kneten, klopfen und streichen. Wenn das Baby sich entspannt, geben Sie ihm ein positives Feedback. Dies trägt nicht nur dazu bei, dass das Baby sich auf seinen eigenen Körper konzentriert, sodass es sich später selbst entspannen kann, sondern auch dazu, dass es die Berührung Ihrer Hände mit der wohltuenden Wirkung der Entspannung verbindet. In Kapitel 13 werden wir näher darauf eingehen, wie man diese Vorteile die gesamte Kindheit hindurch nutzen kann.

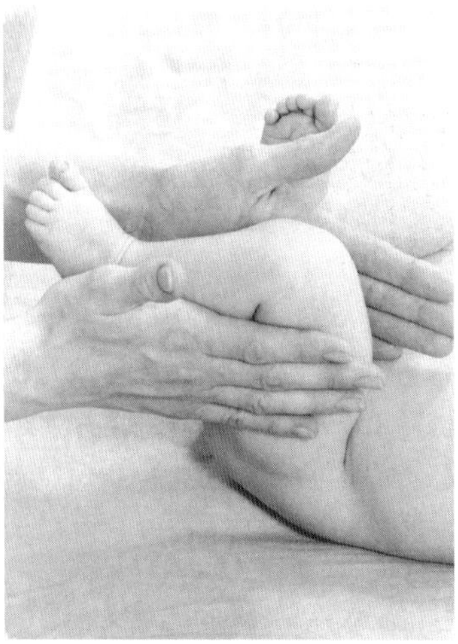

Handauflegen

Zu Beginn und immer mal wieder während der Massage, besonders bei zarten Babys, Frühgeborenen und Babys, die unter Koliken leiden, ist es hilfreich, eine einfache Technik anzuwenden. Die von mir bevorzugte wurde von der Trainerin Helena Moses entwickelt und heißt »Handauflegen«. Wärmen Sie Ihre Hände an und legen Sie sie einfach auf Ihr Baby, egal, wo Sie gerade sind. Vielleicht legen Sie sie auf seine Beine, seinen Bauch, seine Brust oder seinen Rücken. Ihre Hände sollten dabei ganz schwer und warm werden. Entspannen Sie nun bewusst Ihren Körper und atmen Sie langsam und tief ein und aus. Stellen Sie sich vor, wie die heilenden und entspannenden Kräfte durch Ihre Hände zu Ihrem Baby fließen. Probieren Sie, ob Sie Ihre Hände durch Ihre Vorstellungskraft erwärmen und Ihren Körper tief entspannen können.

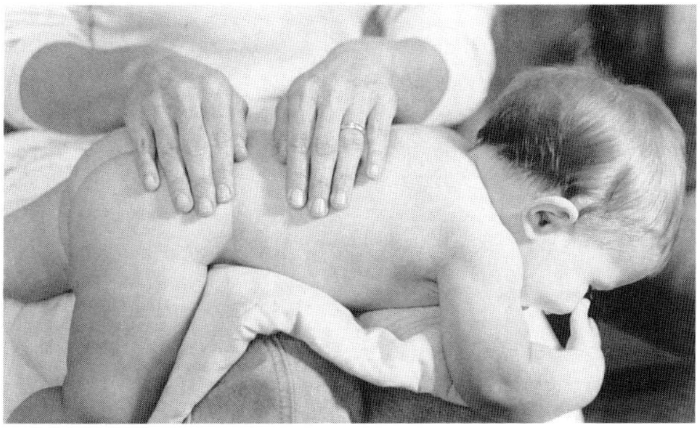

Meiner Meinung nach sollte jede Massage mit dem Handauflegen beginnen, damit sich Mutter und Kind entspannen und auf den liebevollen Austausch bewusster, heilsamer Berührung einstimmen können.

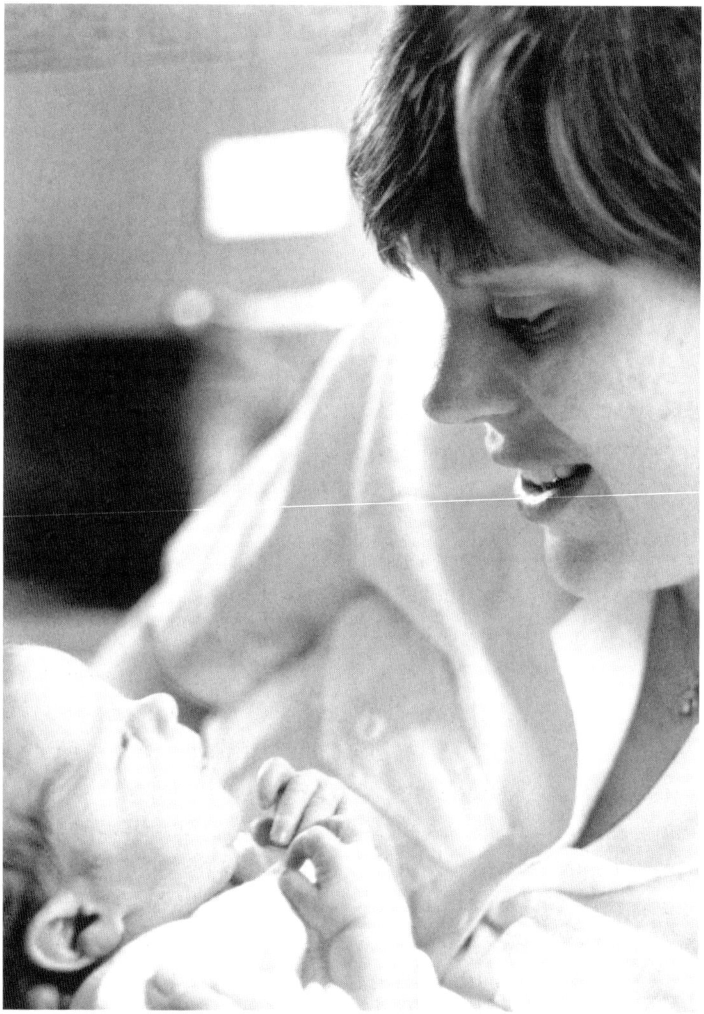

6 Musik und Massage

Auf welches Instrument sind wir gespannt?
Und welcher Geiger hat uns in der Hand?
O süßes Lied.

Rainer Maria Rilke

Ihre Stimme spielt bei der Babymassage eine wichtige Rolle. Wenn Sie mit sanfter Stimme sprechen, summen oder singen, schaffen Sie eine ruhige Atmosphäre. Diese verbale Kommunikation trägt auch dazu bei, Ihre Gedanken auf die Gegenwart und Ihre Aufmerksamkeit auf Ihr Baby zu richten.

Singen ist eine wunderbare Form der Entspannung. Wann immer es Ihnen möglich ist, singen Sie Ihrem Baby etwas vor – beim Wickeln, Füttern, wenn Sie es in den Armen wiegen oder spazieren gehen. Sie werden feststellen, dass Ihr Baby manche Lieder immer wieder hören will. Sein musikalisches Unterscheidungsvermögen ist ganz erstaunlich!

Vertraute Wiegenlieder aus Ihrer eigenen Kindheit eignen sich hierzu am besten. Denken Sie an den Plattenspieler Ihrer Großmutter, der Brahms' Wiegenlied spielte, oder an andere Wiegenlieder, die Sie als Kind gelernt haben. Erinnern Sie sich daran, wie Ihre Mutter Ihren jüngeren Geschwistern »Schlaf, Kindlein, schlaf« vorgesungen hat, und machen Sie es bei Ihrem Baby genauso.

Bei einer Untersuchung sollten Eltern ein Kinderlied ihrer Wahl auf zwei verschiedene Weisen singen. Zuerst mussten sie das Lied so singen, wie sie es ihrem Baby vorsingen würden, obwohl das Baby nicht da war. Dann sangen sie es dem Kind selbst vor. Andere Eltern hörten sich beide Versionen an und konnten fast immer herausfinden, welche dem Kind selbst vorgesungen worden war. Dabei sangen die Mütter mit einer höheren Stimme, mit viel mehr Gefühl, langsamer und mit gedehnten Vokalen. Interessanterweise sangen die Väter langsamer als die Mütter.

Diese Studie bestätigt, was ich an früherer Stelle über die Reaktion der Babys auf die Stimme und das Sprachmuster ihrer Mütter gesagt habe und darüber, wie Sie Ihrem Baby das Verständnis der Sprache erleichtern, indem Sie die Vokale dehnen. Tatsächlich haben Babys einen Einfluss darauf, wie ihre Mütter sprechen. Ihre Interaktion läuft synchron. Dies gehört zum »Tanz« der Mutter-Kind-Bin-

dung. Singen ist eine wunderbare Möglichkeit, um Ihr Baby zu beruhigen und seine Aufmerksamkeit zu fesseln. Nachfolgend finden Sie einige volkstümliche Wiegenlieder aus aller Welt. (Achten Sie einmal darauf, dass die meisten viele lange Vokale enthalten.) Zweifellos gibt es in vielen Familien Lieblingslieder, die man dieser Sammlung noch hinzufügen könnte. In den Literaturempfehlungen im Anhang finden Sie eine Aufstellung von Büchern und CDs bzw. Hörkassetten, die Ihnen ermöglichen sollen, dieses wunderbare Hilfsmittel bei der Babymassage zu nutzen.

Wiegenlieder aus aller Welt

Hushabye

Amerika

Bajuschka Baju

Russland

Schlaf, Kindlein schlaf

Deutschland

2. Schlaf, Kindlein, schlaf,
am Himmel ziehn die Schaf',
die Sternlein sind die Lämmerlein,
der Mond, der ist das Schäferlein.
Schlaf, Kindlein, schlaf.

3. Schlaf, Kindlein, schlaf,
so schenk ich dir ein Schaf
mit einer goldnen Schelle fein,
das soll dein Spielgeselle sein.
Schlaf, Kindlein, schlaf.

Dors, Mon Petit Enfant
(Schlaf, mein Kindlein)

Frankreich

Wiegenlied

Japan

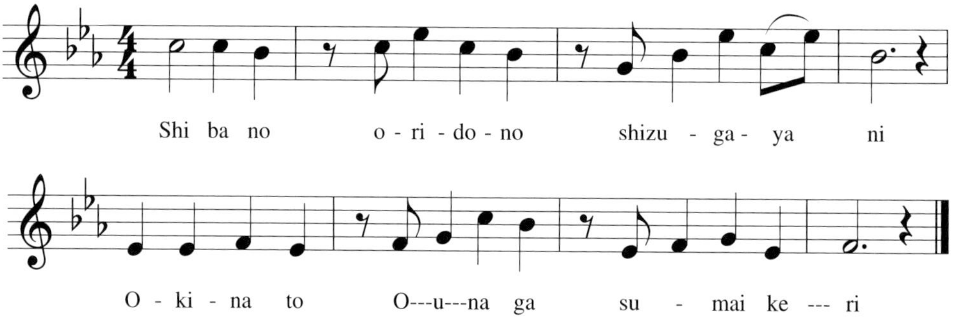

Ich wiege dich in den Schlaf, mein Kleines — Spanien

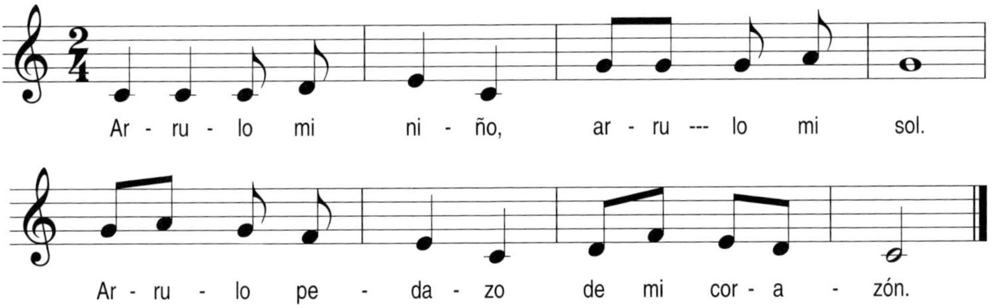

Das folgende bengalische Lied stammt aus Indien und bedeutet: »Ich liebe dich, mein liebes Baby«. Es wirkt auf Babys wunderbar beruhigend und ist das Lieblingslied in unseren Babymassagekursen. Die Internationale Gesellschaft für Babymassage hat es schon beinahe zu ihrer »Hymne« gemacht. Man spricht die Worte folgendermaßen aus: Aaah-mi to-mah-key, bah-lo-shi beybiii.

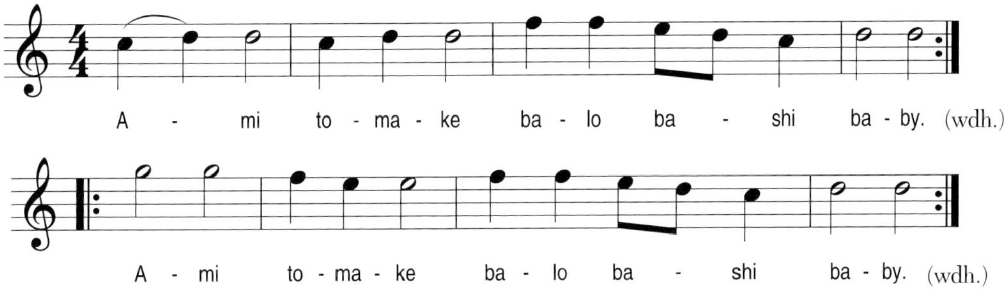

Spielen Sie Musik und erzählen Sie Geschichten

Wenn Sie nicht gerne singen, erzählen Sie Ihrem Baby beim Massieren eine Geschichte oder sprechen Sie einfach mit ihm. Der Klang Ihrer Stimme ist dabei am wichtigsten, weniger der Inhalt oder die Musik.

Väter nehmen die Massage oft gerne als Gelegenheit, im Hintergrund die von ihnen bevorzugte Musik aufzulegen. Am besten eignet sich hierbei Gitarrenmusik und leise, rhythmische Melodien, die mit den sanften, langsamen Massagebewegungen harmonieren. Vielleicht finden Sie ja eine CD oder Kassette, die Ihre Babymassage untermalen kann. Eine leise Symphonie, eine langsame Reggae-Melodie, eine Raga auf einer indischen Sitar, ein Choral oder Meeresrauschen runden Ihre zärtliche Massage ab.

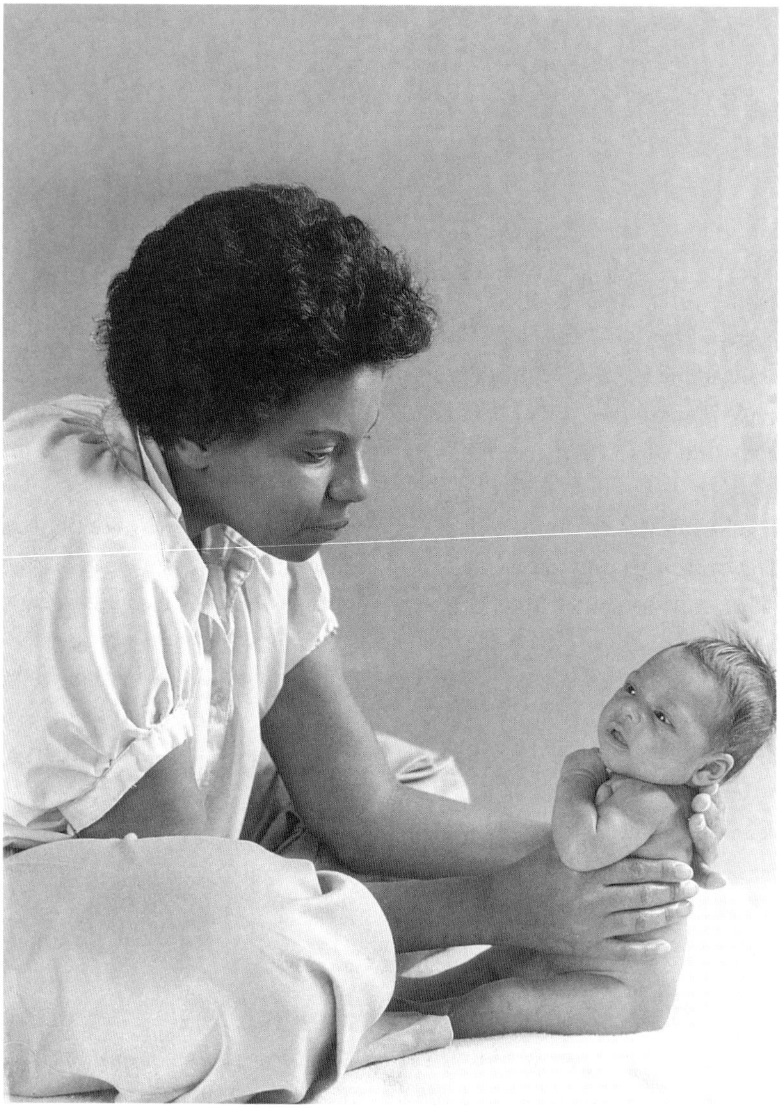

7 Vorbereitung

O du süßer, winzig kleiner Kerl auf Mutters Arm,
wie gut duftet dein Körper!

Euripides

Wann sollen Sie beginnen?

Unmittelbar nach der Geburt beginnt eine Mutter gewöhnlich, ihr Baby ganz sanft zu massieren, ohne dass es ihr bewusst ist. Dies gehört zur Entstehung der Bindung zu ihrem Kind – instinktiv möchte sie es mit all ihren Sinnen kennen lernen.

Sobald Sie wollen, können Sie mit den hier beschriebenen Massagetechniken beginnen. In den ersten sechs oder sieben Lebensmonaten profitiert Ihr Baby am meisten von der täglichen Massage. Wenn es aktiver wird und zu krabbeln oder zu laufen anfängt, massieren Sie es vielleicht nur noch ein- bis zweimal in der Woche, je nach Bedarf. Ein Kleinkind möchte vielleicht vor dem Schlafengehen oder nach dem Baden kurz massiert werden. In diesem Fall sollten Sie es natürlich auch weiterhin massieren. In Kapitel 13 werden wir noch näher auf die speziellen Bedürfnisse des älteren Kindes und die zu ihm passenden Massagetechniken eingehen.

Zu welcher Zeit und wo?

Zunächst müssen Sie den für Sie und Ihr Baby geeigneten Zeitpunkt und Ort für die Massage finden. Im Allgemeinen eignet sich der Morgen, wenn Sie beide ausgeschlafen und satt sind. Aber auch der Nachmittag oder Abend kann Vorteile haben. Einigen Babys tut eine Massage vor dem Mittagsschlaf gut, damit sie noch die letzten Energien freisetzen und danach tiefer schlafen können. Andere vertragen vor dem Schlafen keinerlei Stimulation mehr und brauchen nur noch Ruhe. In diesem Fall massieren Sie Ihr Baby besser nach dem Schlafen. Für manche Babys ist auch der Abend geeignet. Wenn das Baby müde, aber noch nicht zu quengelig ist, hilft ihm die Massage vielleicht beim Einschlafen. Auch Ihren normalen Tagesablauf sollten Sie bei der Wahl des besten Zeitpunkts berücksichtigen. Vielleicht arbeiten Sie außer Haus oder müssen sich auch noch um Ihre anderen Kleinkinder kümmern. Dann massieren Sie Ihr Baby am besten abends, wenn Sie mit Ihrer Arbeit fertig sind und sich Ihr Mann mit den anderen Kindern beschäftigen kann. Beim Massieren können Sie sich dann ganz Ihrem neugeborenen Baby widmen.

In den ersten Monaten ist es sehr angenehm, das Baby erst zu massieren und danach gemeinsam mit ihm ein warmes Bad zu nehmen. Das wirkt wunderbar entspannend, und Ihr Baby schläft vielleicht sogar in Ihren Armen ein. Für das Baby ist dies fast so wie im Mutterleib, nur »mit Ausblick«. Es treibt im warmen Wasser wie im Mutterleib, kann Sie aber gleichzeitig sehen und fühlt sich bei Ihnen sicher und geborgen. Wenn Sie es aus dem Wasser nehmen, weint es womöglich (vielleicht erinnert es dies an den Schock, aus dem warmen Mutterleib in die kalte Außenwelt zu kommen), aber gewöhnlich beruhigt es sich schnell wieder, wenn Sie es zärtlich in den Armen halten und vielleicht stillen.

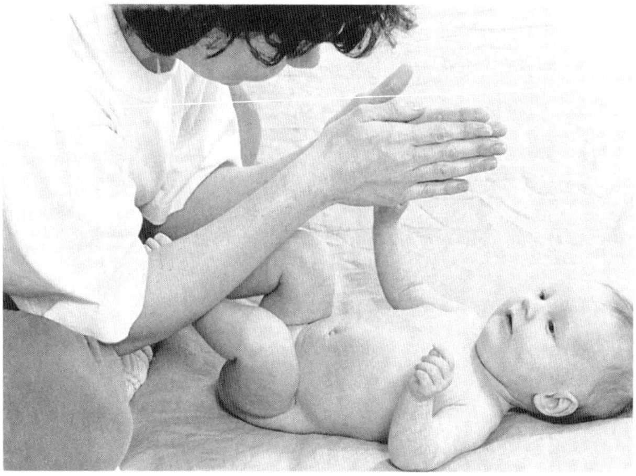

Wahrscheinlich fragen Sie sich, wie Sie mit dem Baby auf dem Arm sicher aus der Wanne steigen können und sich dabei nicht erkälten. Zunächst sollte das Bad angenehm warm sein. Legen Sie Handtücher in eine Babywippe neben der Badewanne. Nach dem Bad legen Sie das Baby hinein und hüllen es in die Handtücher. Dann können Sie aus der Wanne steigen und sich selbst abtrocknen. Vielleicht legen Sie sich gemeinsam mit dem Baby ins Bett und machen noch ein Nickerchen oder Sie widmen sich Ihren Alltagspflichten.

Vom sechsten Monat an, wenn Babys beim Baden immer mehr spielen wollen, massieren Sie das Baby besser nach dem Bad, wenn es müder ist und bald schlafen möchte. Die Massage löst noch die letzten Spannungen, sodass es danach tief und fest schlafen kann.

Massieren Sie Ihr Baby immer an einem warmen, ruhigen Ort. Im Sommer können Sie es an der frischen Luft massieren und dabei die warme Morgensonne, das Vogelgezwitscher und den Sommerduft genießen. Gehen Sie mit Ihrem Baby an den Strand und massieren Sie es beim Meeresrauschen. Nehmen Sie sich auf jeden Fall Zeit dafür, denn das Babyalter ist schnell vorbei.

Wärme

Peter Wolff, ein bekannter Kinderarzt und Wissenschaftler, der viele Untersuchungen über Neugeborene und ihr Verhalten durchgeführt hat, fand heraus, dass die Zimmertemperatur großen Einfluss darauf hat, wie lange ein Baby schläft, wie aktiv es ist und wie häufig es schreit.[1]

Er stellte fest, dass Babys in wärmeren Räumen weniger schrien und länger schliefen als Babys in kühleren Räumen.

Auch der Philosoph, Wissenschaftler, Pädagoge und Begründer der Waldorf-Pädagogik, Rudolf Steiner, betonte, wie wichtig es ist, Babys warm zu halten. Seiner Ansicht nach benötigen die körperlichen und spirituellen Energien, die eine gesunde Entwicklung des Körpers und der Seele eines Babys gewährleisten, Wärme, um wirksam werden zu können.

Bei unseren Babymassagekursen habe ich die Beobachtung gemacht, dass besonders die Babys, die jünger als drei Monate sind, sich viel wohler fühlen, ruhiger sind und sich besser entspannen, wenn sie warm gehalten werden. Wenn Ihr Zimmer kühl ist, können Sie einen tragbaren Heizstrahler aufstellen. Oder Sie wickeln eine Wärmflasche in ein Handtuch und legen es während der Massage an den Füßen des Babys unter die Decke. Der Raum sollte so warm sein, dass Sie auch in leichter Kleidung nicht frieren. Denken Sie daran, dass Ihr Baby noch viel weniger wärmende Fettschichten hat und sich leicht erkältet, wenn es unbekleidet ist. Dann quengelt es auch mehr.

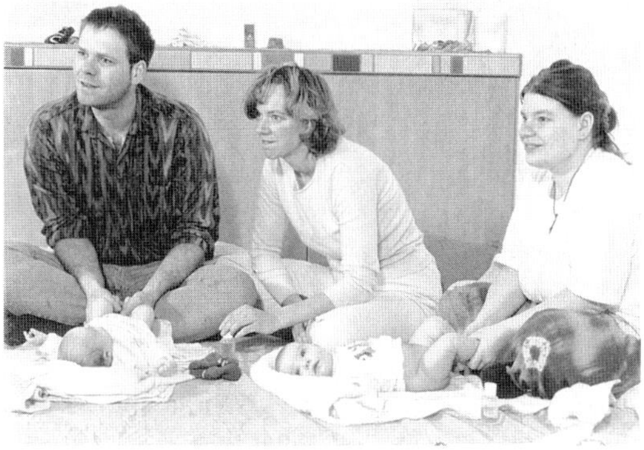

Haltung

Suchen Sie sich nun eine bequeme Sitzhaltung für die Massage. Ihr Rücken sollte relativ gerade sein, wobei der Großteil Ihrer Bewegungen aus dem Kreuz kommen sollten. Sie können sich im Schneidersitz auf den Boden setzen und Ihr Baby auf ein Kissen oder eine Decke vor sich legen. Für diesen Zweck gibt es eigens dafür gefertigte Kissen zu kaufen. Denken Sie daran, das Baby so nah wie möglich zu sich zu legen, sodass seine Füße Ihre verschränkten Beine berühren.

Auch in anderen Körperhaltungen können Sie massieren. Beispielsweise können Sie einen höhenverstellbaren Tisch benutzen, den Sie am besten niedriger stellen, damit Sie entspannt auf einem Stuhl sitzen können. Sie können verschiedene Körperpartien zu unterschiedlichen Zeiten massieren. Nach dem Wickeln massieren Sie beispielsweise die Beine, die Arme oder den Rücken Ihres Babys. Und wenden Sie die Entspannungstechnik und das Handauflegen an, um Ihre normale Massage zu unterstützen.

Wiegeposition

Die von indischen Müttern bei Neugeborenen bevorzugte Sitzhaltung, die ich »Wiegeposition« nenne, eignet sich hervorragend, sofern sie Ihnen angenehm ist. Hierzu setzen Sie sich mit ausgestreckten Beinen auf den Boden, wobei Sie sich mit dem Rücken an die Wand oder ein Möbelstück anlehnen sollten. Winkeln Sie Ihre Knie nun ein wenig nach außen und bringen Sie die Fußsohlen aneinander. Legen Sie eine Decke in die Mulde, die zwischen Ihren Beinen entstanden ist. Legen Sie Ihr Baby nun in diese »Wiege«, mit dem Gesicht Ihnen zugewandt. In dieser Mulde fühlt sich das Baby geborgen und es wird warm gehalten. Aufgrund der tonischen Hals-Reflexe in den ersten vier bis sechs Lebensmonaten ist es ganz normal, dass das Baby seinen Kopf dreht, wenn es flach auf dem Rücken liegt. Der Beinwinkel in der Wiegeposition trägt dazu bei, dass Ihr Baby leicht zu Ihnen kippt. Wenn Sie seinen Kopf in den Bogen legen, den Ihre Fußsohlen formen, wird er so gehalten, dass Sie in Blickkontakt mit dem Baby bleiben.

Was Sie brauchen

Sie benötigen ein Massageöl (auf das wir gleich noch zu sprechen kommen), Handtücher, ein paar Windeln und frische Kleidung für Ihr Baby. Sie selbst sollten bequeme Kleidung tragen, die ruhig ein wenig Öl abbekommen kann. Bevor Sie mit der Massage beginnen, vergessen Sie nicht, das Zimmer gut zu heizen, Ihre Hände zu waschen, Ihren Schmuck abzulegen und Ihren Körper zu entspannen.

Wahl des Massageöls

Wenn Sie über die empfindliche Haut Ihres Babys streichen, sollen Sie auf keinen Fall zu fest reiben. Dazu dient das Massageöl. Meistens werden Sie ein leichtes, naturbelassenes Öl verwenden, mit Ausnahme bei besonders trockenen Hautstellen, wo vielleicht eine Lotion auf Ölbasis besser einzieht und die Haut schneller wieder geschmeidig macht. Bei jeder anderen Massage eignet sich jedoch Öl besser als eine Lotion, weil es nicht so schnell in die Haut eindringt und nicht ständig neu aufgetragen werden muss.

Der Hauptvorteil des Öls besteht darin, dass Sie mit Ihren Händen leichter über die Babyhaut gleiten können. In meinen Kursen empfehle ich den Müttern, vor der Massage etwas weniger als einen Teelöffel voll Öl auf die Handfläche zu geben und dann die Hände aneinander zu reiben, um sie anzuwärmen. Das Öl sollte nicht direkt auf die Babyhaut aufgetragen werden. Ihre Hände sollten ölig, aber nicht glitschig sein, sodass Sie leicht über die Haut streichen können.

Aus vielen Gründen ziehe ich kalt gepresstes Pflanzenöl den synthetischen Ölen vor, die als »Babyöle« vertrieben werden. Was wir auf unsere Haut auftragen, wird von ihr aufgenommen und gelangt so in die Lymphflüssigkeit, die den Körper von Giftstoffen und Schlacken reinigt. Natürlich wollen wir nichts auf die Haut unserer Kinder auftragen, was ihnen lebenswichtige Nährstoffe entzieht, sondern ihnen lieber gesunde Substanzen zuführen. Die meisten Babyöle werden aus anorganischem Erdöl gewonnen. Dazu wird dem Rohöl Benzin und Kerosin entzogen, indem man es erhitzt, eine Methode, die »funktionelle Destillation« heißt. Durch den Zusatz von Schwefelsäure, Absorbtions- und Lösungsmitteln sowie Alkali werden Kohlenwasserstoff und andere Chemikalien entzogen.

Dieses Öl besitzt daher nicht nur keinerlei Nährwert, sondern Ernährungsspezialisten nehmen sogar an, dass durch die Zufuhr von synthetischem Öl verschiedene Vitamine zerstört werden, und sie raten von seiner Anwendung bei der Massage ab. Wenn die Hände Ihres Babys mit dem Öl in Berührung kommen und es danach die Finger in den Mund steckt, wollen Sie sicher sein, dass keine ungenießbaren Stoffe in sein empfindliches Verdauungssystem gelangen. Allein deshalb lehnen die meisten modernen Kinderärzte diese Öle ab. Sie wurden nicht für die Massage hergestellt, die ja die Aufnahme jeglicher Substanzen fördert. Meiner Ansicht nach sollte das verwendete Öl ein Nahrungsmittel sein, das der Haut Nährstoffe zuführt.

Indische Mütter nehmen je nach Jahreszeit unterschiedliche Öle – im Winter anregendes Senföl, das die Wärme speichert, im Sommer kühlendes Kokosöl. Zu meinen Lieblingsölen zählen Aprikosenkern- und Mandelöl, weil sie besonders leicht sind und gut von der Haut aufgenommen werden. Diese Öle sind nicht nur reich an Vitaminen und Mineralstoffen, sondern auch an Fettsäuren, die für eine gesunde Haut sorgen. Da sie die Haut nicht austrocknen, führen sie ihr Nährstoffe und Feuchtigkeit zu, anstatt sie zu schädigen. Machen Sie bei Ihrem Baby einen »Pflastertest« mit einem Öl Ihrer Wahl. Wenn es einen Ausschlag davon bekommt, ist es allergisch auf das Öl, und Sie sollten ein anderes ausprobieren, wie zum Beispiel Jojoba-, Distel- oder Avocadoöl. (Auch Calendulaöl wird für Babys besonders empfohlen; Anm.d.Übers.) Regelmäßiges Baden verhindert, dass sich die Poren der Babyhaut verstopfen und sich ein Ausschlag bildet.

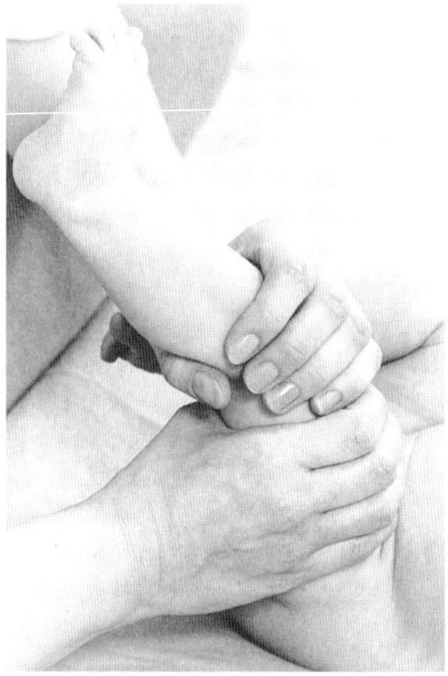

Besonders vorteilhaft ist es, wenn das Öl Ihrer Wahl mit Vitamin E angereichert ist, da Vitamin E nachweislich die Haut gesund erhält und zusätzlich das Öl konserviert. Wenn Sie ein reines Pflanzenöl verwenden, können Sie ein oder zwei Tropfen Vitamin E-Öl als natürliches Konservierungsmittel hineingeben. So verhindert es als natürliches Antioxidans, dass das Öl ranzig wird. In kaltgepresstem Öl bleibt Vitamin E erhalten, wohingegen es durch Erhitzen oder andere Raffinationsmethoden zerstört wird.

Bei der Entstehung der Mutter-Kind-Bindung wird oftmals übersehen, welch große Rolle der Geruch spielt. Der Geruchssinn eines Säuglings ist bereits in der siebzehnten Schwangerschaftswoche funktionsfähig, weshalb er für ein Neugeborenes von enormer Wichtigkeit sein muss. Der hoch empfindliche Geruchssinn hilft einem Baby unmittelbar nach der Geburt, die »Chemie« seiner Mutter zu unterscheiden. Leider schädigen wir den Geruchssinn unserer Babys oft durch Schadstoffe und beeinträchtigen damit den Bindungsprozess. Aus diesem Grund empfehle ich, zur Massage eines Neugeborenen nur ein unparfümiertes Öl zu verwenden. (Im Anhang finden Sie hierzu einige Bezugsquellen.)

Die Massagetechnik: Wie viel Druck ist nötig?

Babymassage ist keine manipulative Methode wie bei Erwachsenen, die von einem professionellen Masseur kräftig durchgeknetet werden, sondern eine sanfte und liebevolle Kommunikationsform. Die Muskeln des Babys, die nur ein Viertel seines Gewichts ausmachen, sind noch nicht so aufgebaut, dass sich Verspannungsknoten darin bilden können. Sein Körper ist so zart, dass eine leichte, aber feste Streichmassage (Effleurage) ausreicht, um seinen Kreislauf und die Funktion der inneren Organe anzuregen.

Wenn Ihr Baby noch sehr winzig ist, sollten Sie sanft und behutsam vorgehen. Sobald es kräftiger wird, können Sie auch fester massieren. Sie werden feststellen, dass Ihr Baby gerne so angefasst und massiert wird, dass es Ihre Kraft, Ihre Liebe und Ihr Vertrauen spüren kann. All Ihre Streichbewegungen sollten lang gezogen, langsam und rhythmisch sein, genauso kräftig, dass sie angenehm, aber auch anregend sind. Vermeiden Sie hektische Bewegungen und knuffen oder kitzeln Sie Ihr Baby nicht. Sie sollten die ganze Handfläche auflegen und die Hand sollte sich sanft, aber mit festem Druck an den Körper des Babys anschmiegen, gerade so fest, dass die Blutzirkulation angeregt wird und Ihr Kind spürt, dass es in den Händen einer starken, kompetenten Mutter ist.

Dazu sagt Dr. Tiffany Field vom *Touch Research-Institut:* »Obwohl Säuglinge und besonders Frühgeborene zerbrechlich wirken, ist ein gewisser Druck nötig, damit die Massage wirksam ist. Aus der Literatur wissen wir, dass Massagen mit leichtem Druck nicht zu Gewichtszunahme führen, solche mit festem Druck hingegen schon.«[2] Bei meiner Arbeit mit Eltern und Babys habe ich festgestellt, dass ich die Eltern meist dazu ermutigen muss, ihr Baby fest, aber gleichzeitig sanft und rhythmisch zu massieren. Babys wollen sich in den starken, warmen, liebevollen Händen ihrer Eltern geborgen fühlen.

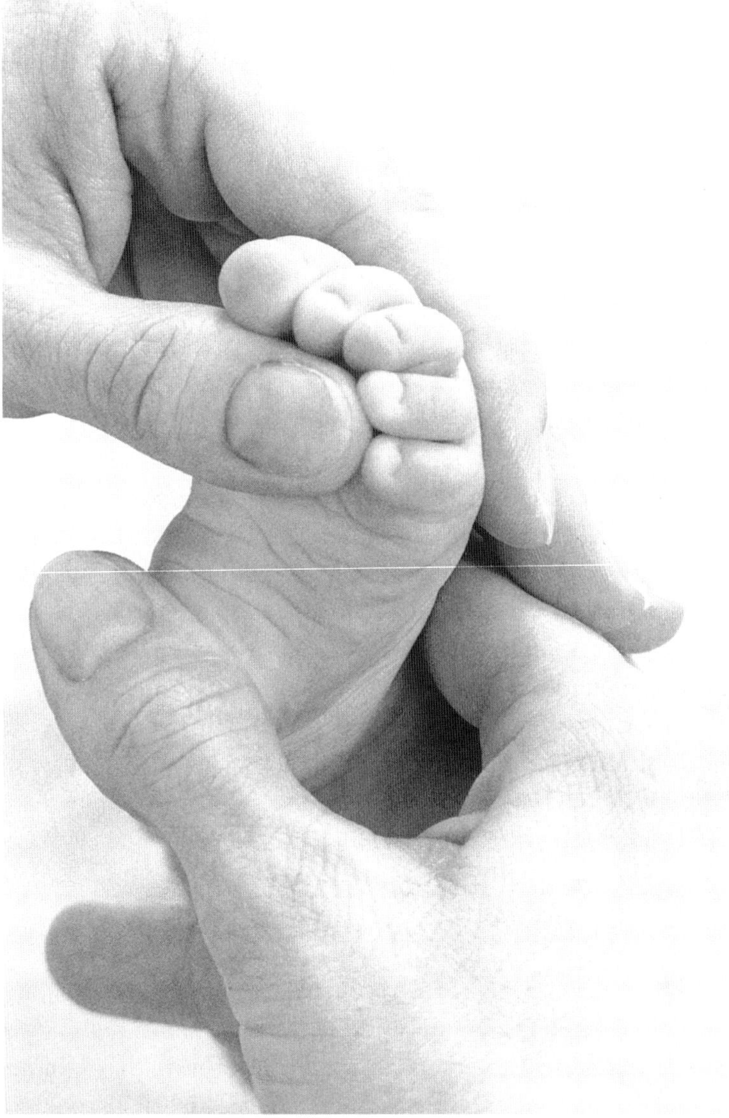

8 Wie Sie Ihr Baby massieren

Wenn ich vom erschöpfenden Lebenskampf
Entspannung suche,
betrachte ich das Gesicht meines Babys
und finde dort Frieden.

Martha F. Crow

Wenn Sie alles zusammen haben, was Sie zur Massage brauchen, und für sich und Ihr Baby ein schönes Plätzchen gefunden haben, setzen Sie sich ein paar Minuten ruhig hin. Entspannen Sie von Ihrem Kopf abwärts jeden Muskel in Ihrem Körper, so gut Sie nur können. Spüren Sie eine Woge der Entspannung vom Kopf bis zu den Zehenspitzen.

Lassen Sie Ihren Kopf nun behutsam nach vorne fallen, sodass Ihr Kinn die Brust berührt. Kreisen Sie mit Ihrem Kopf langsam erst im, dann gegen den Uhrzeigersinn. Strecken Sie dabei Ihren Nacken, damit Ihr Kopf langsame, weit ausholende Kreisbewegungen machen kann. Spüren Sie, wie sich all Ihre Muskeln im Nacken und den Schultern dehnen und entspannen.

Nun ziehen Sie die Schultern hoch bis zu den Ohren. Halten Sie diese Position für ein paar Sekunden, dann lassen Sie die Schultern wieder fallen. Wiederholen Sie diese Übung ein paar Mal. Kreisen Sie mit den Schultern erst vor, dann zurück, schütteln Sie sie dann und spüren Sie, wie sich Ihr ganzer Oberkörper und Ihre Arme entspannen.

Entspannen Sie sich vollkommen und atmen Sie tief durch

Ein harmonischer geistiger Zustand ist mit einer langsamen und regelmäßigen Tiefenatmung verbunden. Wenn Sie Ihr Baby massieren, sollten Sie tief und langsam einatmen, sodass sich Ihre Lungen bis in den Bauch hinunter mit Luft füllen, und dann wieder tief ausatmen. Seufzen Sie ab und zu laut, atmen Sie durch die Nase ein und durch den Mund wieder aus, während Sie gleichzeitig Ihren

Körper bewusst entspannen. Ihr Baby wird Ihre zunehmende Entspannung ebenfalls spüren und macht Ihre Seufzer schließlich vielleicht sogar nach.

Setzen Sie sich in der richtigen Position hin, bevor Sie Ihr Baby ausziehen. Vielleicht sitzen Sie im Schneidersitz auf dem Boden und haben Ihr Baby so nah wie möglich vor sich gelegt. Vielleicht sitzen Sie auch auf einem Stuhl, stehen vor einer Wickelkommode oder sitzen mit dem Baby vor sich auf dem Bett – auch hier sollte es so dicht wie möglich an Ihrem Körper liegen. Entspannen Sie sich vom Kopf bis in die Zehenspitzen so gut wie möglich. Nun atmen Sie tief ein, wobei Sie Ihren Bauch herausstrecken, damit möglichst viel Luft in ihn einströmen kann. Während Sie langsam durch den Mund wieder ausatmen, sprechen Sie folgende Affirmation: »Ich lasse jetzt die Spannung los. Mein Körper ist entspannt.« Spüren Sie, wie Sie auch noch die letzten Verspannungen und Ängste loslassen. Sie ruhen zuversichtlich in Ihrer Mitte.

Beim nächsten Atemzug sprechen Sie beim Ausatmen ebenfalls eine Affirmation: »Ich lasse jetzt alle störenden Gedanken los und konzentriere mich ganz auf mein Baby.« Machen Sie sich frei von allen Sorgen und Zukunftsplänen – sie ziehen davon wie Vögel über den strahlend blauen Himmel. In diesem Augenblick gibt es nur Sie und Ihr Baby – und Sie beide dürfen sich diese gemeinsame Zeit gönnen.

Atmen Sie wieder tief ein. Beim Ausatmen sprechen Sie nun erneut eine Affirmation: »Durch meine Hände fließt meine zärtliche Liebe zu meinem Baby.« Visualisieren Sie die ganze Liebe, die Sie für Ihr Kind empfinden, als strahlende Sonne mitten in Ihrem Herzen. Mit jedem Herzschlag sendet sie ihre warmen Strahlen durch Ihre Arme in Ihre Hände und über diese zu Ihrem Baby, während Sie mit der Massage beginnen.

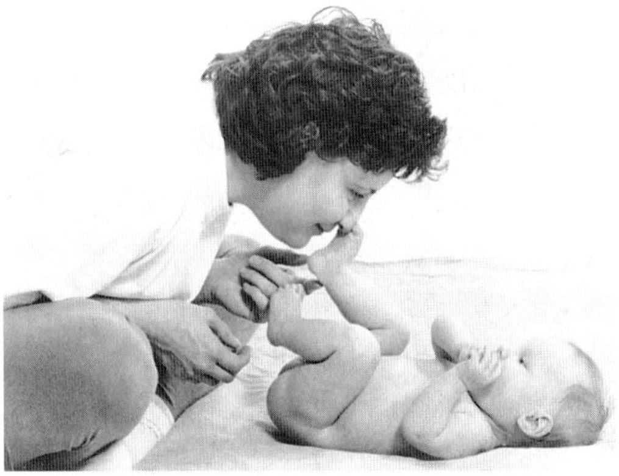

Sagen Sie Ihrem Baby »hallo« – mit Worten, mit Ihrem Lächeln und Ihrer Berührung. Teilen Sie ihm mit, dass seine Massage nun gleich anfängt.

Bitten Sie um Erlaubnis, bevor Sie anfangen

Wenn Sie entspannt, in Ihrer Mitte angekommen und bereit sind, mit der Massage zu beginnen, ziehen Sie Ihr Baby aus und legen Sie Ihren Schmuck ab – besonders Ringe, Armbänder oder Ketten, die das Baby stören und ablenken könnten. Beim ersten Mal brauchen Sie nur die untere Körperhälfte des Babys zu entkleiden, denn ich empfehle, diesmal nur die Beine zu massieren. Entfernen Sie die Windel und legen Sie ein Tuch oder eine Windel vor das Baby, die Sie im Notfall schnell unterlegen können.

Später können Sie länger und mehr Körperteile massieren. Es dauert vielleicht eine Weile, bis Ihr Baby eine Ganzkörpermassage genießen kann. Wenn Sie schon etwas geübter sind und Ihr Baby sich an die Massage gewöhnt hat, werden Sie während der Massage selbst herausfinden, was Ihr Baby gerne hat und braucht.

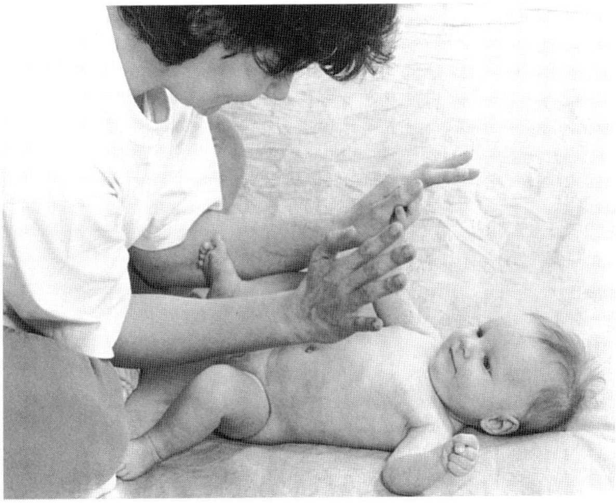

Beim Ausziehen können Sie Ihrem Baby erzählen, dass es jetzt gleich massiert wird. Geben Sie ihm ein spezielles Zeichen, wenn es losgeht. Vielleicht so: Verreiben Sie ein wenig Massageöl in Ihren Handflächen. Reiben Sie sie aneinander, damit sie warm werden. Dabei sagen Sie: »Es ist Zeit für eine Massage.« Ihr Baby hört, wie Sie das Öl verreiben und lauscht aufmerksam dem Klang des Wortes »Massage«. Zeigen Sie Ihrem Baby Ihre Handflächen und fragen Sie es dabei: »Darf ich dich jetzt massieren?« Beim ersten Mal weiß Ihr Baby natürlich noch nicht, was passieren wird. Aber später wird es diesen Ablauf wieder erkennen und darauf reagieren.

Woran können Sie erkennen, wenn Ihr Baby nicht massiert werden will? Gewöhnlich wird es die Arme in einer Schutzbewegung nach oben werfen, seinen Kopf abwenden, treten und zu quengeln anfangen. Vielleicht bekommt es einen Schluckauf, schlägt mit den Ärmchen um sich und verdreht die Augen.

In diesem Fall können Sie versuchen, es wärmer zu machen, das Baby zuzudecken, es dichter an Ihren Körper zu legen und Ihre warmen Hände auf seine Beine zu legen, wobei Sie die Tiefenentspannungsmethode anwenden – das »Handauflegen« aus Kapitel 5. Dann fragen Sie es noch einmal. Oft genügt eine kleine Veränderung, damit es sich wohl genug fühlt, um sich massieren zu lassen. Vielleicht müssen Sie sich aber auch noch tiefer entspannen. Überlegen Sie, wie Sie die Atmosphäre so verändern können, dass es Ihr Baby wärmer und behaglicher hat. Wenn es immer noch ablehnend reagiert, verschieben Sie die Massage auf einen anderen Zeitpunkt. Wirkt es lediglich unentschlossen und quengelt nur ein wenig herum, fahren Sie fort. Oft beruhigt sich ein quengeliges Baby und fängt an, die Massage zu genießen, nachdem Sie das erste oder zweite Bein massiert haben. Beim nächsten Mal ist ihm die Massage vielleicht schon vertrauter.

Diese Vorbereitung auf die Massage erfüllt mehrere wichtige Aufgaben. Sie teilen Ihrem Baby mit, dass es gleich eine neue Erfahrung machen wird. Es kann sich besser darauf einstellen. Durch Ihre Stimme und Ihre Körpersprache vermitteln Sie ihm auch Ihren Respekt: »Du hast Respekt verdient. Dein Körper gehört dir. Andere Leute müssen dich um Erlaubnis fragen, wenn sie dich berühren wollen.« In Kapitel 14 werden wir darauf eingehen, wie diese frühen Erfahrungen dazu beitragen werden, dass das Kind später einmal zwischen guten und schädlichen Berührungen unterscheiden kann. Diese Einstimmung vor der Massage gewährleistet das Vertrauen, den Respekt und die Wertschätzung, die erforderlich sind, um ein gesundes Leben führen zu können.

Nur Sie beide

Wenn Sie Ihr Baby massieren, drückt jede Bewegung Ihres Körpers Ihre Liebe aus. Ihre kräftige, zärtliche Berührung, der Massagerhythmus, in dem sich Ihr Körper bei jeder Streichbewegung vor- und zurückbeugt, Ihre Augen, Ihr Lächeln und Ihre Stimme sind ebenso wichtig für die Sinneserfahrung wie die Massage selbst. Schauen

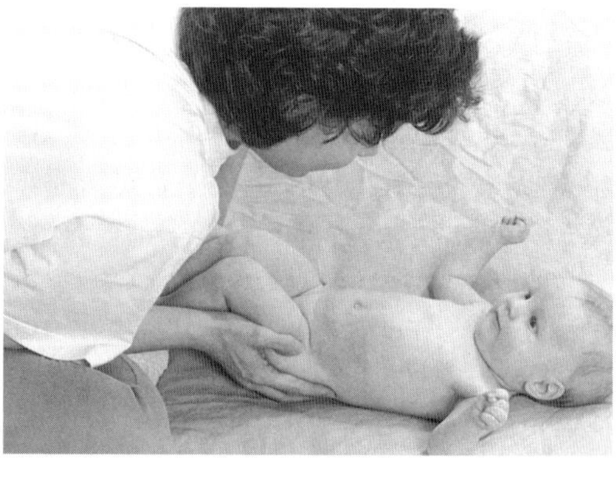

Sie Ihrem Baby in die Augen und öffnen Sie sich für die Liebe, die Sie beide füreinander empfinden. Entspannen Sie sich und beginnen Sie die Massage mit einer ersten zarten Berührung der Babyhaut. Spüren Sie, wie warm und entspannt Ihre Hände sind und wie sie Ihrem Baby Geborgenheit vermitteln. Wenn nichts dagegen spricht, wiederholen Sie jede Streichbewegung drei- bis viermal.

Darf ich deine Beine und Füße massieren?

Aus verschiedenen Gründen beginnen wir mit der Massage bei den Beinen und Füßen. Babys kommen mit ihnen in Kontakt mit der Außenwelt. Beobachten Sie Ihr Baby einmal genau, wenn es jemanden kennen lernt. Bevor es Blickkontakt aufnimmt, strampelt es. Vielleicht können Sie sogar eine Art »Zeichensprache der Beine« entdecken, die Ihr Baby verwendet, um einen vertrauensvollen Kontakt zu einem anderen Menschen herzustellen. Sogar wenn man zwei Babys nebeneinander legt, strampeln sie mit den Beinen, so als ob sie über ihre Füße miteinander kommunizieren wollten!

Füße und Beine sind die am wenigsten verletzbaren Körperteile Ihres Babys. Wenn Sie mit dem Oberkörper beginnen, verspannt es sich womöglich und bekommt Angst. Instinktiv hebt es schützend die Ärmchen vor die Brust und zieht seine Beine an, um seine lebenswichtigen Organe zu schützen. Wenn die Massage bei den Beinen und Füßen beginnt, kann es Vertrauen gewinnen und sich allmählich daran gewöhnen. Viele Babys mögen es am liebsten, wenn man ihre Beine und Füße massiert. Wenn Sie also bei diesen Körperteilen anfangen, kann sich Ihr Baby völlig entspannen.

Sollte Ihr Baby einen Krankenhausaufenthalt hinter sich haben, wurde ihm dort sicherlich einige Male aus der Ferse Blut abgenommen. Diese Stellen bleiben noch lange, nachdem die Einstiche verheilt sind, hoch empfindlich. Wenn Ihr Baby ängstlich oder mit Unbehagen reagiert, wenn Sie seine Füße massieren, hören Sie mit den Streichbewegungen auf und halten Sie seine Füße einfach sanft in Ihren Händen und umfassen sie. Verwenden Sie diese Festhaltetechnik ein paar Tage lang, bis Ihr Baby die Berührung toleriert, und versuchen Sie es dann erneut.

Die Streichbewegungen des »indischen und schwedischen Streichens« (»Melkens«) regen die Blutzirkulation in den Füßen und den Rückfluss des Blutes zum Herzen an. Die Druck-, Dreh- und Rolltechniken entspannen die Beine und verbessern den Muskeltonus. Massieren Sie erst das eine, dann das andere Bein. Stimmen Sie Ihr Baby mit dem »Handauflegen« ein, indem Sie Ihre Hände auf seine Beine legen.

1. Indisches Streichen (»Melken«)

Streichen Sie das Bein von der Hüfte bis zum Knöchel, wobei Sie das Bein am Knöchel unterstützen. Erst massieren Sie mit der einen Hand die Außenseite des Beins, dann mit der anderen die Innenseite. Achten Sie darauf, dass der Körper des Babys auf der Unterlage liegen bleibt.

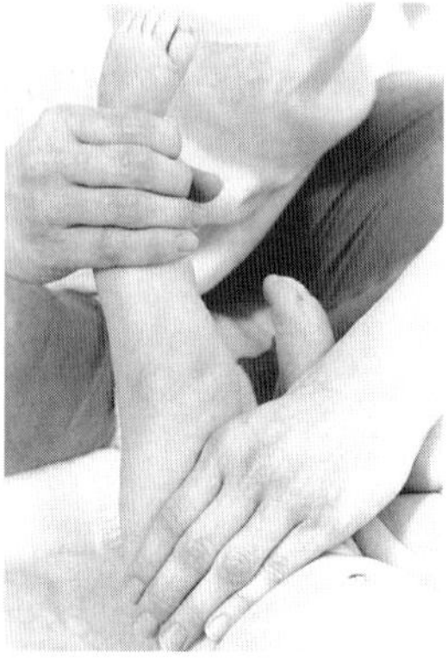

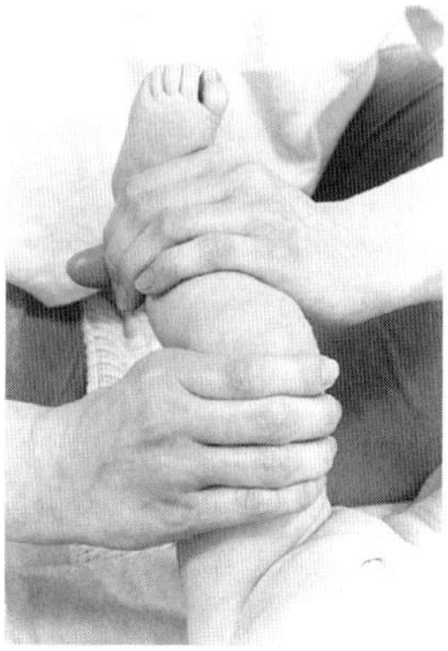

2. Umschließen und Gleiten

Umfassen Sie das Bein gut mit beiden Händen, legen Sie Ihre Hände dabei nah zusammen, ohne das Knie zu verdrehen. Massieren Sie vom Schenkel hinunter bis zum Knöchel, wobei Sie die Hände gegeneinander drehen – mit sehr sanftem Druck. Diese Bewegung massiert die Muskulatur und entspannt sie.

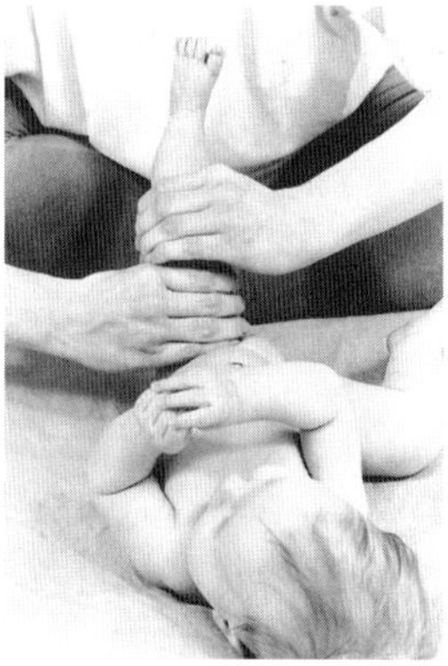

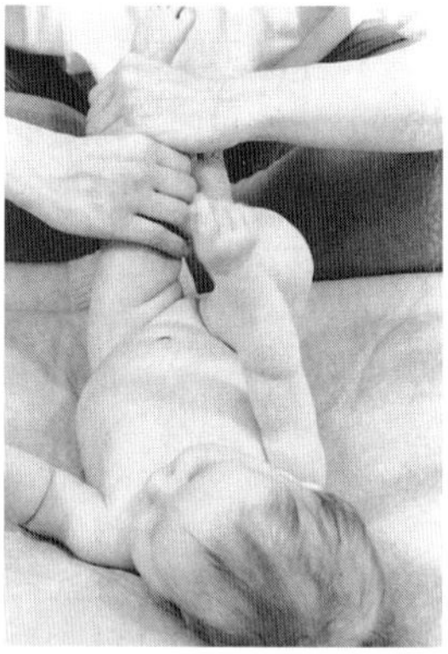

3. Daumen über Daumen

Streichen Sie abwechselnd mit den Daumen von der Ferse zu den Zehen über die Fußsohlen.

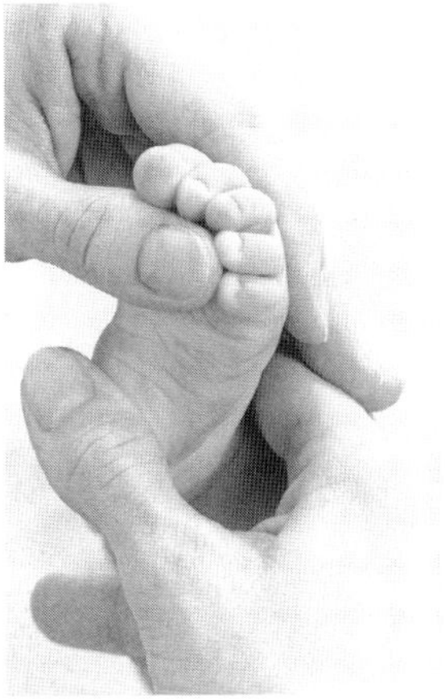

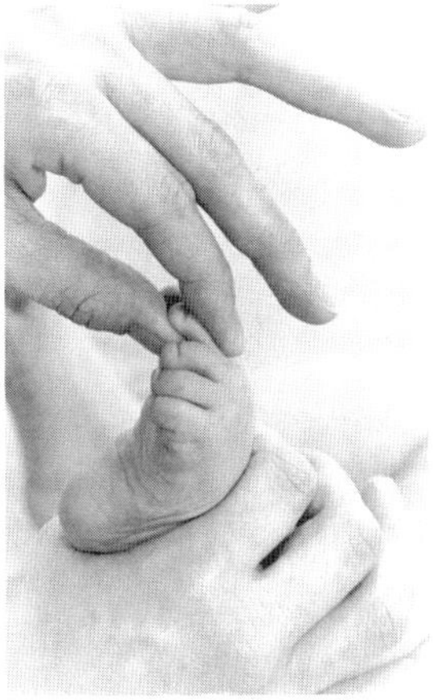

4. Zehendrücken

Drücken Sie jede einzelne Zehe und lassen Sie sie kreisen.

Im Fuß befinden sich 72.000 Nervenenden. Die zahlreichen Theorien über die Wirkung der Fußmassage stimmen alle darin überein, dass bestimmte Zonen (»Reflexzonen«; Anm.d.Übers.) an den Füßen mit entsprechenden Körperbereichen verbunden sind. Umweltbelastungen können dazu führen, dass unser Immunsystem aus dem Gleichgewicht gerät, was sich als Erkältung, Grippe, Ohrenentzündung usw. niederschlagen kann. Masseure, die sich eingehend mit den Fußreflexzonen beschäftigt haben und die Reflexzonenmassage anwenden, behaupten, dass sich bei solchen Infekten überschüssige Harnsäure und Kalzium an den Nervenenden der Füße ablagern. Diese Ablagerungen blockieren den Energiefluss im Körper. Durch die Fußmassage werden diese Ablagerungen gelöst, vom Blut und der Lymphe abtransportiert und schließlich aus dem Körper ausgeschieden.

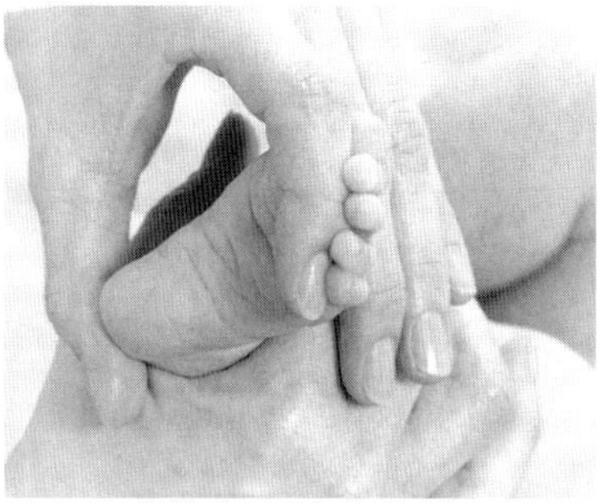

5. Unter den Zehen

Legen Sie den Zeigefinger direkt in die Mulde unter die Zehen und drücken Sie sanft auf diesen Bereich.

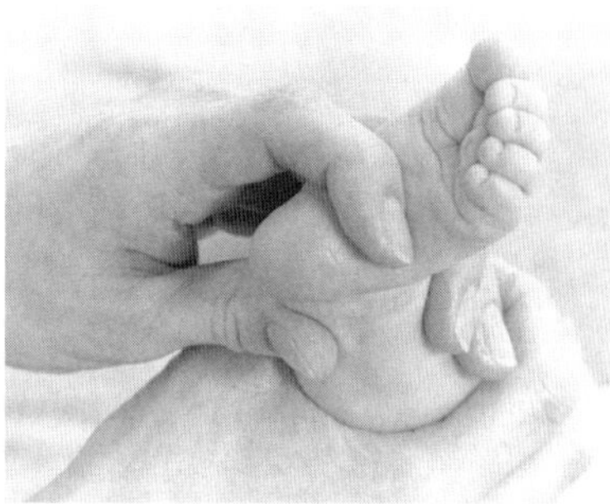

6. Fußballen

Pressen Sie Ihren Zeigefinger leicht auf den Fußballen, dort wo die Ferse anfängt, und massieren Sie diesen Bereich sanft.

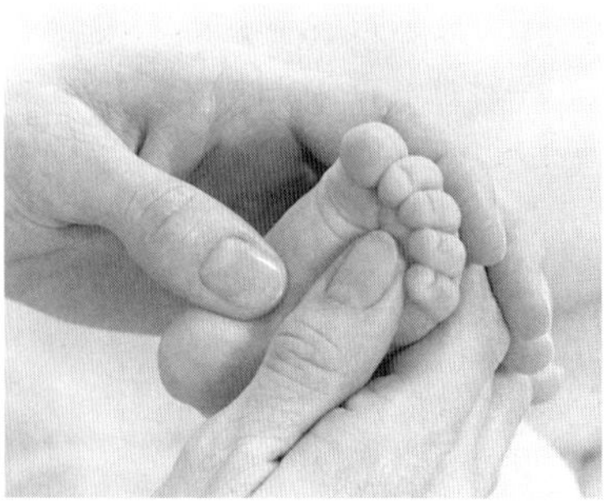

7. Daumendrücken

Drücken Sie mit beiden Daumen die gesamte Fußsohle.

8. Fußrücken

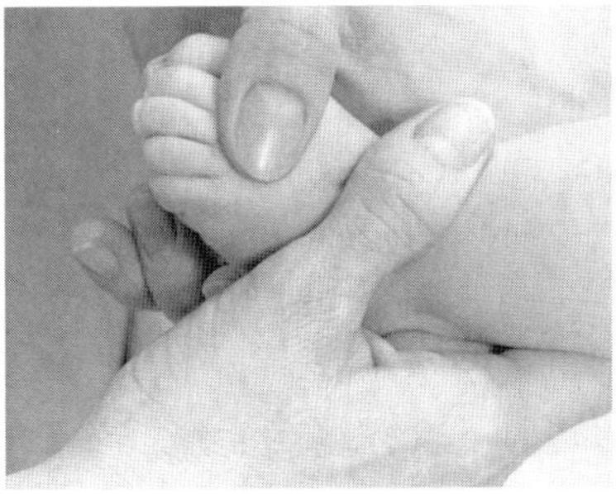

Streichen Sie mit Ihren Daumen abwechselnd über den Fußrücken in Richtung Knöchel.

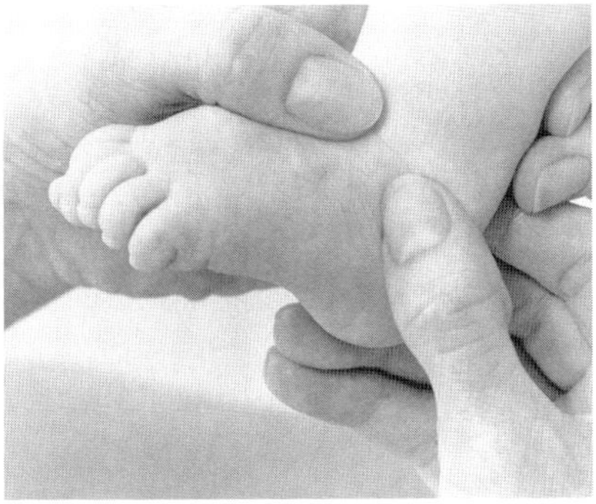

9. Knöchelkreisen

Kreisen Sie mit kleinen Daumenbewegungen rund um das Knöchelgelenk.

10. Schwedisches Streichen (»Melken«)

Streichen Sie das Bein vom Knöchel bis zur Hüfte, wobei Sie das Bein am Knöchel unterstützen. Erst massieren Sie mit der einen Hand die Außenseite des Beins, dann mit der anderen die Innenseite. Achten Sie darauf, dass der Körper des Babys auf der Unterlage liegen bleibt.

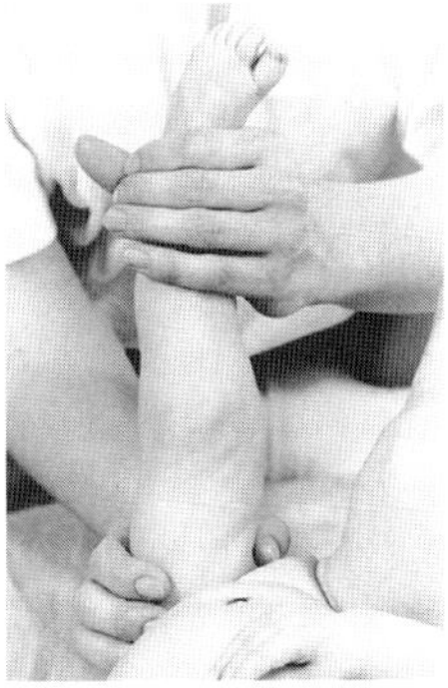

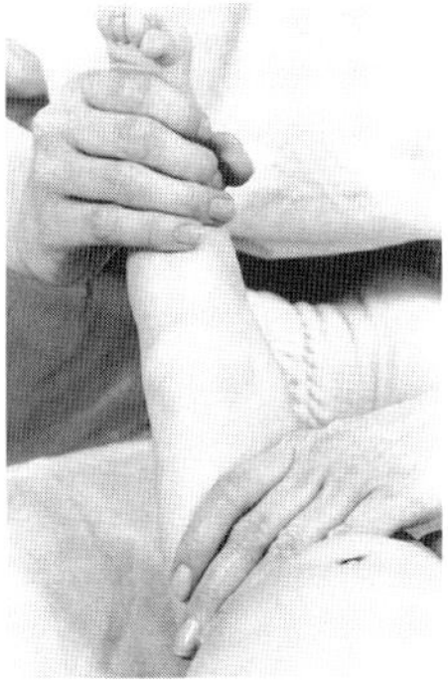

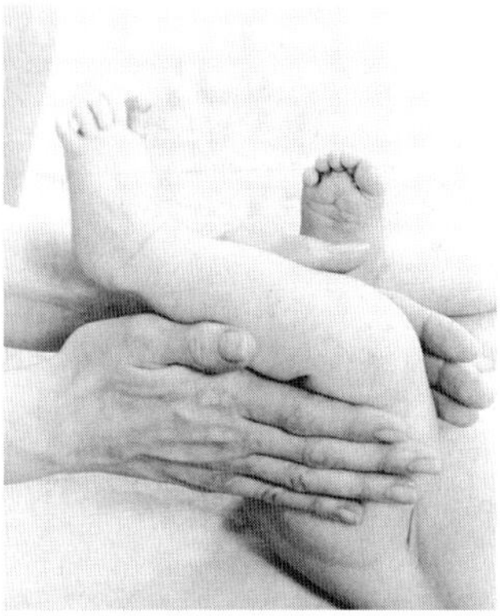

11. Rollen

Rollen Sie das Bein vom Oberschenkel bis zum Knöchel zwischen Ihren Händen. Die meisten Babys lieben diese Bewegung!

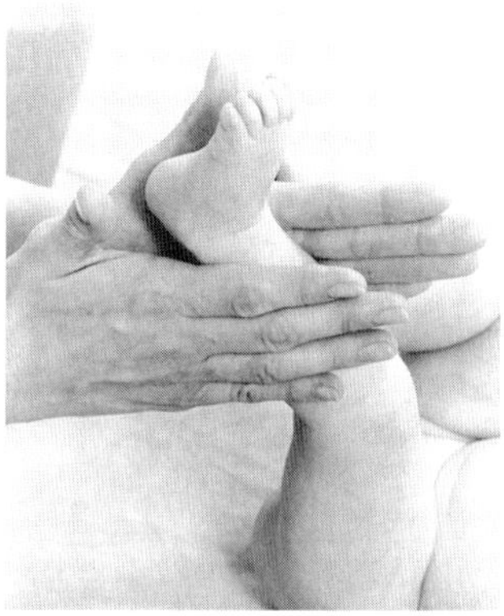

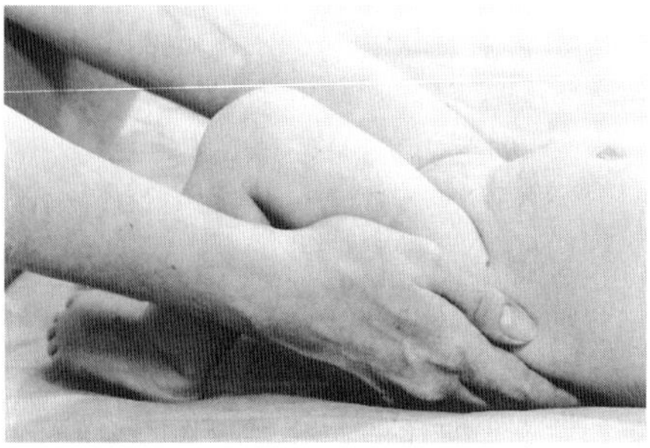

12. Entspannung für den Po

Nachdem Sie beide Beine und Füße massiert haben, streichen Sie nun mit beiden Händen in kleinen Kreisbewegungen über die Pobacken. Streichen Sie dann die Beine bis zu den Füßen aus, wobei Sie diese leicht hin und her wiegen.

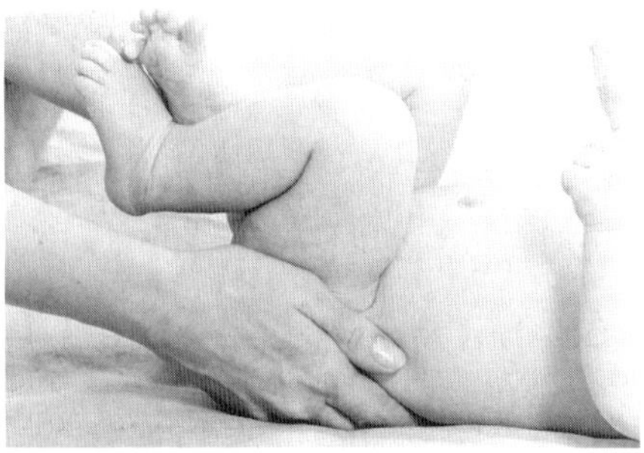

13. Integration

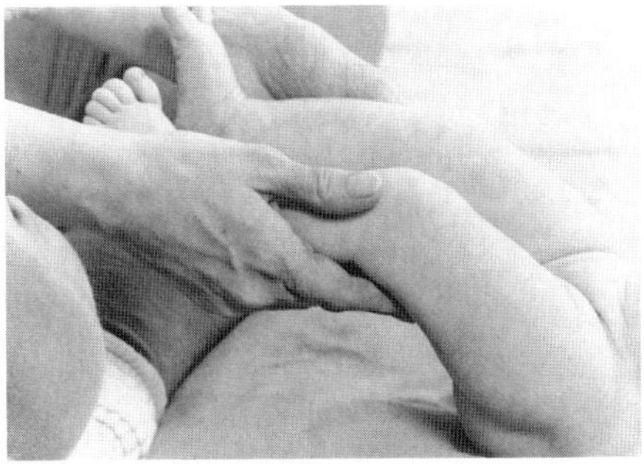

Streichen Sie mit beiden Händen mit einer Wischbewegung vom Po zu den Füßen. Dies integriert die Beine mit dem Rumpf und gibt Ihrem Baby zu verstehen, dass Sie nun zu einem anderen Körperteil übergehen.

Darf ich dein Bäuchlein massieren?

Die Bauchmassage wirkt anregend auf die inneren Organe des Babys und hilft bei Blähungen und Verstopfung. Die meisten Streichbewegungen enden am linken Unterbauch des Babys (Ihrer rechten Seite). Hier befindet sich der Ausscheidungsbereich des Darms. Der Zweck der Massage besteht darin, Gase und Abfallprodukte zum Enddarm zu befördern. Massieren Sie stets vom Brustkasten abwärts, bei Kreisbewegungen im Uhrzeigersinn. Wenn Ihr Baby unter Koliken leidet, finden Sie dafür eine spezielle Massage in Kapitel 10.

1. Handauflegen

Nehmen Sie Kontakt mit dem Bauch Ihres Babys auf, indem Sie Ihre Hand auf seinen Bauch legen. Stellen Sie sich vor, wie schwer, warm und entspannt Ihre Hand dabei ist. Teilen Sie Ihrem Baby mit, dass nun sein Bäuchlein dran ist.

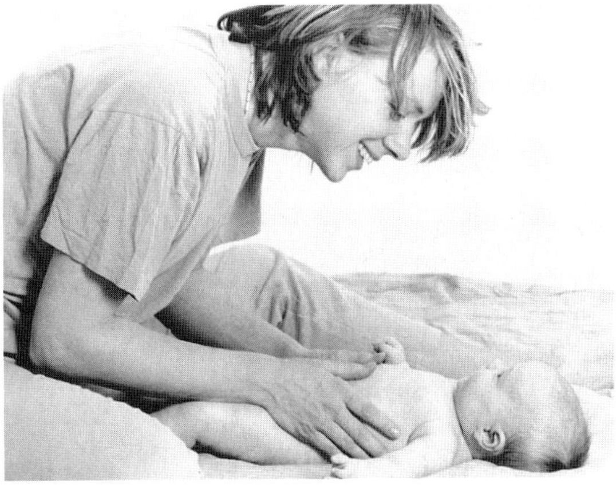

2. Wasserrad Teil A

Streichen Sie mit den Handflächen abwechselnd über den Bauch des Babys, als ob Sie ein Sandloch schaufeln wollten. Legen Sie dabei Ihre Handflächen gut auf den Bauch des Babys auf und massieren Sie nicht mit den Handkanten. Wiederholen Sie dies sechsmal.

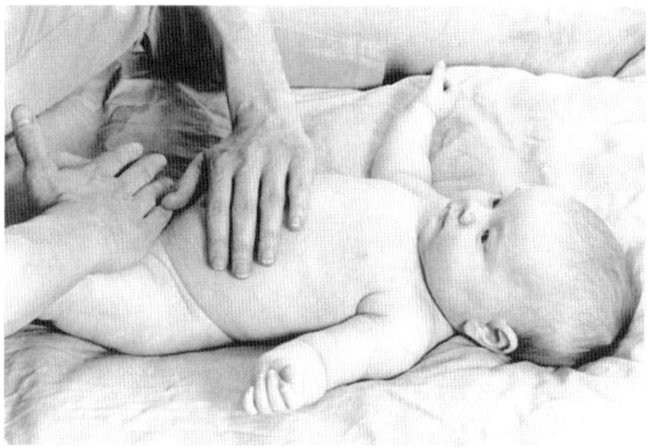

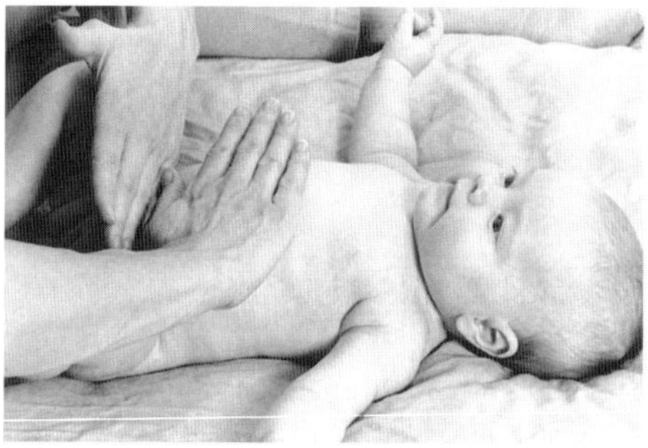

3. Wasserrad Teil B

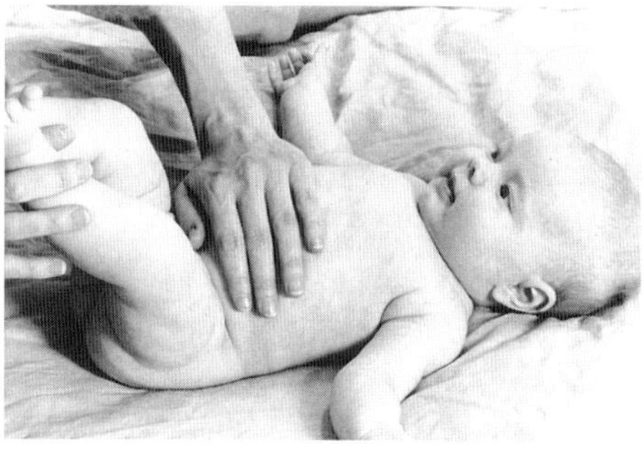

Heben Sie mit einer Hand die Beine des Babys und halten Sie sie leicht an den Knöcheln umfasst. Sein Körper sollte ganz nah bei Ihnen und seine Hüften fest auf der Unterlage liegen. Heben Sie seinen Körper nicht an. Mit der anderen Hand führen Sie die in Teil A beschriebene Streichbewegung aus. Dies trägt zur Entspannung des Bauches bei und die Massage kann tiefer einwirken.

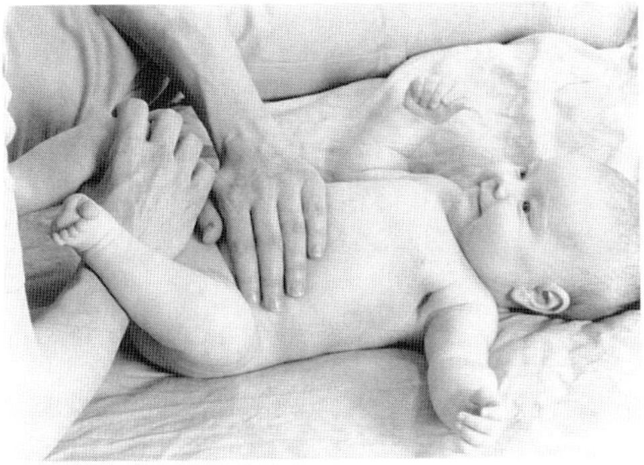

Eine andere Möglichkeit, die Beine bei dieser Massage anzuwinkeln, besteht darin, das linke Bein des Babys auf Ihre rechte Hand zu legen und mit dieser den rechten Oberschenkel zu umfassen – oder umgekehrt. Mit der freien Hand können Sie dann massieren.

4. Daumen zu beiden Seiten

Legen Sie die Daumen flach auf den Nabel des Babys und streichen Sie damit zu beiden Seiten. Achten Sie darauf, dass die Daumen flach aufliegen, damit sie nicht in den Bauch drücken.

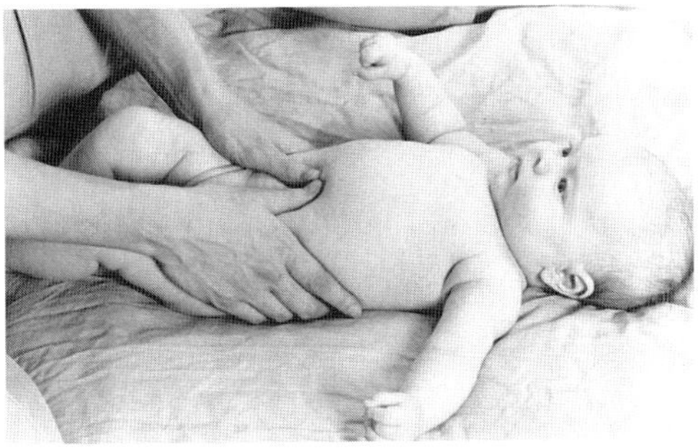

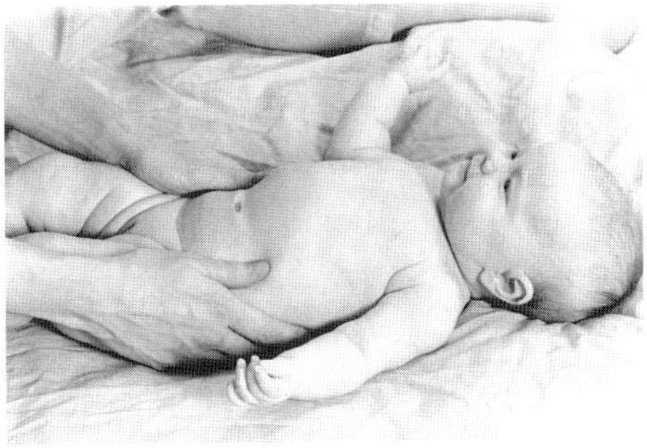

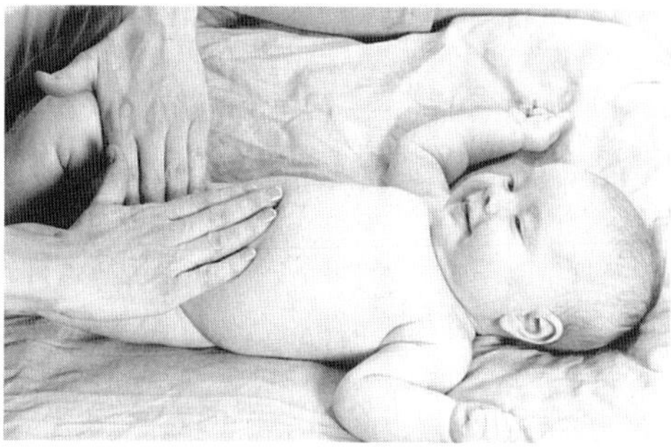

5. Sonnenmond

Mit Ihrer linken Hand beginnen Sie auf Ihrer linken Seite (bei 7 Uhr) im Uhrzeigersinn den Bauch in einem vollen Kreis zu massieren. Während die linke Hand den unteren Teil des Kreises beschreibt, massieren Sie mit der rechten in einem Halbmond unterhalb des Rippenbogens, wobei sich Ihre Hand von rechts nach links bewegt (von Ihrer linken Seite nach rechts) wie ein umgekehrtes U.

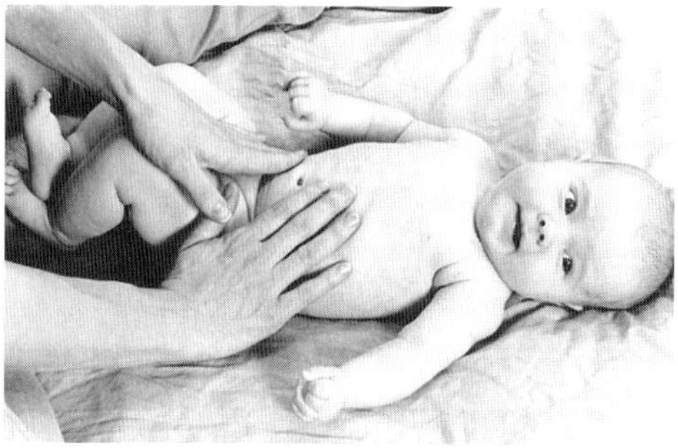

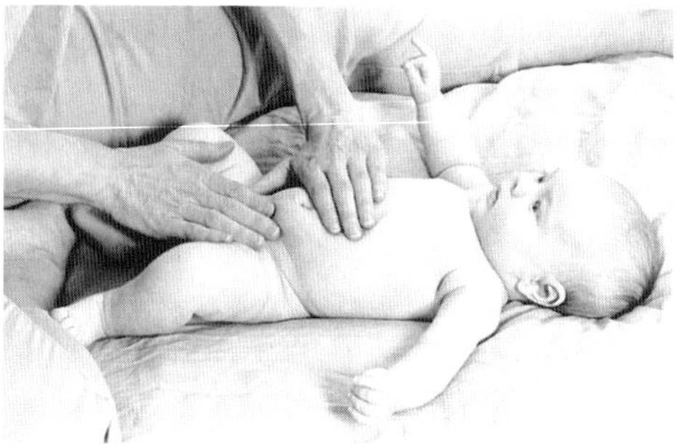

6. Ich liebe dich

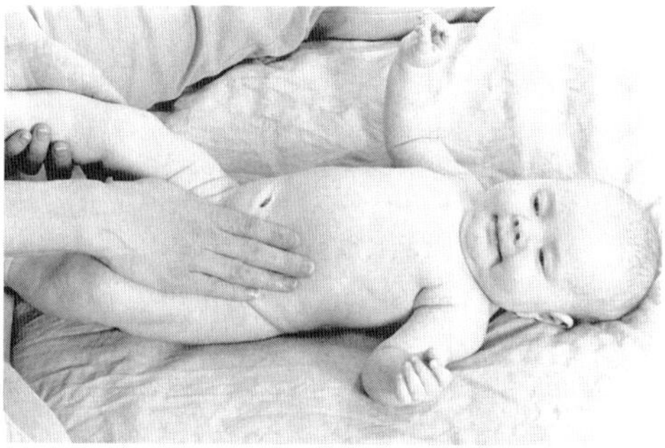

Bei dieser Massage sagen Sie zu Ihrem Baby mit hoher Stimme: »Ich liebe dich.« Das wird Ihrem Baby sehr gefallen.

Als Erstes streichen Sie in Form eines »I« mit Ihrer Rechten ein paar Mal über die linke Bauchseite Ihres Babys, wobei Sie mit Ihren Fingern vom Rippenbogen aus in einer geraden Linie nach unten streichen. Dabei sagen Sie: »I-i-i-i-ch«.

Nun malen Sie ein umgekehrtes »L« auf den Bauch des Babys, indem Sie von Ihrer linken Seite zur rechten und dann nach unten streichen. Dabei sagen Sie: »l-i-i-i-i-be«.

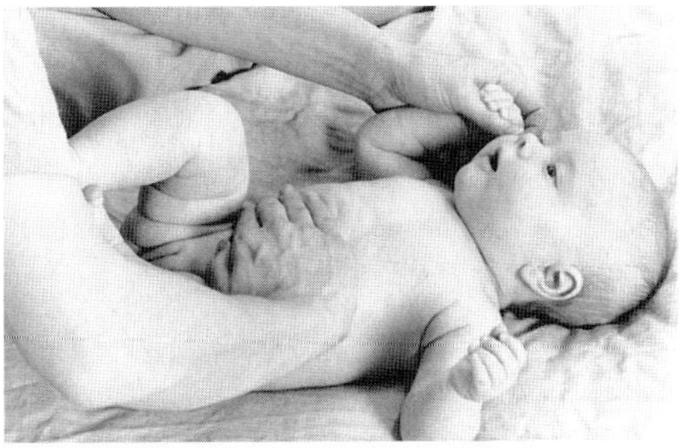

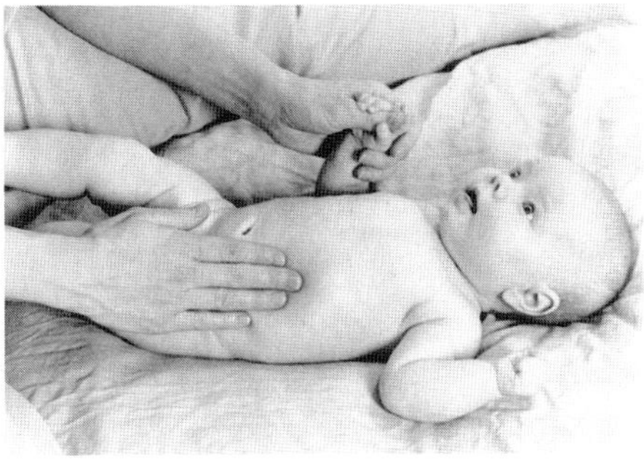

Zuletzt massieren Sie in Form eines Hufeisens ein »D«, das Sie von links nach rechts oben auf den Bauch des Babys malen (vom Baby aus gesehen von seiner rechten zur linken Seite). Bleiben Sie mit Ihren Händen dabei unter dem Rippenbogen. Dabei sagen Sie: »d-i-i-i-i-ch«.

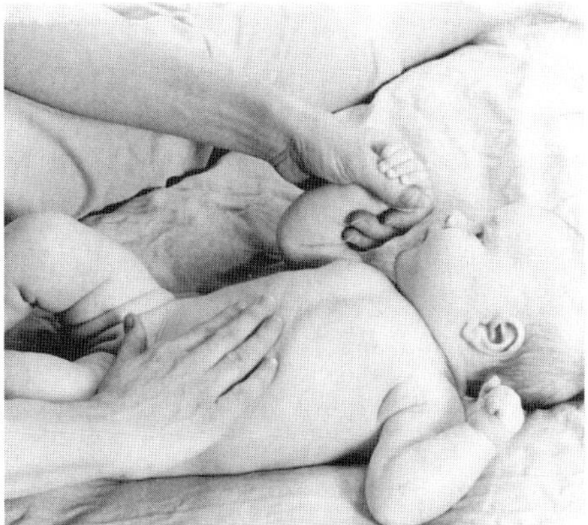

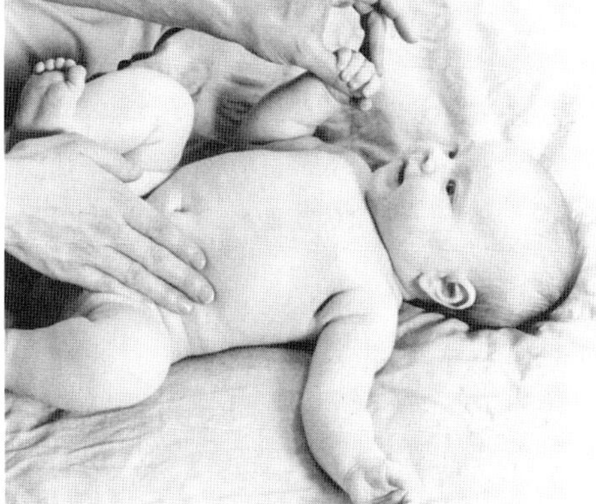

7. Spazieren gehen

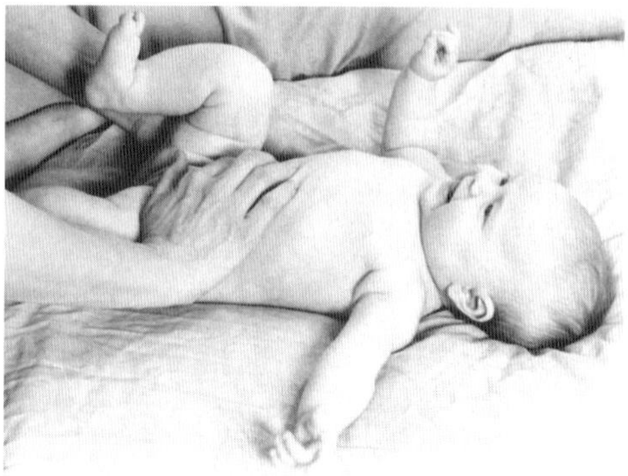

»Spazieren« Sie mit den flachen Fingerkuppen in Höhe des Nabels von Ihrer linken Seite aus nach rechts über den Bauch des Babys. Vielleicht spüren Sie, wie die Luft in seinem Bauch unter Ihren Fingern in Bewegung kommt.

Nach der Bauchmassage gehen wir zur Brust über.

Darf ich deine Brust massieren?

Die Massage des Brustkorbs regt die Lungen- und Herzfunktion an. Stellen Sie sich dabei vor, wie der Atem des Babys durch die Massage frei fließen kann und Ihre Liebe in sein Herz strömt. Zur Kontaktaufnahme beginnen Sie wiederum mit dem Handauflegen (S. 97).

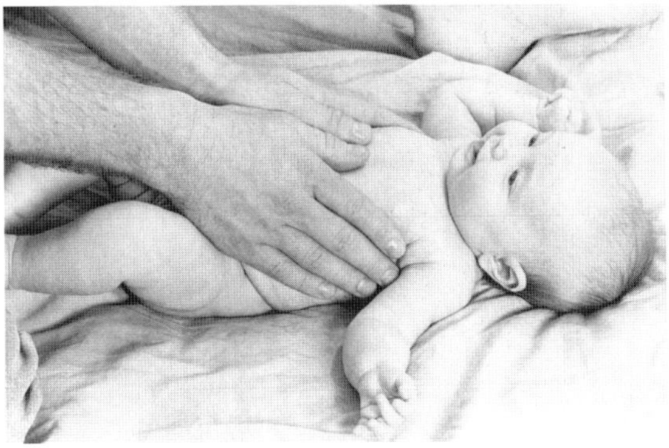

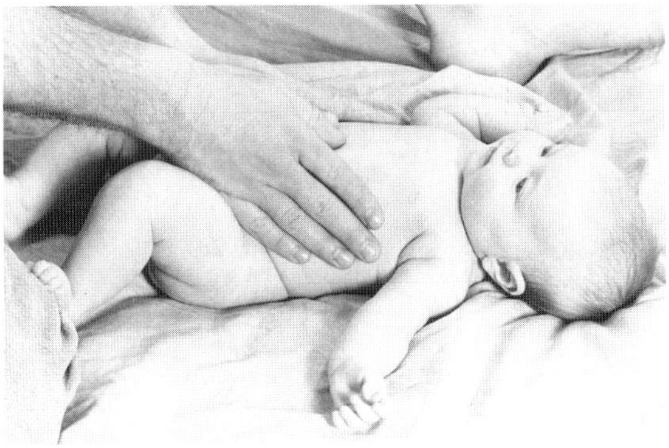

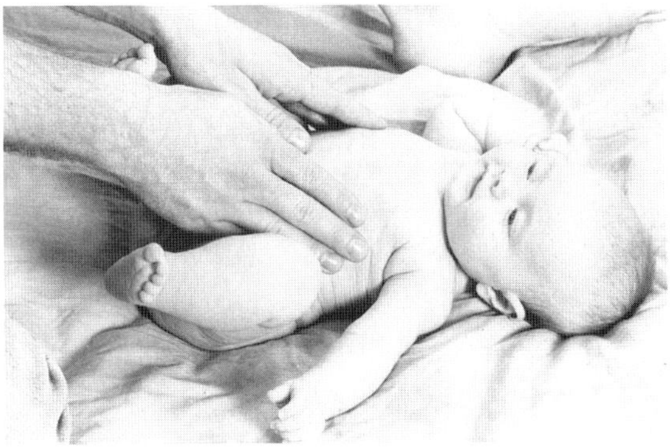

1. Offenes Buch

Legen Sie beide Hände nebeneinander auf die Brustmitte und streichen Sie dem Rippenbogen folgend nach beiden Seiten hin, so als wollten Sie die Seiten eines Buches glatt streichen. Während Sie in einer Art Herzform nach unten und dann wieder in der Mitte nach oben zurück zum Ausgangspunkt streichen, sollten Ihre Hände immer im Körperkontakt bleiben. Druck üben Sie nur von der Mitte der Brust nach außen hin aus, ansonsten geht es nur darum, dass Ihre Hände in Kontakt mit dem Körper bleiben.

2. Schmetterling

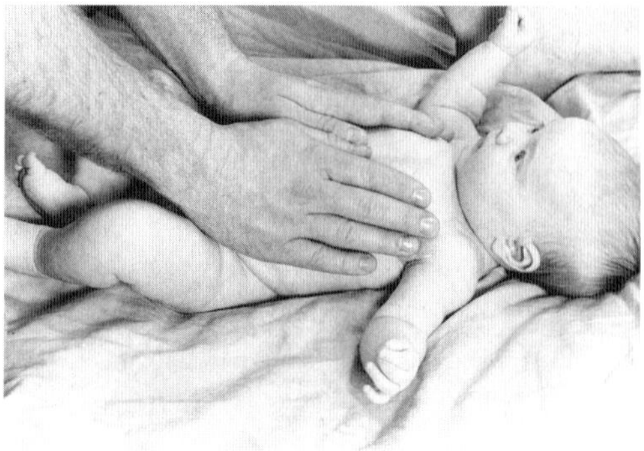

Zu Beginn dieser Massagebewegung liegen Ihre Hände seitlich auf dem Brustkorb des Babys auf.

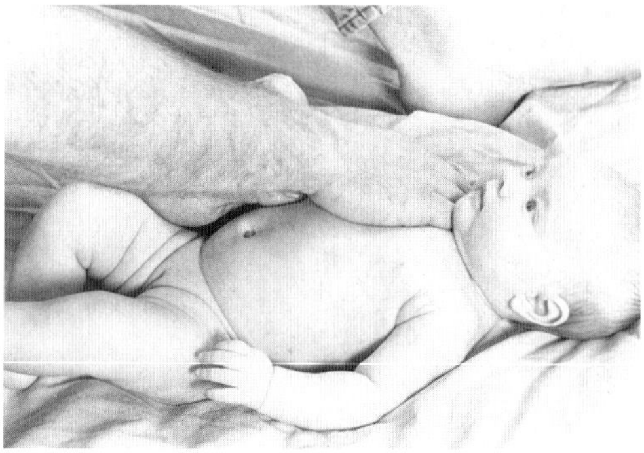

Nun massieren Sie mit der rechten Hand diagonal zur rechten Schulter des Babys. Drücken Sie die Schulter ganz leicht und führen Sie die Hand dann zum Ausgangspunkt zurück. Achten Sie darauf, das Kinn des Babys nicht mit Ihren Fingernägeln zu kratzen.

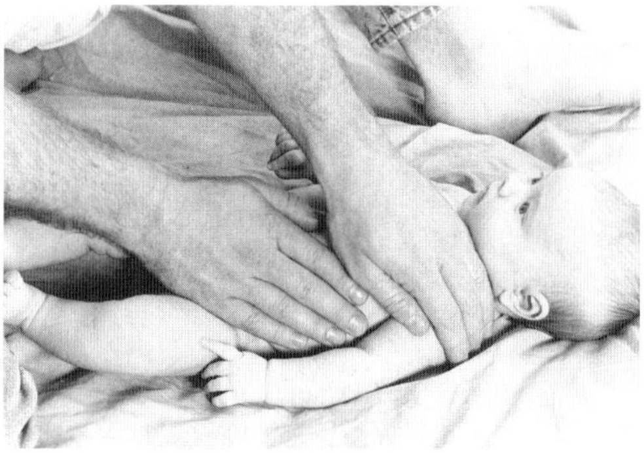

Nun massieren Sie mit der linken Hand diagonal über den Brustkorb zur linken Schulter des Babys und führen die gleiche Bewegung aus. Abwechselnd folgt eine Hand der anderen in einem rhythmischen Kreuzen über der Brust. Bei der Bewegung zur Schulter hin üben Sie mehr Druck aus als bei der Bewegung zurück. Achten Sie darauf, dass Ihre Bewegungen aus Ihrer eigenen Mitte, aus dem Kreuz kommen und Ihre Arme und Hände warm und entspannt sind.

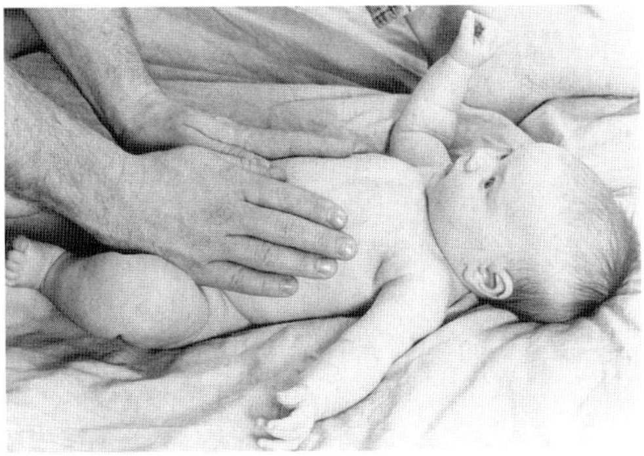

3. Integration

Streichen Sie mit beiden Händen von der Brust über den Bauch bis zu den Füßen hin aus, um alle Körperbereiche, die Sie bisher massiert haben, zu integrieren.

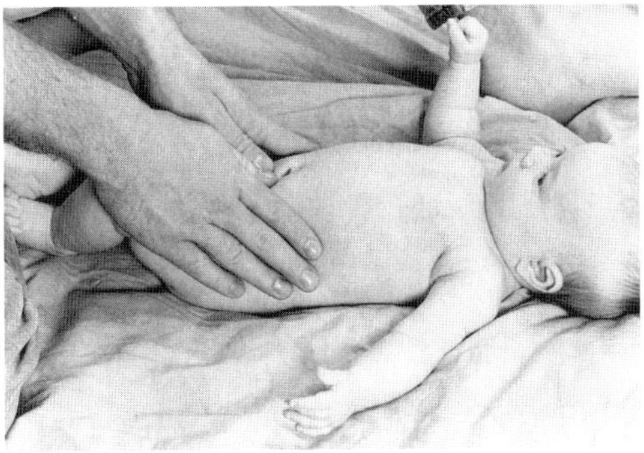

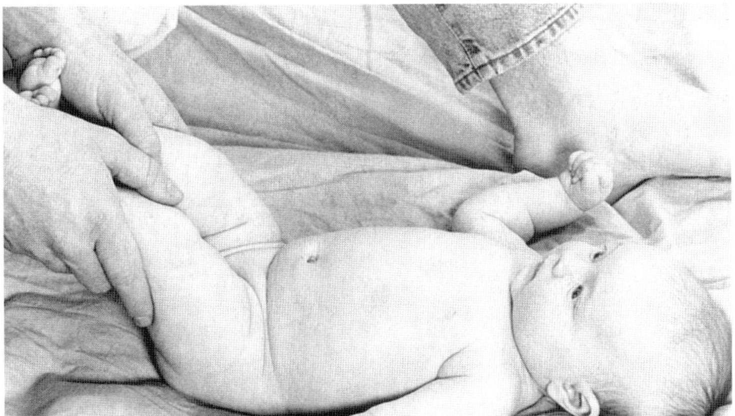

Darf ich deine Arme und Hände massieren?

Bei den Streichbewegungen an den Armen zeigt sich besonders deutlich, wie gut sich die schwedische und die indische Massage ergänzen.

Bei der traditionellen indischen Methode wird der Arm von der Schulter bis zum Handgelenk geknetet, wobei man sich vorstellt, dass Stress und Spannung durch die Fingerspitzen abfließen. Bei der schwedischen Massage geht man genau umgekehrt vor und knetet vom Handgelenk zur Schulter, in Richtung des Herzens. Wir verbinden beide Methoden – die indische Massage, um gestaute Energien zu lösen und den Körper ins Gleichgewicht zu bringen, und die schwedische Massage, um die Durchblutung anzuregen.

1. Handauflegen

Berühren Sie die Arme Ihres Babys sanft mit warmen Händen und bitten Sie um Erlaubnis, sie massieren zu dürfen.

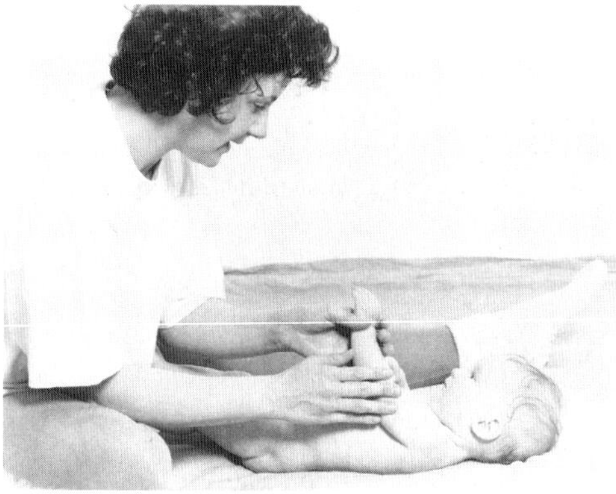

2. Achselhöhlenmassage

Streichen Sie zunächst ein paar Mal die Achselhöhlen aus, um die wichtigen Lymphknoten in diesem Bereich anzuregen.

Manche Babys mögen es nicht besonders, wenn ihre Arme massiert werden und halten sie schützend vor die Brust. Anstatt den Arm Ihres Babys nach oben zu ziehen, sollten Sie ihn vielmehr in dieser Haltung massieren und Ihr Baby in seinem Selbstschutz unterstützen. Wenn es sich allmählich entspannter und geborgener fühlt, wird es auch seinen Arm entspannen und ihn Ihnen zur Massage geben.

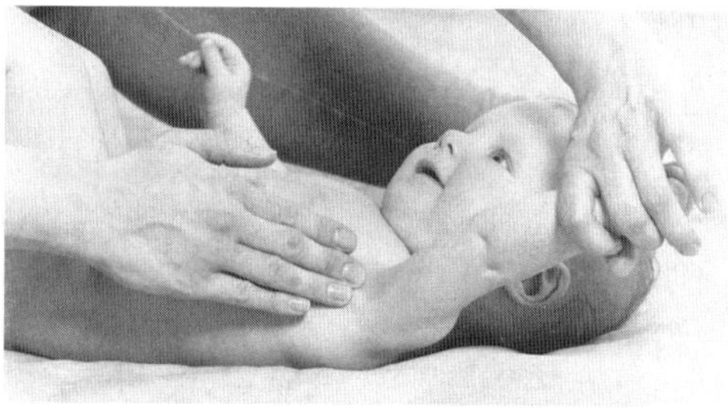

Dieses Foto zeigt die indische Massage bei einem Baby, das seine Arme festhält. Die Mutter unterstützt es dabei, indem sie es in dieser Position massiert. Gewöhnlich öffnen sich Babys dann bald.

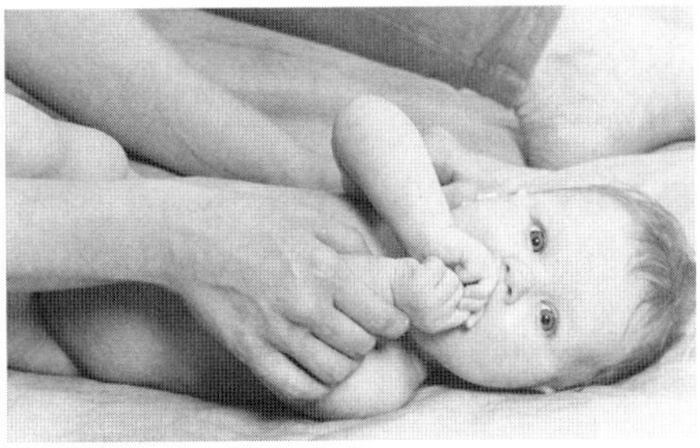

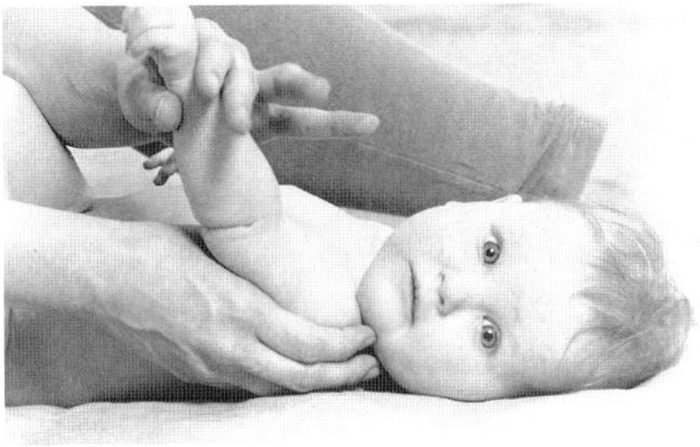

3. Indisches Streichen (»Melken«)

Unterstützen Sie den Arm des Babys mit der einen Hand am Handgelenk. Mit der anderen Hand streichen Sie den Arm nun von der Schulter zum Handgelenk. Danach nehmen Sie Ihre andere Hand und streichen abwechselnd mit der Handinnenfläche, wobei die massierende Hand den Arm des Babys ganz umschließt. Auch hier zeigt die Innenkante der Hand zwischen Daumen und Zeigefinger zu Ihnen. Bei sehr kleinen Babys massiert man nur mit drei oder vier Fingern, später erst mit der ganzen warmen, umschließenden Hand. Lassen Sie die Schulter des Babys dabei auf der Unterlage liegen, damit sein Körper nicht hochgezogen wird.

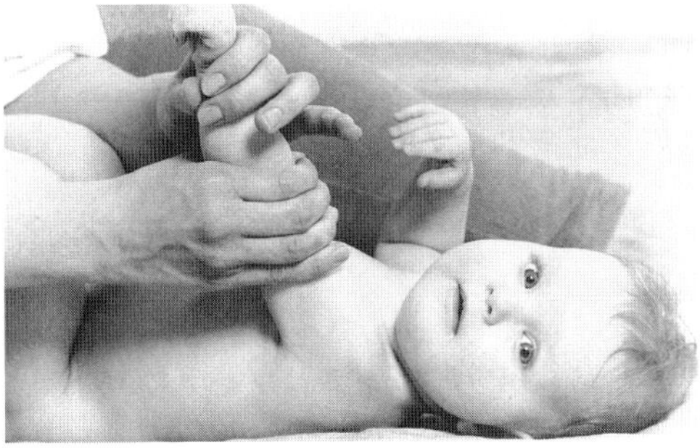

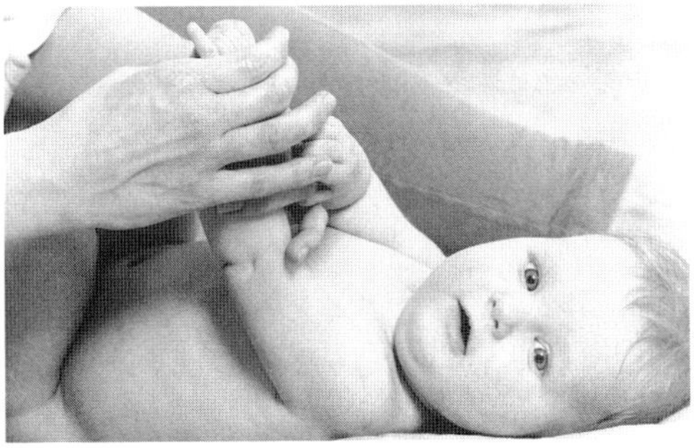

4. Umschließen und Gleiten

Umfassen Sie den Arm Ihres Babys mit beiden Händen und massieren Sie ihn, indem sich Ihre Hände entgegengesetzt bewegen. Ihre Hände sollten dabei dicht übereinander gleiten, damit Sie nicht den Ellenbogen verdrehen. Dabei wird die Muskulatur sanft massiert, sodass sie sich entspannen kann.

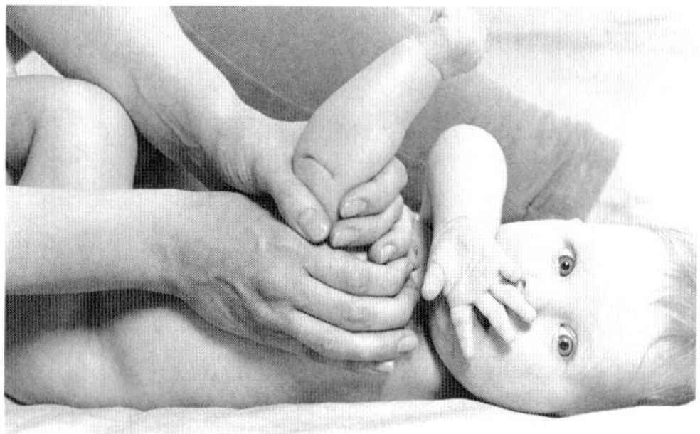

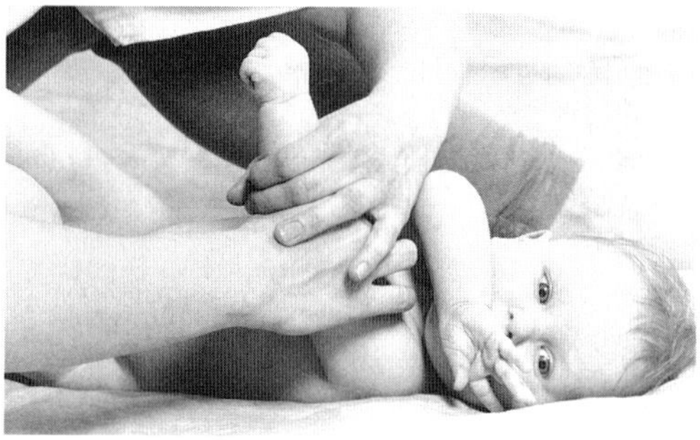

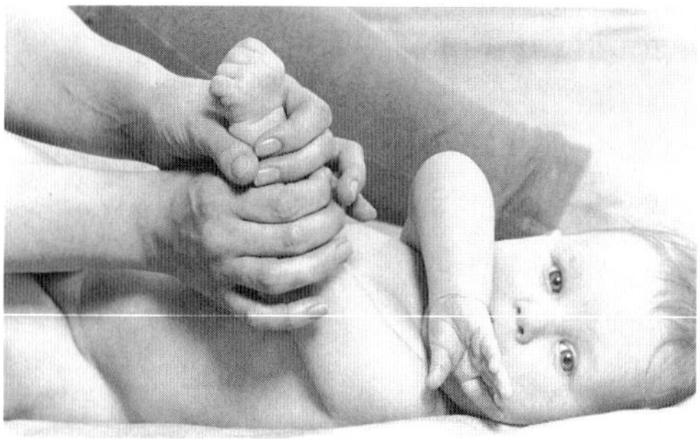

5. Fingerkreisen

Öffnen Sie die Hand des Babys mit Ihrem Daumen. Nehmen Sie jeden seiner winzigen Finger zwischen Ihren Daumen und Zeigefinger und lassen ihn kreisen.

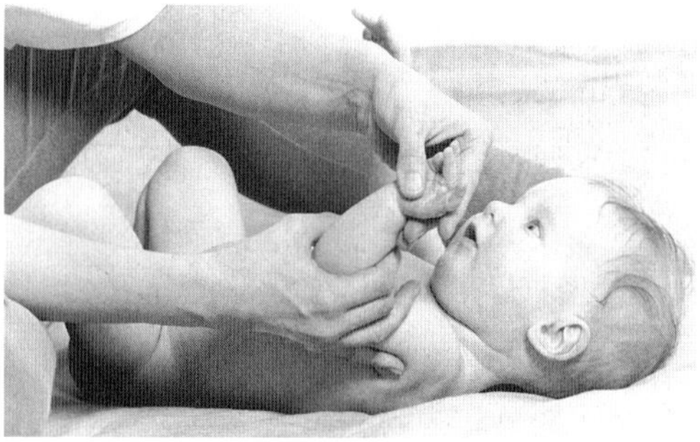

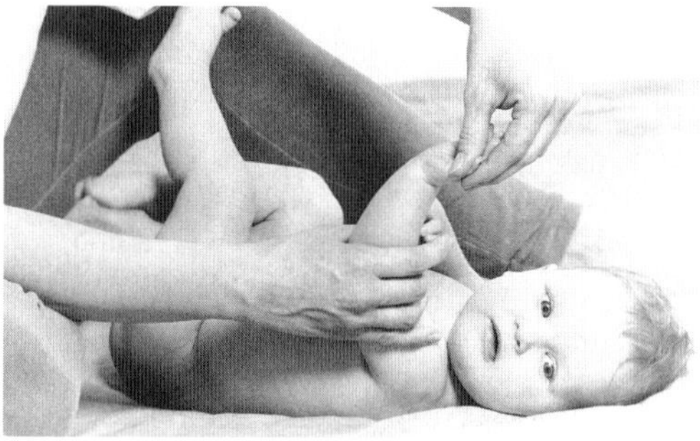

6. Handrücken

Streichen Sie über den Handrücken.

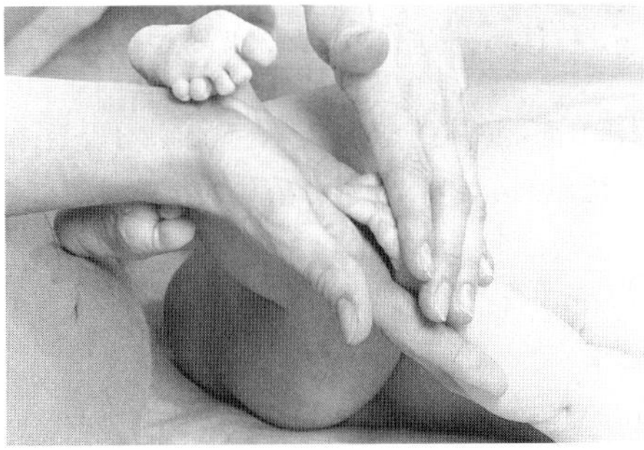

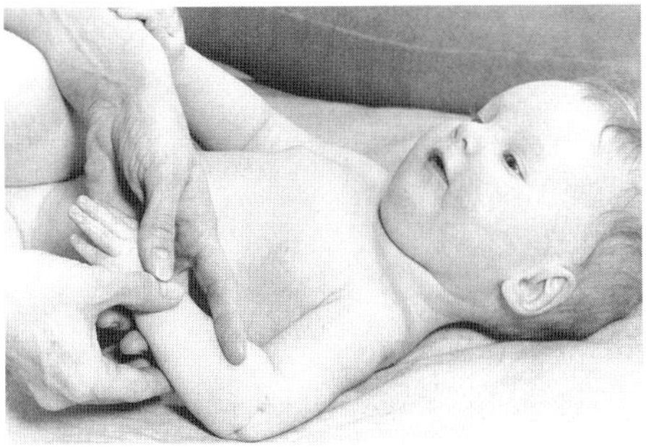

7. Kreise ums Handgelenk

Massieren Sie in kleinen Kreisbewegungen rund um das Handgelenk.

8. Schwedisches Streichen (»Melken«)

Streichen Sie den Arm des Babys abwechselnd mit der einen, dann mit der anderen Hand vom Handgelenk bis zur Schulter. Umschließen Sie dabei seinen Arm mit den Händen wie beim indischen »Melken« (wobei die Hände die gleiche Position haben sollten). Unterstützen Sie die Schulter, damit der Körper nicht hochgezogen wird. Auch bei diesem Griff verwendet man mit sehr kleinen Babys anfangs nur drei oder vier Finger.

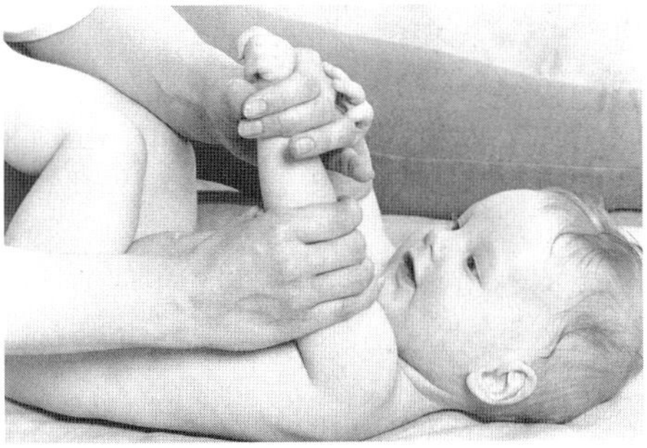

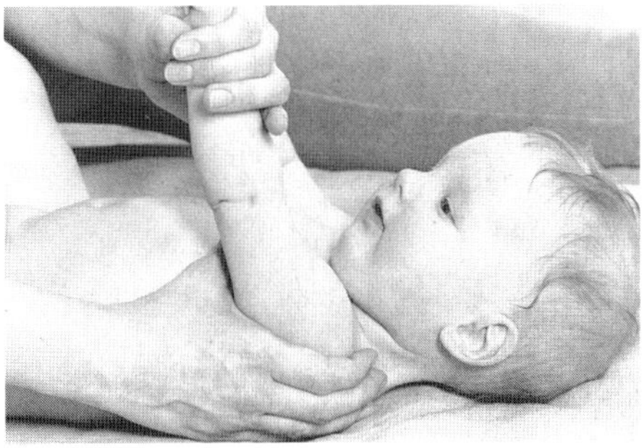

9. Rollen

Rollen Sie den Arm Ihres Babys einige Male von der Schulter bis zum Handgelenk zwischen Ihren Händen. Diese Massage gefällt Babys jeden Alters.

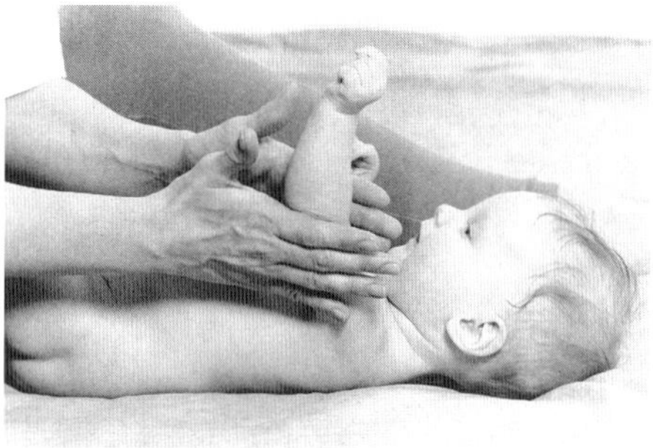

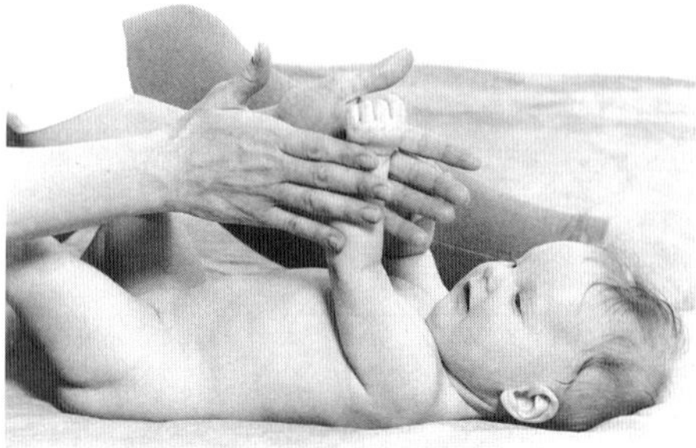

10. Berührungsentspannung

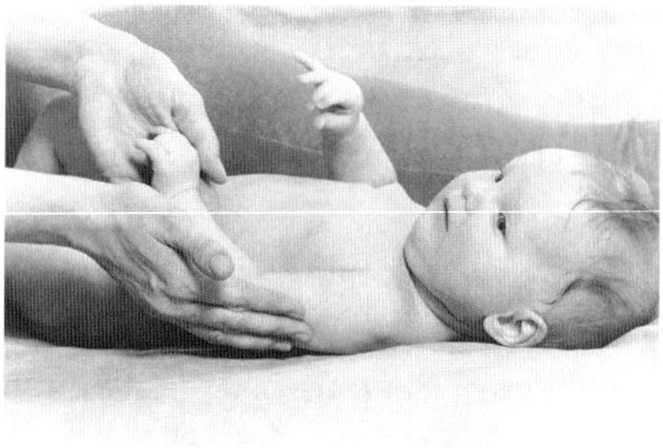

Verwenden Sie die Berührungsentspannung, um Ihrem Baby dabei zu helfen, seinen Arm zu entspannen und loszulassen. Umfassen Sie seinen Arm leicht. Lassen Sie Ihre Hände dabei schwer werden und sich entspannen. Unterstützen Sie dies mit Ihrer Stimme und sagen Sie: »Entspann dich« oder »Lass los«, während Sie gleichzeitig den Arm sanft klopfen, rollen und wiegen, um die Muskelentspannung zu fördern. Wenn Sie spüren, dass der Muskel entspannt ist, geben Sie Ihrem Baby eine positive Rückmeldung: »Sehr gut! Du hast deinen Arm entspannt!«

11. Integration

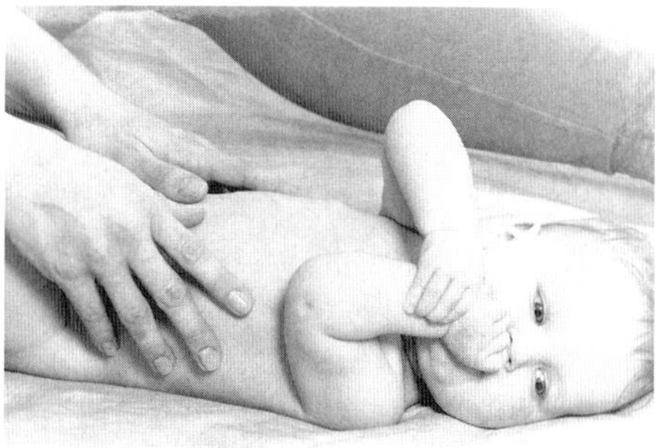

Streichen Sie in einer einzigen Bewegung mit Ihren Händen von der Schulter über die Brust, den Bauch, die Beine bis über die Füße des Babys aus, um den ganzen Körper zu integrieren.

Darf ich dein Gesicht massieren?

Durch Saugen, Zahnen, Schreien und ganz allgemein die Interaktion mit seiner Umwelt staut sich im Gesicht eines Babys eine Menge Spannung an. Oft werde ich gefragt, warum ich an dieser Stelle keine Anleitung zur Kopfmassage gebe, sondern mich stattdessen auf das Gesicht konzentriere. Dafür gibt es einige Gründe. Erstens ist der Kopf eines Babys noch sehr empfindlich, die Knochen sind beweglich und wachsen noch, während sich die Knochenplatten verschieben und die Öffnung am Scheitel sich schließt. Zweitens kann eine Kopfmassage Erinnerungen an das Herausgepresstwerden aus dem Geburtskanal wachrufen und ein typisches Geburtstrauma-Weinen kann beginnen. Außerdem gibt es im Kopf keine Muskulatur, die man lockern müsste. Wenn Ihr Baby vier oder fünf Monate alt ist und Sie schon gut in der Babymassage geübt sind, können Sie den Kopf des Babys mit kleinen, kreisenden Bewegungen massieren, um herauszufinden, ob es dem Baby gefällt oder nicht. Wenn es die Kopfmassage mag, können Sie sie ab jetzt in die Ganzkörpermassage integrieren.

1. Offenes Buch

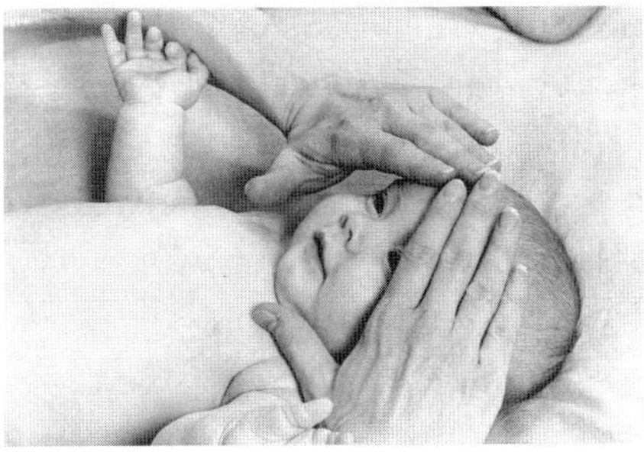

Beginnen Sie mit den flachen Fingerkuppen in der Mitte der Stirn zu massieren. Streichen Sie nach beiden Seiten hin und dann nach unten, so als ob Sie die Seiten eines Buches glätten würden. Achten Sie darauf, Augen und Nase Ihres Babys nicht mit Ihren Händen zu bedecken.

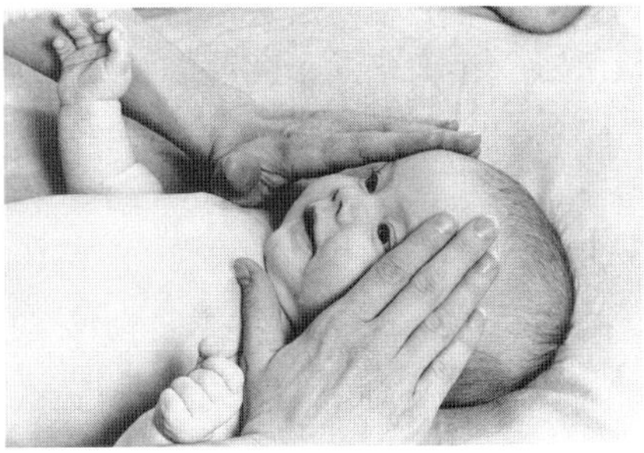

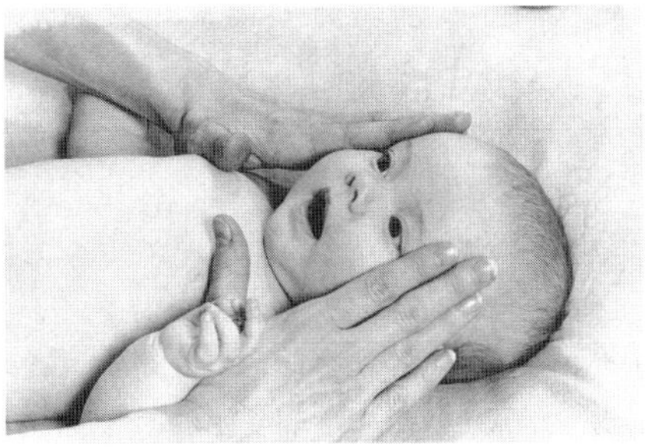

2. Augenentspannung

Streichen Sie leicht mit den Daumen von der Stirnmitte aus über die Augenbrauen nach außen.

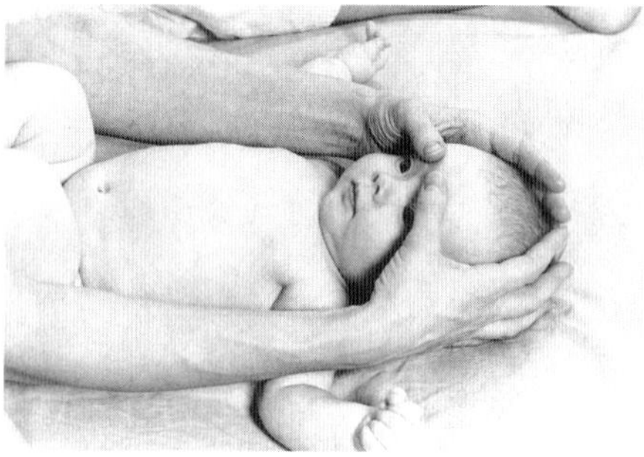

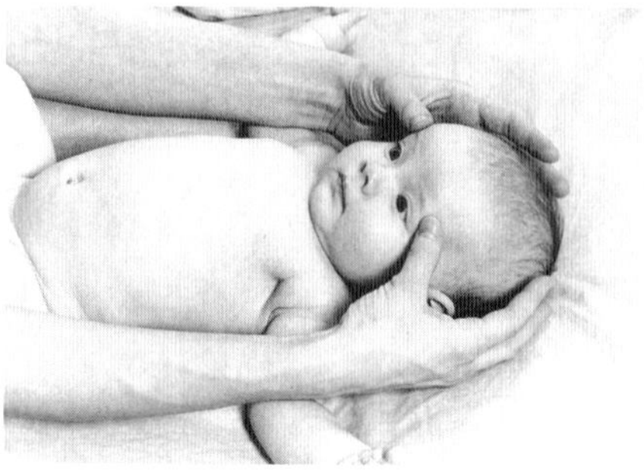

3. Entspannung der Nebenhöhlen und Wangenmuskulatur

Streichen Sie mit Ihren Daumen sanft hoch zum Nasenbein und dann diagonal über die Wangen herunter. Dies macht die Nebenhöhlen frei und entspannt die Wangenmuskulatur.

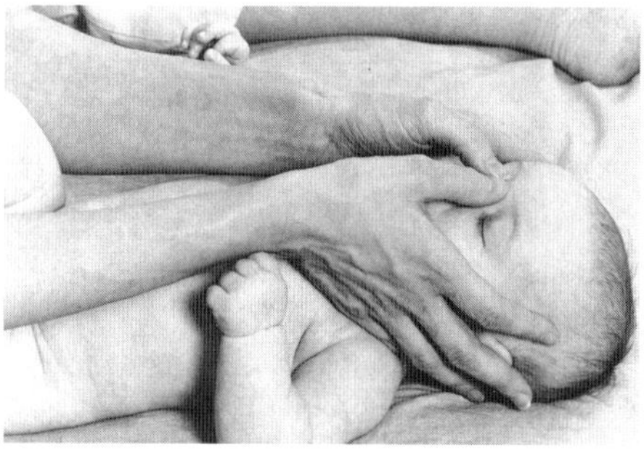

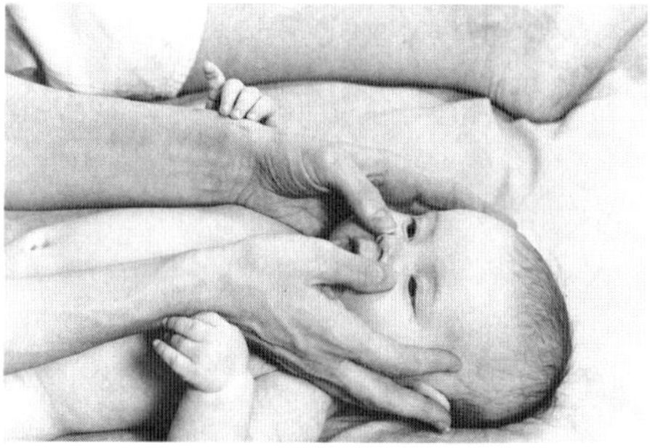

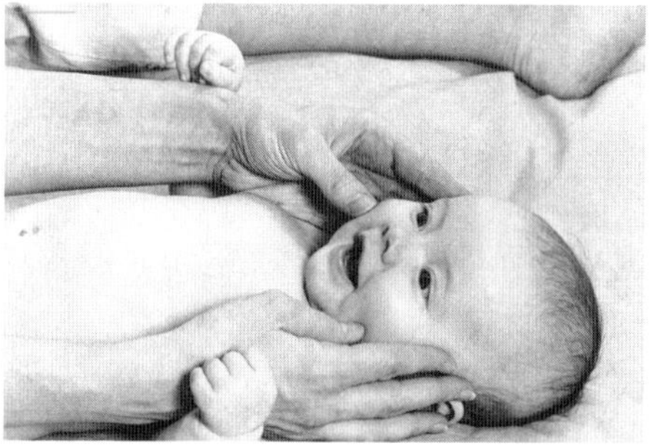

4. Lächeln

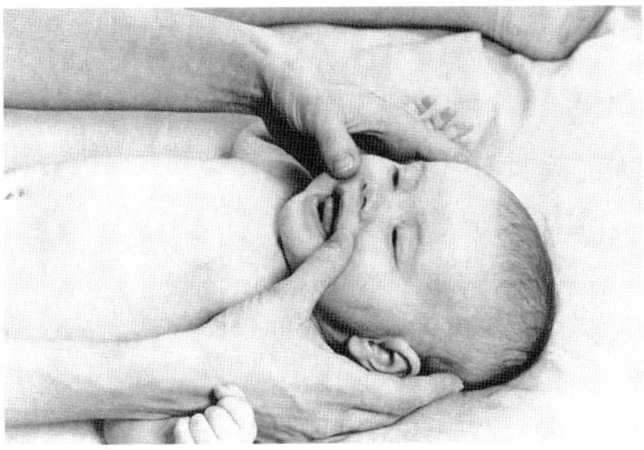

Zeichnen Sie mit Ihren Daumen ein Lächeln erst auf die Ober-, dann auf die Unterlippe.

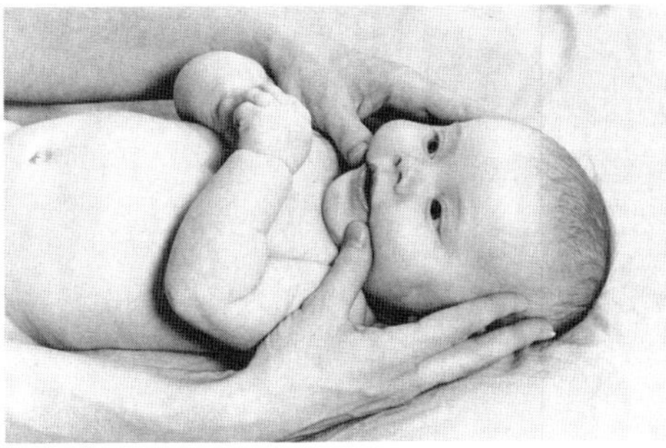

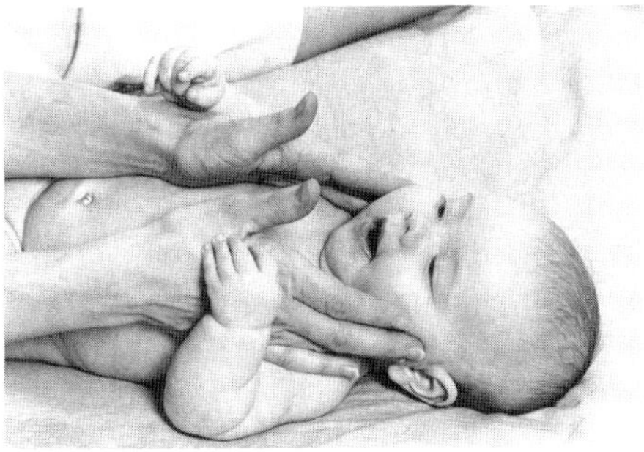

5. Kieferentspannung

Massieren Sie mit Ihren Fingerspitzen kleine Kreise rund um die Kiefergelenke.

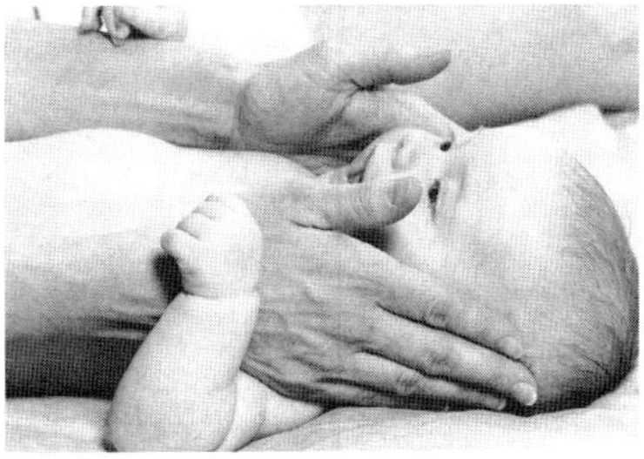

6. Entspannung der Ohren, des Nackens und des Kinns

Streichen Sie mit den Fingerspitzen beider Hände über die Ohren, um die Ohrmuscheln herum und nach unten über das Kinn. Dies entspannt die Kiefergelenke und massiert gleichzeitig die Lymphknoten in diesem Bereich. Nach dieser Gesichtsmassage legen Sie Ihr Baby für die Rückenmassage auf den Bauch.

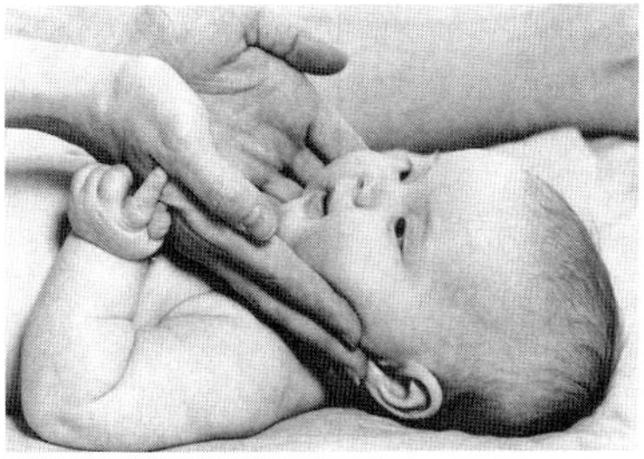

Darf ich deinen Rücken massieren?

Bei Babys und Kleinkindern ist die Rückenmassage gleichermaßen beliebt. Womöglich ist sie sogar der entspannendste Teil der Ganzkörpermassage. Darüber hinaus dient sie als Einstimmung auf die sanften Dehn- und Streckübungen, die im Anschluss folgen.

Zur Rückenmassage legen Sie Ihr Baby entweder auf eine Unterlage oder quer über Ihre gestreckten Oberschenkel auf seinen Bauch. Ältere Babys möchten vielleicht ein Spielzeug, mit dem sie sich während der Rückenmassage beschäftigen können, oder sie betrachten sich dabei in einem kindersicheren Spiegel.

1. Handauflegen

Legen Sie Ihr Baby in die richtige Position und beginnen Sie damit, sich selbst zu entspannen und Ihrem Baby mitzuteilen, dass es jetzt gleich massiert wird.

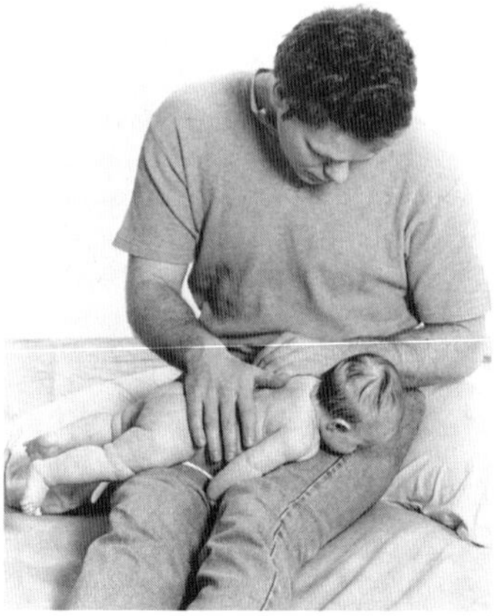

2. Vor und zurück

Legen Sie beide Hände in einem rechten Winkel zur Wirbelsäule oben auf den Rücken. Streichen Sie abwechselnd mit den Händen quer über das Rückgrat vor und zurück, wobei Ihre Hände ganzflächig Körperkontakt halten. Massieren Sie bis zum Gesäß, dann wieder bis zu den Schultern und noch einmal zurück.

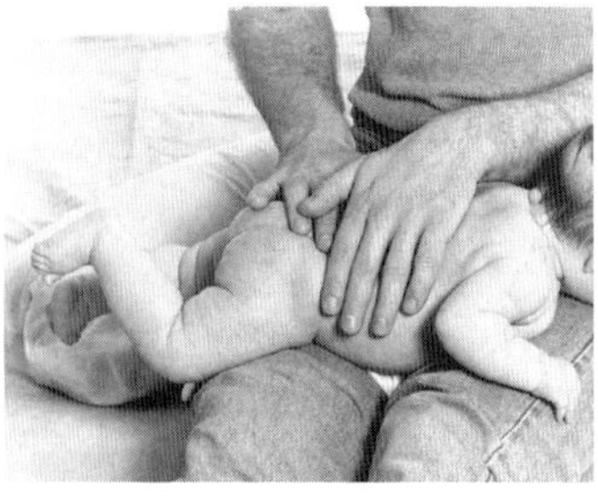

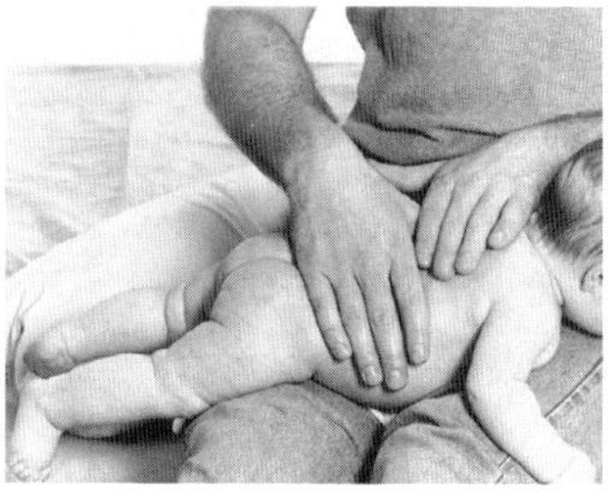

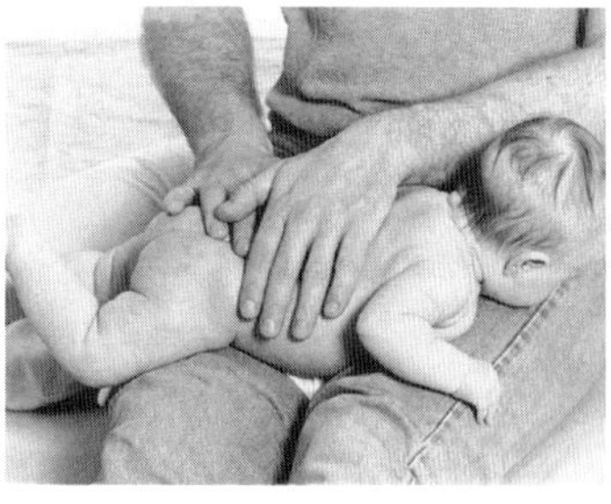

3. Ausstreichen Teil A

Lassen Sie eine Hand auf dem Po des Babys ruhen. Mit der anderen Hand streichen Sie nun in einem Zug von den Schultern bis zur Hand auf dem Po hinunter. Auch diese Hand sollte dabei ganzflächig auf dem Rücken aufliegen. Wiederholen Sie das Ausstreichen mehrmals.

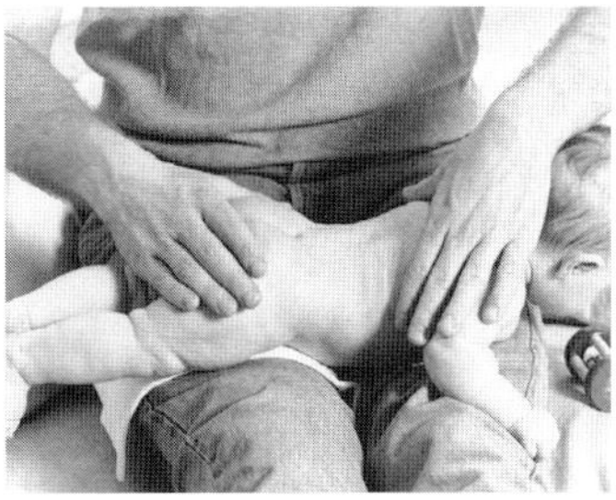

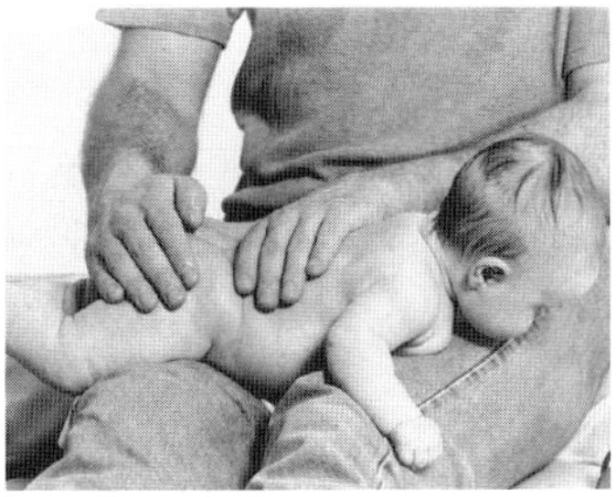

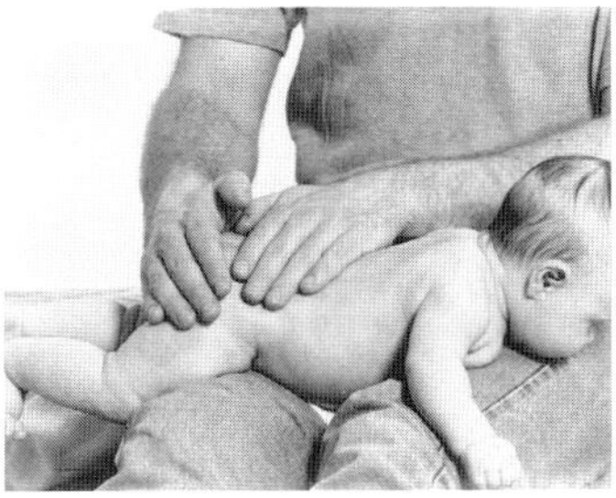

4. Ausstreichen Teil B

Nun legen Sie die eine Hand an die Füße des Babys (die Sie vielleicht etwas unterstützen müssen, damit das Baby still hält). Dann streichen Sie mit der anderen Hand in einem Zug den ganzen Rücken und die Beine hinunter bis zu den Knöcheln. Auch hier wiederholen Sie das Ausstreichen ein paar Mal.

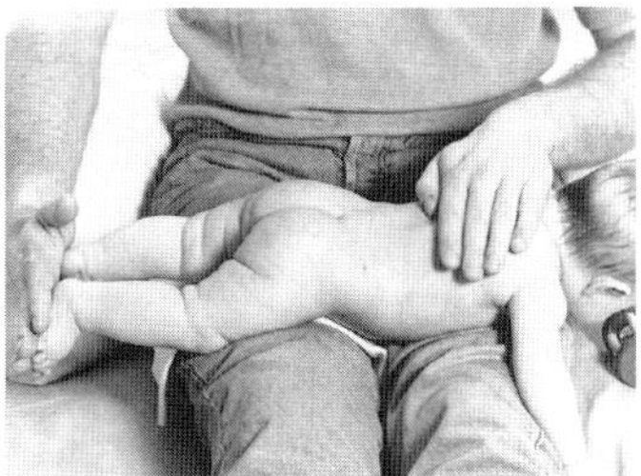

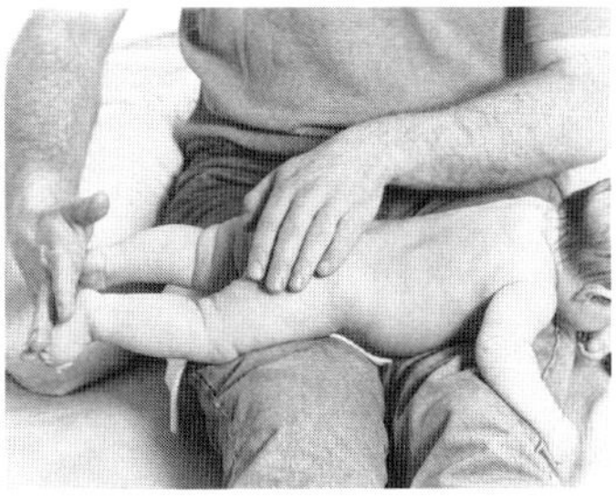

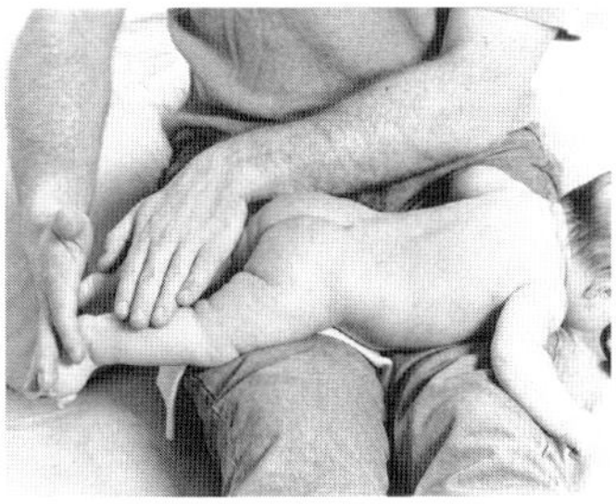

5. Kreise auf dem Rücken

Massieren Sie mit den Fingerspitzen den ganzen Rücken Ihres Babys in kleinen kreisförmigen Bewegungen. Wenn Ihr Baby größer wird, können Sie fühlen, wie die Muskeln unter Ihren Fingern heranwachsen.

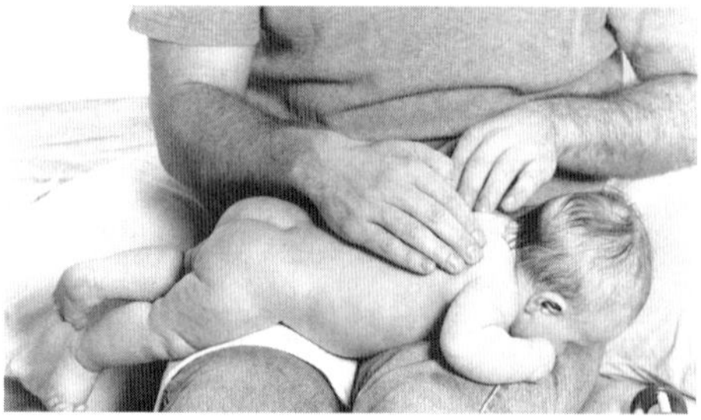

6. Kämmen

Zum Schluss der Rückenmassage streichen Sie mit gespreizten Fingern von den Schultern zum Po, wobei Sie immer weniger Druck ausüben, bis sich Ihre Berührung am Ende so sanft wie die einer Feder anfühlt. Auf diese Weise versteht Ihr Baby, dass die Rückenmassage nun abgeschlossen ist.

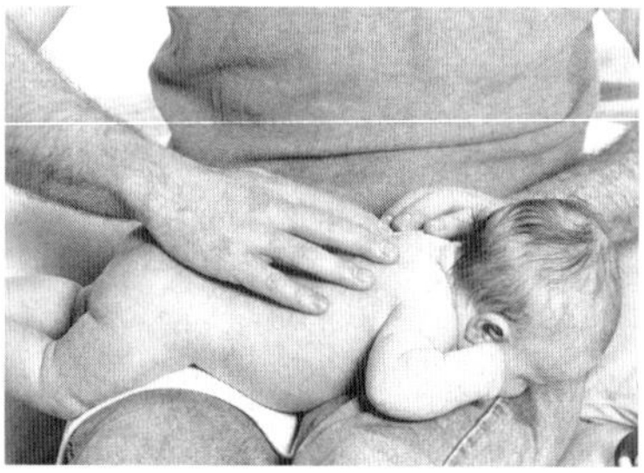

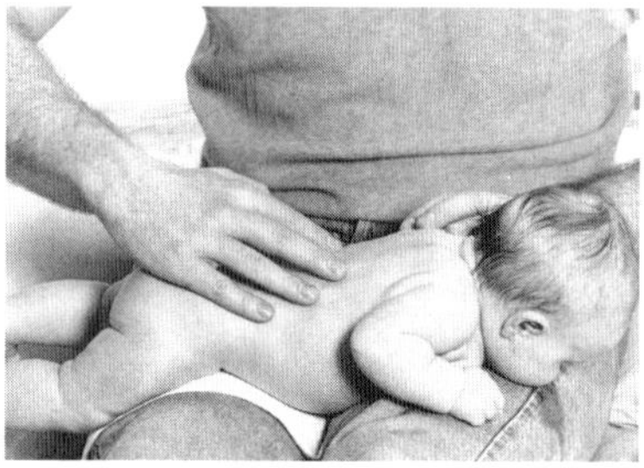

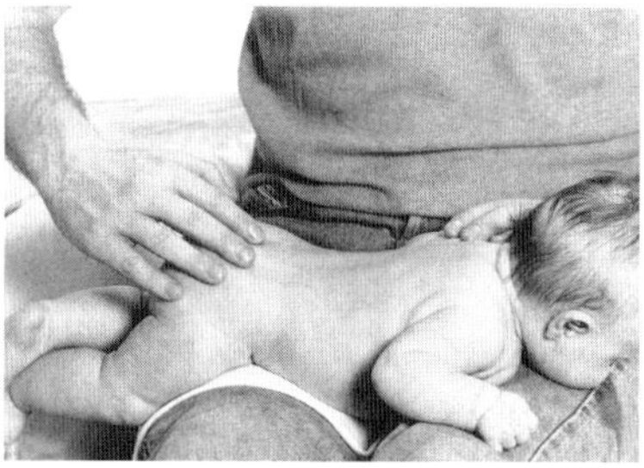

Sanfte Übungen

Diese Bewegungen sind einfache Übungen, bei denen die Arme und Beine des Babys sanft gestreckt werden, sein Bauch und Becken massiert werden und die Wirbelsäule ausgerichtet wird. Man kann sie mit Yogaübungen für Babys vergleichen. Gehen Sie sehr behutsam vor und verbinden Sie sie mit etwas Lustigem wie Kinderreimen oder Spielen (siehe hierzu in Kapitel 13). Sobald Ihr Baby zu laufen beginnt, erübrigen sich diese Übungen, da es sich im normalen Tagesablauf nun selbst genug bewegt und streckt.

1. Arme kreuzen

Kreuzen Sie die Arme Ihres Babys dreimal vor der Brust, wobei abwechselnd erst der eine und dann der andere Arm oben liegt. Dann strecken Sie die Arme sanft zu beiden Seiten. Dabei folgen Sie dem Rhythmus: Kreuzen – kreuzen – kreuzen – öffnen. Wiederholen Sie diese Übung.

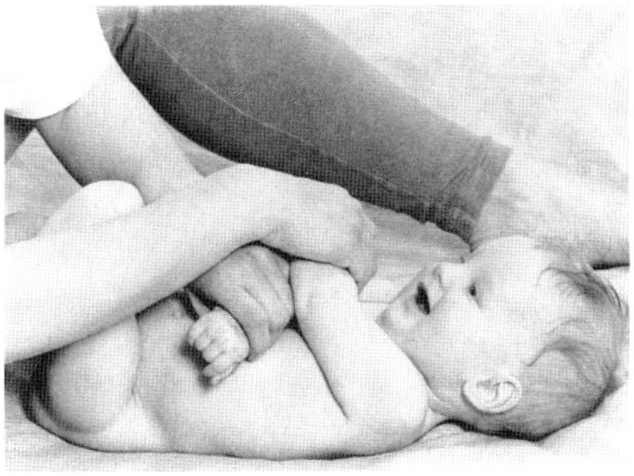
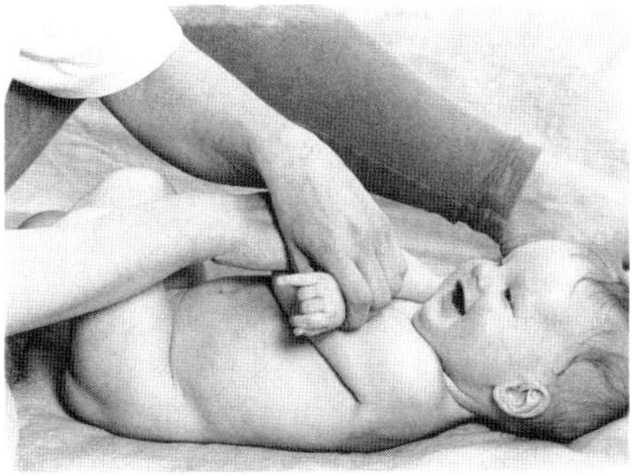
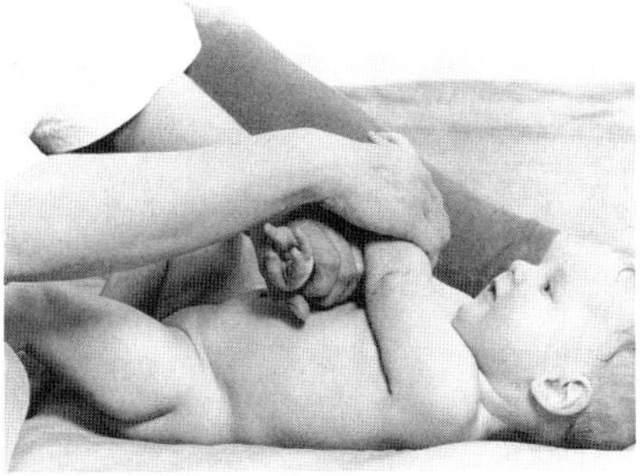
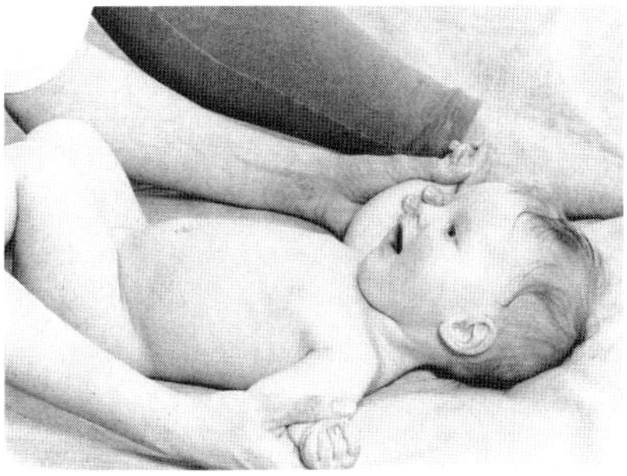

2. Arm und Bein kreuzen

Halten Sie einen Arm am Handgelenk und das gegenüberliegende Bein am Knöchel. Nun führen Sie den Arm sanft nach unten über die Brust und den Fuß hinauf zur Schulter (wobei sich das Knie beugen sollte). Dann kreuzen Sie Arm und Bein so, dass der Arm zur Außenseite des Beins zeigt. Nun kreuzen Sie Arm und Bein wieder. Diesmal liegt der Arm unter dem Bein. Danach kreuzen Sie den Arm noch einmal über das Bein. Nun strecken Sie Arm und Bein in entgegengesetzter Richtung aus. Folgen Sie bei dieser Übung dem Rhythmus: Kreuzen – kreuzen – kreuzen – kreuzen – öffnen. Wiederholen Sie die Übung nun mit dem anderen Arm und Bein. Achten Sie darauf, bei einem älteren Baby das Knie statt den Fuß mit dem Arm zu kreuzen.

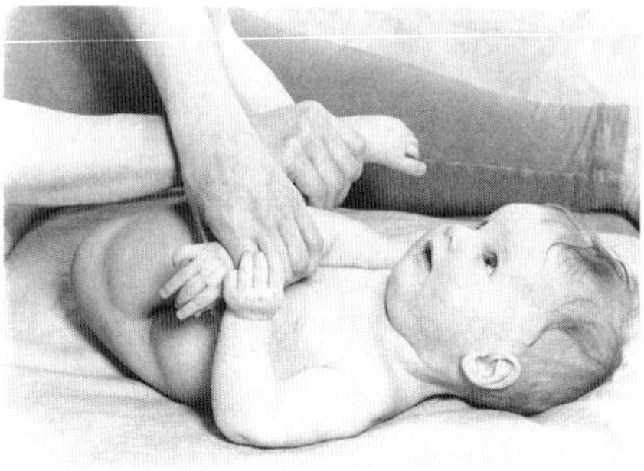

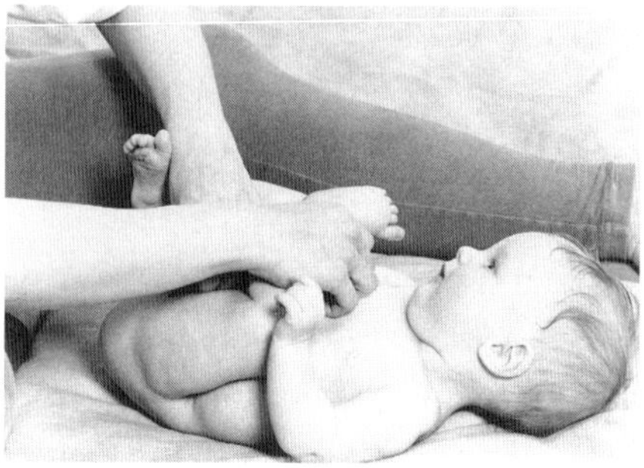

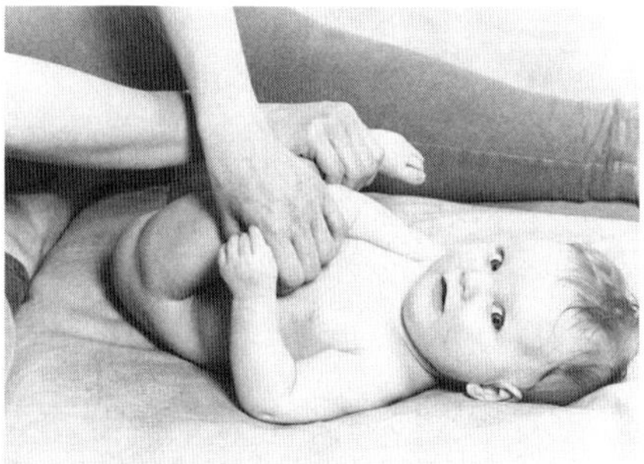

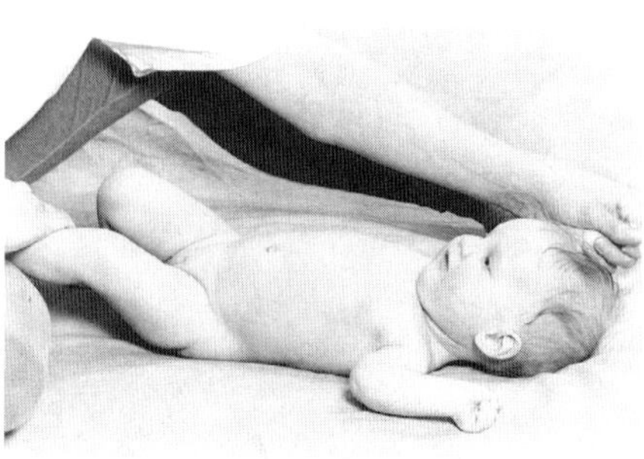

3. Beine kreuzen

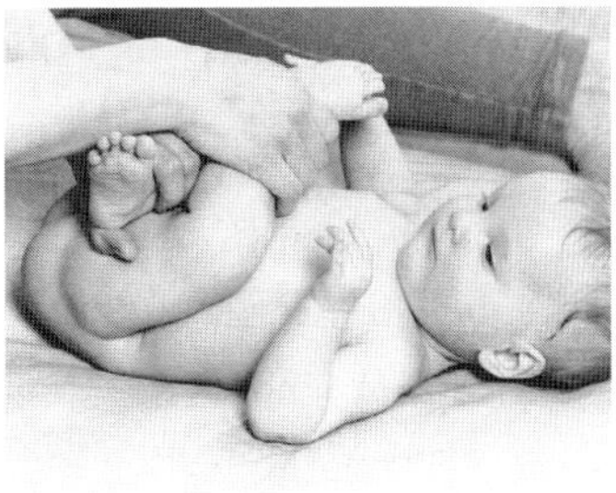

Kreuzen Sie die Beine dreimal vor dem Bauch, wobei abwechselnd zuerst das eine, dann das andere Bein oben liegt. Dann strecken Sie beide Beine behutsam in Ihre Richtung. Folgen Sie dem Rhythmus: Kreuzen – kreuzen – kreuzen – strecken.
Wiederholen Sie die Übung.
Diese Übung eignet sich besonders zur Anregung der Verdauung.

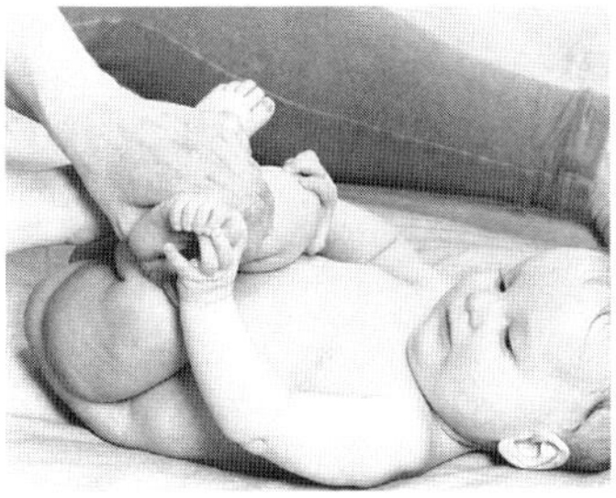
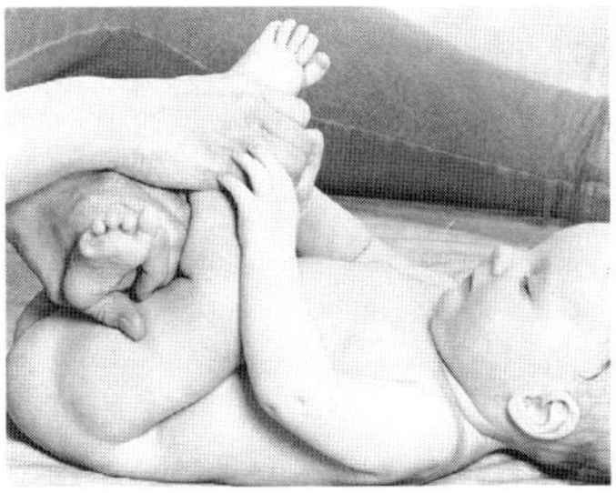
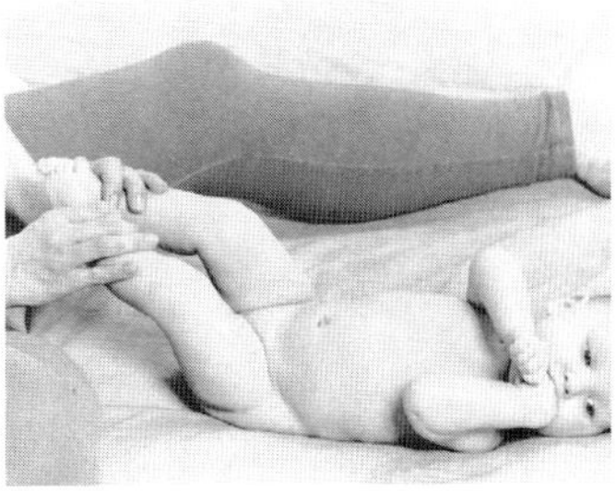

4. Auf und ab

Drücken Sie beide Knie gleichzeitig leicht zum Bauch, dann strecken Sie die Beine wieder aus. Wenn sich das Baby gegen das Strecken der Beine wehrt, wiegen Sie sie leicht und ermuntern Sie es, sich zu entspannen.
Wiederholen Sie diese Übung mehrmals.

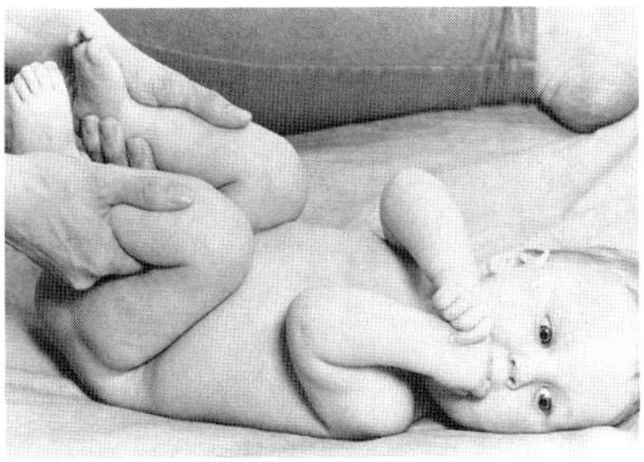
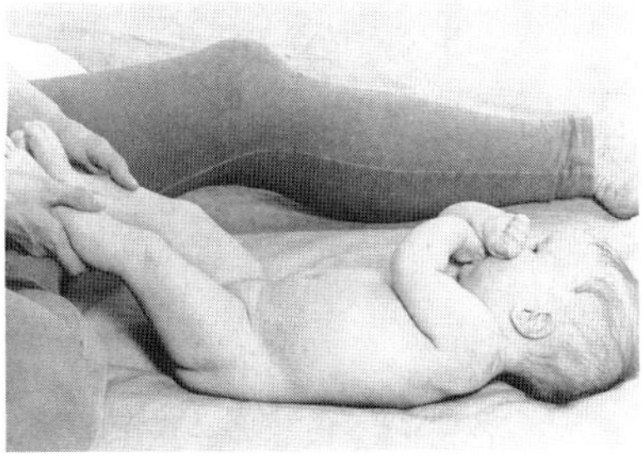

5. Rad fahren

Beugen Sie abwechselnd das eine, dann das andere Bein leicht zum Bauch, dann strecken Sie es zur Entspannung wieder. Folgen Sie dabei dem Rhythmus: Rechts beugen – links beugen – rechts beugen – strecken, wobei Sie einmal mit dem rechten, dann mit dem linken Bein beginnen.

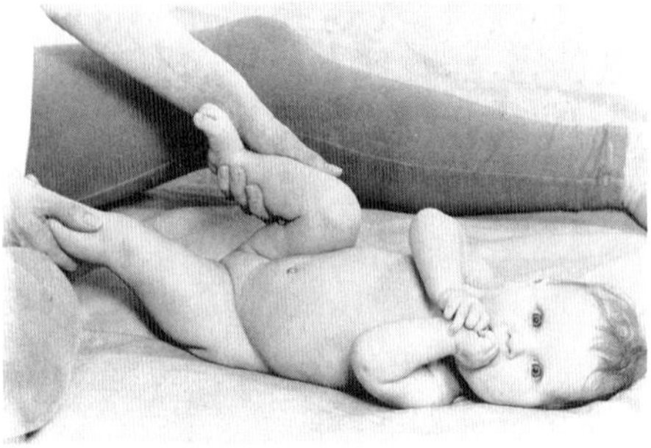

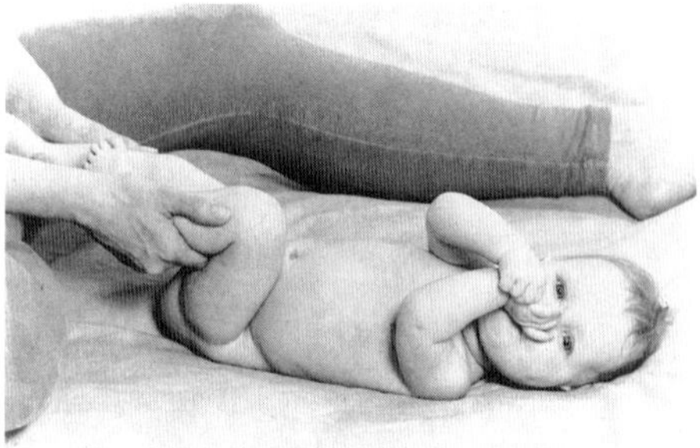

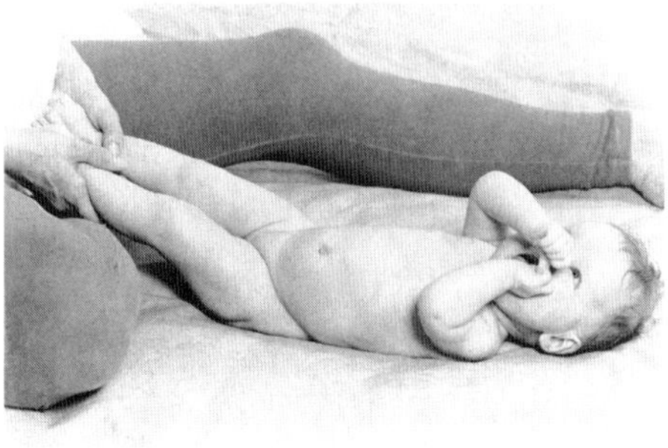

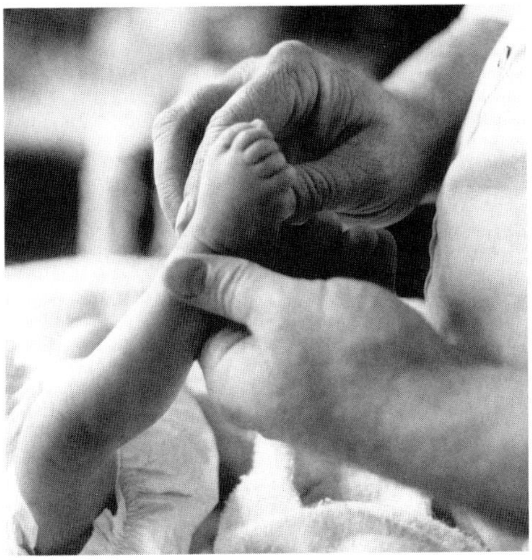

Kurzmassage

Manchmal wollen Sie Ihr Baby vielleicht beim Wickeln oder vor dem Schlafen nur kurz massieren. Nachfolgend finden Sie eine Kurzmassage, die nur ein paar Minuten dauert, aber Ihrem Baby dennoch die nötige Zuwendung und Entspannung schenkt. Bei dieser Massage bleibt es Ihnen überlassen, ob Sie ein Massageöl, eine Lotion oder gar nichts verwenden.

- Nehmen Sie den Kopf in beide Hände. Wenn das Baby es mag, streichen Sie in Kreisbewegungen um den Kopf.
- Offenes Buch auf der Stirn S. 111
- Kieferentspannung S. 113
- Offenes Buch auf der Brust S. 103
- Rollen der Arme, Öffnen der Hände S. 110, S. 107
- Sonnenmond oder Ich liebe dich S. 100
- Rollen der Beine S. 96
- Daumendrücken auf den Fußsohlen S. 94
- Vor und zurück auf dem Rücken S. 114
- Kämmen auf dem Rücken S. 116

Überblick über die Massagebewegungen

1. Während Sie Ihren Schmuck ablegen und Ihr Baby ausziehen, entspannen Sie sich und atmen Sie tief ein und aus. Legen Sie eine Windel oder ein Tuch unter seinen Po.

2. Ölen Sie Ihre Hände ein und verreiben Sie das Öl zwischen den Handflächen, damit Ihre Hände warm werden.

3. Zeigen Sie Ihrem Baby Ihre Handflächen und bitten Sie es um Erlaubnis, mit der Massage beginnen zu dürfen.

Und als »Tüpfelchen auf dem i«: Ein dicker Kuss!

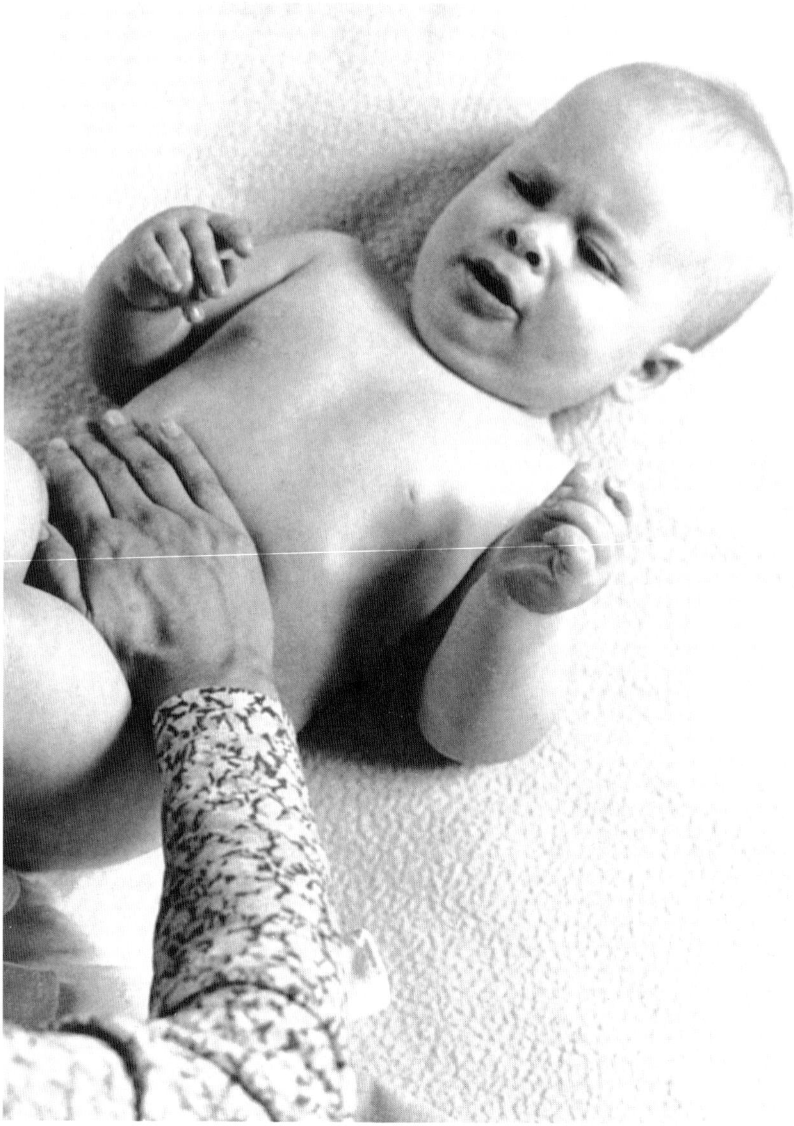

9 Schreien, Quengeln und andere Formen der Babysprache

Um diese Tageszeit bin ich traurig.

Arnold Lobel

Vielleicht stellen Sie sich gerade vor, wie Sie Ihr Baby zärtlich massieren, während es zufrieden vor Ihnen liegt, Ihrer Stimme lauscht, Ihnen in die Augen schaut oder sogar dabei einschläft. Wahrscheinlich passiert dies auch ziemlich oft, und dann ist es eine wunderbare Erfahrung. Aber die meisten Babys quengeln und schreien auch während einer Massage. Wenn Sie die Gründe dafür kennen, werden Sie sich gleich viel wohler fühlen und Ihrem Baby besser helfen können.

Weil Babys sehr schnell wachsen, ist ihr kleiner Körper oft sehr verspannt. Sie strengen sich so sehr an, ihre Muskeln koordinieren zu lernen, dass sie vielleicht hin und wieder Schmerzen haben und sich unwohl fühlen.

Wenn Ihr Körper schmerzt, ist eine Massage zwar eine Wohltat, gleichzeitig tut sie aber auch weh. Die Muskeln schmerzen bei jeder noch so sanften Berührung. Dennoch entspannt es uns, wenn wir berührt werden, und es trägt enorm zur Heilung bei, wenn die Blutzirkulation in den schmerzenden Muskeln angeregt wird. Wir wissen dann nicht genau, ob wir vor Schmerz oder Wohlbehagen stöhnen und das Gesicht verziehen. Oft haben wir bei einer Massage Schmerzen, die vorher gar nicht da waren, doch danach fühlen wir uns entspannt und befreit. Für Ihr Baby ist die Massage eine ganz neue Erfahrung. Zu Anfang reagiert es vielleicht ablehnend auf die Empfindungen, die es dabei hat, aber später wird es sich an diese Art von Berührung gewöhnen und anfangen, die Massage zu genießen. Fangen Sie daher langsam an und machen Sie Ihr Baby ganz allmählich mit diesen neuen Gefühlen vertraut. Auch Sie fühlen sich zu Anfang vielleicht noch etwas unbeholfen, während Sie bemüht sind, die Massagebewegungen »richtig« zu machen. Dadurch verspannen Sie sich, was sich auf Ihr Baby überträgt.

Babys, die eine komplizierte oder traumatische Geburt hinter sich haben, die nach der Geburt medizinisch betreut werden mussten, und Pflegekinder oder Kinder, die aus dem Waisenhaus kommen, reagieren anfangs gewöhnlich ablehnender auf die

Massage. Beispielsweise schreien Babys, denen häufig an der Ferse Blut abgenommen wurde, normalerweise oft, wenn Ihre Füße massiert werden, sogar noch Monate später. Wenn Ihr Baby auf die Massage bestimmter Körperteile mit Abwehr reagiert, wenden Sie anfangs nur die Entspannungstechniken und das Handauflegen an. Gehen Sie erst dann allmählich zu den Massagebewegungen über, wenn das Baby sie zulässt.

Tragen

Manche Babys haben ein starkes Bedürfnis, auf dem Arm gehalten zu werden. Das vielfältige Angebot an Tragesäcken und -tüchern erleichtert es beiden Elternteilen, dem Bedürfnis des Babys nach Nähe nachzukommen. In einer Studie wurden zwei Gruppen von Müttern untersucht: Die eine Gruppe erhielt Plastikbabyschalen und die andere weiche Tragesäcke. Im Alter von drei Monaten schauten die Babys, die in den Säcken getragen worden waren, ihre Mütter häufiger an und weinten weniger als die Babys, die in die Babyschalen gesetzt worden waren. Im Alter von dreizehn Monaten hatten die Babys aus der Tragesackgruppe ein viel ausgeprägteres Zugehörigkeitsgefühl zu ihren Eltern als die aus der Babyschalengruppe. Neuerdings ist die »Kängurumethode« auch in den Krankenhäusern bei anfälligen und frühgeborenen Babys in Mode gekommen. Aber auch kerngesunde, voll ausgetragene Babys profitieren enorm davon, viel getragen zu werden. Vielleicht sind uns in dieser Hinsicht die Mütter aus so genannten »primitiven« Kulturen voraus, die ihre Säuglinge in Tüchern um den Bauch oder auf dem Rücken tragen.

Das Tragen in einem Tragesack hat den zusätzlichen Vorteil, dass das Verdauungssystem des Babys stimuliert, der Puls verlangsamt, die Atemfunktion gestärkt und der Blutdruck vermindert wird. Darüber hinaus wirken die vertrauten Schaukelbewegungen des mütterlichen Körpers bei der täglichen Arbeit beruhigend und schenken dem Kind Geborgenheit. In ihrem Buch *Attachment, Trauma and Healing* schreiben Terry Levy und Michael Orlans hierzu: »Die Herzen von Säuglingen, die dicht am Herzen ihrer ersten Bezugsperson getragen werden, schlagen mit deren Herz synchron.«[1]

Darüber hinaus wirken Tragesäcke beruhigend auf Babys, weil sie darin warm gehalten werden und den Herzschlag der Mutter spüren und auch hören. Erwiesenermaßen regt das Geräusch des Herzschlags auch den Appetit an und führt somit zu Gewichtszunahme. Er reguliert außerdem den Schlaf- und Atemrhythmus und reduziert die Schreiphasen um 15 Prozent.

Wie macht sich das Baby bemerkbar?

Ihr Baby hat viel zu erzählen, aber es kann noch nicht sprechen. Deshalb verwendet es seine Körpersprache, sein Schreien, Glucksen und andere Laute, um mit Ihnen zu kommunizieren. Schenken Sie diesen Signalen große Aufmerksamkeit. Ihr Baby bringt Ihnen seine einzigartige Ausdrucksweise bei, es will sich Ihnen mitteilen. In ihrem faszinierenden Buch *Baby Signs: How to Talk with Your Baby Before Your Baby Can Talk* bezeichnen Dr. Linda Acredolo und Dr. Susan Goodwyn diese Signale als »Zeichensprache« vor dem eigentlichen Sprechen.[2] Die Autorinnen erklären, welche Zeichen Babys für Gegenstände und Gefühle verwenden und wie sie diese ihren Eltern vermitteln. Wenn sich die Eltern dessen bewusst sind, können sie diese Zeichensprache aufgreifen und in Worte »übersetzen«, wodurch das Baby später leichter sprechen lernt. Umgekehrt können die Eltern selbst eine Zeichensprache für einen bestimmten Gegenstand erfinden und ein Wort damit in Verbindung bringen, was dazu beiträgt, dass das Baby die Sprache versteht, bevor es noch tatsächlich spricht. Zum Beispiel öffnet und schließt ein einjähriges Kind seine Hände, wenn es ein Buch meint.

Diese Zeichensprache vor der eigentlichen Sprache kann bei der Babymassage wichtig für uns sein. Wenn Ihre Handflächen aneinander reiben, bedeutet dies vielleicht »Massage«, und wenn Sie Ihr Baby dann noch um Erlaubnis bitten, zeigt ihm auch dies, dass es nun eine Massage bekommen soll. Oft gibt ein Baby ein Signal, wenn es durch die Massage überreizt ist und eine Pause braucht. Es kann sein, dass es beispielsweise eine Hand vor das Gesicht hebt, als wollte es »stopp« sagen. Manchmal ist auch ein Schluckauf ein Zeichen für Stress. Wenn es schnelle Augenbewegungen macht, während es quengelt, will es vielleicht gewickelt, getröstet oder rhythmisch gewiegt und geschaukelt werden, um seine Energien wieder ins Gleichgewicht zu bringen und sich zu beruhigen. (Lesen Sie auch den Abschnitt »Quengeln« in diesem Kapitel.)

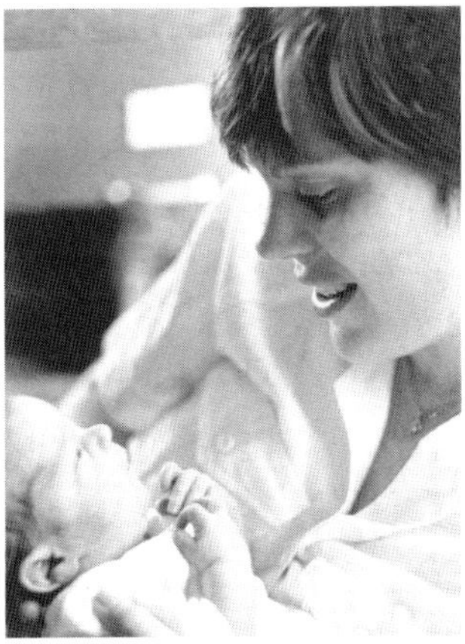

Ich empfehle Ihnen, bestimmte Zeichen für einige wichtige Botschaften zu erfinden und Ihrem Baby beizubringen, noch bevor es diese Zeichen selbst machen kann. Wichtig sind zum Beispiel Zeichen für »Massage«, »nein«,

»entspann dich« (vielleicht indem Sie Ihre Hände locker in der Luft schütteln) sowie für die verschiedenen Körperteile, für »glücklich«, »traurig«, »wütend« und »geschafft«. Dr. Acredolo und Dr. Goodwyn erklären, dass Babys normalerweise frühestens mit neun Monaten die Zeichensprache verwenden.[3] Andere Forscher stellten jedoch fest, dass sogar Frühgeborene »Zeichen« geben, mit denen sie ihre Betreuer auf ihr Befinden und ihre Bedürfnisse aufmerksam machen wollen. Wenn Sie Ihr Baby täglich massieren, werden Sie seine individuelle Zeichensprache entdecken. Nicht alle Babys meinen dasselbe, wenn sie Schluckauf bekommen, eine Hand heben oder wegschauen. Geben Sie Ihrem Baby die Möglichkeit, Ihnen die Bedeutung der verschiedenen Zeichen seiner Körpersprache zu vermitteln. Bei der Massage kann es passieren, dass das Baby eine kurze Quengelphase hat, während der es Stress abbaut. In diesem Fall gibt das Baby Signale für Stress, entspannt sich dann aber wieder und genießt die restliche Massage. Es geht also darum, die individuelle Ausdrucksweise Ihres Babys kennen zu lernen und ihm zu helfen, seine Gesten in Worte zu übersetzen, sodass es genau weiß, was es sagen muss, wenn es sprechen lernt.

Entwicklungsphasen

Je nach Alter und der jeweiligen Entwicklungsphase reagieren Babys gewöhnlich unterschiedlich auf die verschiedenen Massagebewegungen. Aber obwohl jedes Kind einzigartig ist, trägt die Kenntnis der häufigsten Reaktionen auf die Babymassage dazu bei, dass Sie Ihre Massage an Ihr Baby anpassen können, wenn und falls es dies zeigt. Denken Sie daran, dass Babys während Wachstumsschüben oft quengelig und unruhig sind. Eine sanfte, liebevolle Massage kann hier sehr hilfreich sein, um die Spannung zu lösen, die das schnelle Wachstum verursachen kann.

Während der ersten drei Lebensmonate zeigt Ihr Baby noch viele frühkindliche Reflexe. Der tonische Halsreflex bewirkt die Seitwärtsdrehung des Kopfes, der Moro-Umklammerungsreflex lässt das Baby aufschrecken, wenn sein Kopf nicht gehalten wird (das Baby breitet die Arme mit gespreizten Fingern aus und führt sie anschließend wieder langsam über der Brust zusammen; Anm.d.Übers.). Wenn Sie Ihr Baby in der »Wiege« zwischen Ihren Beinen massieren, wird es warm gehalten, fühlt sich geborgen und sein Kopf bleibt gerade liegen, wenn es Blickkontakt mit Ihnen aufnehmen will.

Viele Neugeborene reagieren ängstlich auf die Armmassage und spannen dabei ihre Ärmchen fest an und machen eine Faust. Wenn Ihr Baby sehr große Angst hat, beginnen Sie mit der Entspannungstechnik, damit es die Spannung loslassen kann, bevor Sie es mit den Massagebewegungen bekannt machen. Beobachten Sie Ihr Baby einmal genau und Sie werden feststellen, wie sehr es sich anstrengt, damit seine Arme kräftig werden und es die Armbewegungen koordinieren lernt. Im Mutterleib musste es die Arme monatelang eng am Körper halten. Deshalb macht es ihm wirklich große Angst, wenn jemand sie nun von seinem Körper wegzieht. Darüber hinaus sind die Arme von Natur aus darauf programmiert, die lebenswichtigen Organe im Brustbereich zu schützen. Zeigen Sie Ihrem Baby, dass es in Ordnung ist, wenn es seine Arme öffnet und sich entspannt.

Ein weiteres Armtraining besteht in dieser frühen Phase darin, dass das Baby versucht, den Kopf zu heben und nach oben zu schauen, wenn man es auf den Bauch legt. Berühren Sie seine Ärmchen besonders zärtlich und liebevoll und streichen Sie in der Richtung, in der das Baby sie hält, nicht entgegengesetzt. Während dieser Entwicklungsphase wird es wahrscheinlich vor allem die Bein- und Rückenmassage genießen, und dieses Wohlgefühl wird ihm helfen, auch seine Arme zu entspannen.

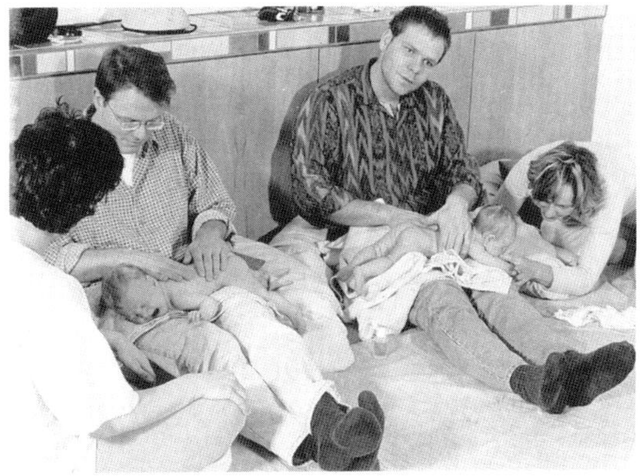

Während des fünften und achten Monats fangen die meisten Babys an, ihre nähere Umgebung zu betrachten, und sie nehmen gerne Kontakt mit anderen Menschen auf. In dieser Phase lernt Ihr Baby, sich selbst umzudrehen. Wenn es sich also während der Massage auf den Bauch dreht, lassen Sie es ruhig gewähren und passen Sie die Massage der veränderten Lage an, indem Sie nun den Rücken und die Beine massieren. Auch der Rücken des Babys ist angespannt, weil es die Rückenmuskulatur übt, um sich auf das Krabbeln und Stehen vorzubereiten. Ebenso sind die Gesichtsmuskeln vom Schreien, Zahnen, Saugen oder von der Kommunikation mit anderen Menschen verspannt. In diesem Entwicklungsstadium haben es viele Babys gerne, wenn ihr Bauch, ihre Brust und ihre Arme massiert werden.

Bei Babys im Alter von sieben bis zwölf Monaten liegt der Schwerpunkt auf ihrer Mobilität. In diesem Alter ist ihnen die Massage eher lästig, weil sie sich am liebsten bewegen. Deshalb dient sie weniger zur Entspannung und sollte eher als Spiel oder Ritual vor dem Schlafengehen gestaltet werden. Sie können Massagebewegungen erfinden, die Sie spielerisch ausführen können, während Ihr Baby herumkrabbelt. In diesem Alter können Sie die Aufmerksamkeit des Babys durch Lieder, Reime, Fingerspiele und kleine Geschichten fesseln.

Gegen Ende des ersten Lebensjahres lernt das Baby stehen und laufen. Deshalb treten Verspannungen nun mehr in den Beinen auf. Diese Phase stellt eine große Herausforderung dar, und manche Babys lassen sich jetzt überhaupt nicht massieren. Sie sind ausschließlich damit beschäftigt, laufen zu lernen und zu zahnen. Erst wenn sie das geschafft haben und die meisten Zähne durchgebrochen sind, hören sie wieder auf, so quengelig und ungeduldig zu sein. Nachdem sie diesen Kraftakt bewältigt haben, kommen sie dann wieder zur Ruhe. In Kapitel 13 erhalten Sie weitere Massageanleitungen für die nächsten Altersstufen.

Quengeln

Manche Babys brauchen eine Weile, bis sie sich an die Massage gewöhnt haben. Anfangs werden sie schon nach ein paar Minuten quengelig. In diesem Fall atmen Sie tief ein und aus und konzentrieren sich zunächst auf Ihre eigene Entspannung. Dann lassen Sie das Baby ruhig ein wenig quengeln. Oft lässt es während der Massage Spannungen los und fühlt sich danach wohler, entspannter und es kann besser schlafen. Wenn die Spannung erst einmal gelöst ist und seine Reizschwelle bei der Massage höher wird, lässt auch das Quengeln nach.

Sollte Ihr Baby immer zum gleichen Zeitpunkt während einer Massage unruhig werden, kann es sein, dass es eine Pause oder vorübergehend eine kürzere Massage braucht. Unterbrechen Sie daher die Massage und stillen Sie es oder schmusen Sie mit ihm. Danach versuchen Sie es noch einmal. Wenn das Baby weiter quengelt, verkürzen Sie die Massage oder verlegen sie auf eine andere Tageszeit und beginnen dann bei einem anderen Körperbereich. Überprüfen Sie noch einmal, ob es Ihr Baby warm genug hat und ob Sie selbst entspannt sind und sich wohl fühlen.

Achten Sie genau darauf, was es Ihnen durch das Quengeln mitteilen will. Vielleicht muss es ja etwas loswerden, was an diesem Tag passiert ist! Untersuchen Sie auch, ob es Blähungen oder eine Kolik hat (lesen Sie hierzu auch Kapitel 10) – und vor allem: hören Sie gut und genau zu. Ihr Baby hat eine Menge mitzuteilen und braucht einen Zuhörer.

Wenn Ihr Baby aus dem Gleichgewicht ist

Manchmal quengelt Ihr Baby, weil es überreizt, gestresst, müde oder so überdreht ist, dass es weder zur Ruhe kommen noch einschlafen kann. In der ganzen Welt haben Mütter viele Methoden entdeckt, um ihren Babys zu helfen, wenn diese aus dem Gleichgewicht geraten. Sehr hilfreich kann das Festhalten sein, während man das Baby in den Armen wiegt oder es herumträgt. Manchmal erweist sich ein warmes Bad als sehr nützlich. Einige Eltern fahren sogar mit ihrem Baby im Auto herum!

Bei meinen eigenen Kindern und vielen Babys in meinen Kursen hat sich eine Methode, die ich sehr häufig in Indien gesehen und deshalb »indisches Schaukeln« genannt habe, als hilfreich erwiesen.

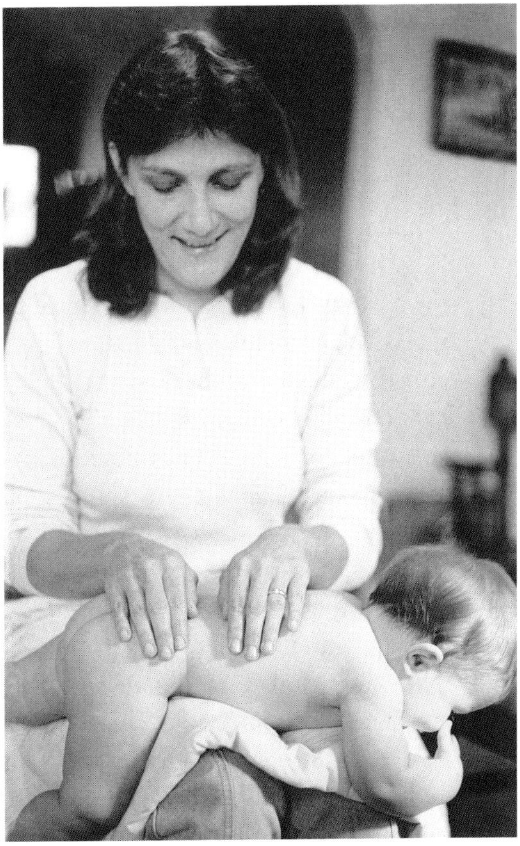

Indisches Schaukeln

Legen Sie Ihr Baby mit dem Gesicht nach unten auf Ihren Schoß. Achten Sie darauf, dass es genug Luft bekommt. Öffnen Sie Ihre Schenkel unter seinem Bauch ein wenig. Sein Kopf muss gut gestützt sein, damit seine empfindliche Halswirbelsäule nicht verletzt wird. Legen Sie es mit dem Kopf zur Seite oder mit dem Kinn auf eine zusammengefaltete Decke oder ein Handtuch auf Ihre Beine. Sein Kopf darf nie von Ihren Beinen herunterhängen. Legen Sie dann Ihre warmen Hände auf seinen Rücken und schaukeln Sie es auf Ihren Knien rhythmisch und langsam auf und nieder, während Sie gleichzeitig im selben Rhythmus mit leicht hohlen Händen sanft auf seinen Rücken klopfen.

Fahren Sie mit diesem rhythmischen Schaukeln ungefähr fünf Minuten fort. Gewöhnlich schläft das Baby entweder dabei ein oder es hört auf zu quengeln und entspannt sich bei der rhythmischen Bewegung. Wenn es wieder im Gleichgewicht und ruhig ist, können Sie es wickeln oder wieder an die Arbeit gehen. Als ich in Indien im Zug reiste, sah ich oft ganze Gruppen von Müttern, die ihre Babys auf ihren Schoß gelegt hatten, und sie schaukelten und klopften, während sie sich unterhielten. Jedem schien das ausgesprochen gut zu tun! In dem Waisenhaus, in dem ich arbeitete, und in der Kinderklinik von Mutter Teresa wird diese Methode auch beim Wickeln angewandt, um ein Baby oder Kleinkind zu beruhigen, dessen Energien scheinbar »außer Kontrolle geraten« waren.

Schreien

Einmal sollte ich in einer Fernsehsendung eine Babymassage vorführen. Als die Moderatorin mit mir ins Studio eilte, sagte sie: »Ich habe gehört, dass Sie ein Baby nur mithilfe von Massage in zehn Sekunden dazu bringen können, mit dem Schreien aufzuhören. Ich hoffe, Sie können uns das heute zeigen!«

Das Baby, ein goldiges vier Monate altes Mädchen, mit dem ich mich in der Garderobe ganz wunderbar »unterhalten« hatte, fing beim Anblick der Moderatorin herzzerreißend zu weinen an. Ich führte keine Massage mit ihr vor, da ich das Gefühl hatte, ich würde ihre Gefühle und ihren Körper verletzen, wenn ich Massage als Trick zur Beruhigung benutzte (sogar dann, wenn es funktioniert hätte, was ich bezweifle). Die Moderatorin gelangte daraufhin zu dem Schluss, Babymassage sei Humbug und funktioniere nicht. Sie hatte Recht: als Trick ist sie tatsächlich wirkungslos. Leider glauben viele Menschen immer noch, dass man Babys sehen, aber nicht hören sollte.

Als Säuglinge haben wir kaum eine andere Möglichkeit, unsere negativen Gefühle auszudrücken und aufgestauten Stress abzubauen, als zu schreien. Wenn wir älter werden, lernen wir, mit Wut, Angst, Schmerz und übermäßiger Energie auf unterschiedlichste Weise umzugehen. Mithilfe unserer Mimik, Gestik und Sprache können wir vermitteln, wie wir uns fühlen. Wenn der Alltagsstress zu groß wird, können wir einen Spaziergang oder Urlaub machen oder uns bei einem Freund aussprechen. Auch wenn wir gesund sind, weinen wir ab und zu, aber selten vor anderen Leuten. Wir haben gelernt, dass Weinen ein unsoziales Verhalten und ein Zeichen von Schwäche ist. Dies war wahrscheinlich eine unserer frühesten Lektionen.

Manipulieren Babys ihre Eltern durch Schreien?

Anfang des 20. Jahrhunderts kam die Einstellung in Mode, Babys nicht »zu verwöhnen«. Man ließ Babys schreien, bis sie sich von alleine »beruhigten«. Dahinter steckte der Glaube, Babys wollten ihre Eltern durch Schreien manipulieren und dazu bringen, ihren Wünschen nachzugeben – und man hielt dies für eine schlechte Charaktereigenschaft. Auf das Babygeschrei zu reagieren, würde nur dazu führen, dass man verwöhnte, freche Gören heranzog, die den Eltern auf der Nase herum tanzten. Um Babys daran zu hindern und sie von klein an zur Selbstständigkeit zu erziehen, ließen die Eltern sie alleine weinen, bis sie heiser waren oder aus purer Erschöpfung einschliefen. Doch immer wieder wurde diese Überzeugung widerlegt. Die Bedürfnisse eines Babys sind echt und es schreit aus einem wirklichen Grund. Babys besitzen noch nicht die intellektuelle Raffinesse, um ihre Eltern zu manipulieren.

In den 1970er-Jahren gewann eine Bewegung, die sich von dieser Einstellung distanzierte, an Bedeutung. Immer mehr Frauen begannen wieder, ihre Babys zu stillen. Tragesäcke, Rucksäcke und zusammenklappbare Buggys wurden erfunden, und die Experten ermutigten die Eltern, mehr Nähe zu ihren Kindern zuzulassen und rascher auf sie zu reagieren. Die Forschung hat bestätigt, dass Kinder, die Zuwendung erhalten, weniger statt mehr schreien, und später selbstständiger und nicht unselbstständiger würden. Auch andere Kulturen haben zu dieser Veränderung beigetragen. Durch die zunehmende Globalisierung lernen die westlichen Zivilisationen andere Kulturen, die nicht durch das so genannte »moderne Denken« beeinflusst sind, besser kennen.

Leider sind wir in der westlichen Zivilisation sehr leicht beeinflussbar. Mütter, die ihre Babys in ihrer frühesten Kindheit allein schreien ließen, während sie weinend und voller Schuldgefühle nebenan saßen, sprangen nun bei jedem noch so leisen Piepser des Babys auf. Etwas anderes aber veränderte sich nicht: nämlich unsere Besessenheit, das Baby dazu zu bringen, mit dem Schreien aufzuhören, oder ihm erst gar nicht zu »erlauben« zu schreien.

Heute herrscht in vielen Köpfen wieder die Meinung, man würde Kinder durch Zuwendung verwöhnen, und sie müssten dazu erzogen oder angehalten werden, sich so zu verhalten, wie es ihren Eltern gefällt. Egal, wo wir auf dieser Skala stehen, liegen wir hinsichtlich des kindlichen Bedürfnisses zu schreien ständig daneben.

Hin und wieder müssen wir alle einmal weinen. Dadurch lösen sich Spannungen, umso mehr, wenn wir uns in den zärtlichen Armen eines anderen Menschen ausweinen können. Ich glaube, dass Babys ebenso tief empfinden wie wir und ihre Ängste, Sorgen und Frustrationen genauso groß sind wie unsere. Aus der Beobachtung von Hunderten von Babys in meinen Massagekursen und in anderen Kulturen weiß ich, dass Weinen Säuglingen manchmal Erleichterung und Entspannung verschafft.

Viele von uns, die im »Verwöhne dein Baby nicht«-Zeitalter aufgewachsen sind, stehen dem Weinen mit gemischten Gefühlen gegenüber. Weinen macht uns Angst und versetzt uns in Anspannung. Wir wollen es sofort stoppen. Es löst Ängste in uns aus und weckt womöglich Erinnerungen an jene Angst, Furcht und Wut, die wir vielleicht spürten, als wir allein in unserer Wiege schrien und keiner auf unser Weinen reagierte. Ebenso kann Weinen Schuldgefühle hervorrufen: Bin ich eine schlechte Mutter, wenn mein Baby weint?

In unserer Gesellschaft werden solche negativen Gefühle gegenüber dem Weinen oft noch verstärkt. Manche Leute regen sich bei jedem Geräusch, das ein Baby macht, furchtbar auf und strafen die Eltern beim leisesten Piepser mit bösen Blicken. Die verlegene Mutter straft ihr Baby daraufhin möglicherweise mit lautem Schimpfen, entschuldigt sich für ihr Kind und flieht in ihr sicheres Zuhause. Aufgrund der mangelnden Unterstützung bei der Kindererziehung in unserer Gesellschaft, dem wirtschaftlichen Druck und den sozialen Wertvorstellungen, die familiäre Bindung und Zugehörigkeit nicht gerade fördern, stehen die meisten jungen Eltern zeitweise unter enormem Stress, ungeachtet ihrer eigenen Einstellung zur Kindererziehung. Wer von uns hat noch nicht daran gedacht, »das Baby aus dem Fenster zu werfen«? Wer kennt nicht die Angst, die Kontrolle zu verlieren und ein schreiendes Baby am liebsten schütteln und anbrüllen zu wollen? Wenn Sie von solchen Gefühlen überwältigt werden, bitten Sie, wenn möglich, Ihren Partner, das Baby zu nehmen, während Sie sich für fünf oder zehn Minuten zurückziehen, um die kontrollierte Bauchatmung zu machen und Ihre Angst loszulassen. Wenn Sie so frustriert sind, dass Sie am liebsten weinen möchten, tun Sie es ruhig. Als meine Kinder noch klein waren, weinten wir oft gemeinsam im Wohnzimmer und schrien unseren Schmerz und unsere Frustration aus der Seele. Wir sollten anfangen, weinen einfach als eine Möglichkeit anzuerkennen, unsere Seele von »negativen« Gefühlen und Stress zu befreien. Wir sollten akzeptieren, dass es in Ordnung ist, manchmal zu weinen, und dass schließlich jeder auch wieder zu weinen aufhört und Entspannung findet, besonders wenn ihn seine Familie und Freunde darin unterstützen, seine Gefühle auszudrücken, und ihn dafür noch mehr lieben und respektieren.

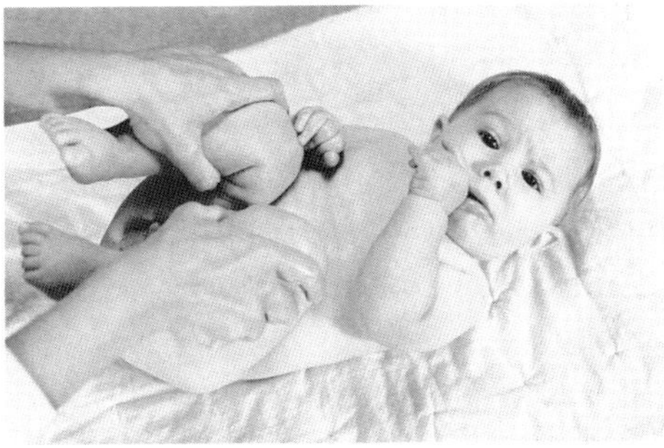

Wie wir alle weinen Babys aus den unterschiedlichsten Gründen. Leider ist uns unsere Intuition größtenteils verloren gegangen, mit der wir die Gefühle und Gedanken eines Kindes erspüren könnten. Die meisten von uns können einen heftigen Schmerzensschrei wahrnehmen, aber andere Schreie und Quengellaute interpretieren wir falsch, weil sie von unseren eigenen Unsicherheiten und Projektionen verzerrt werden. Da scheint es leichter, einem Klischee zu folgen, das jede Art von Weinen gleich behandelt – entweder mit Ignoranz oder mit Beruhigung. Babys haben aber gar nichts von solchen undifferenzierten Reaktionen auf ihr Schreien, denn es gelingt ihnen nicht, von ihren Eltern angemessenen Beistand zu bekommen. Vielmehr brauchten sie in sich ruhende Eltern mit klarem Verstand und Fürsorglichkeit, die ihnen helfen, sich in der für sie unbekannten Welt zurechtzufinden. Durch die tägliche Babymassage können Sie die Sprache Ihres Babys intuitiv verstehen lernen, denn Sie bleiben buchstäblich in Kontakt mit seiner Körpersprache, seinen nonverbalen Signalen und seinen verschiedenen Arten zu schreien.

Es macht keinen großen Unterschied, ob man einem Kind, einem Erwachsenen oder einem Säugling aktiv und mitfühlend zuhört. Es erfordert Mitgefühl, aufrichtige Liebe und Respekt vor der Erfahrung eines anderen Menschen. Ich glaube, der Grund dafür, dass es uns so schwer fällt, unseren Babys zuzuhören, liegt darin, dass wir in unserer eigenen Kindheit so häufig enttäuscht und unsere Gefühle ignoriert worden sind. Wenn wir unser Baby weinen hören, reagieren wir mit unserem eigenen inneren Kind, anstatt wirklich hinzuhören, was es uns mitteilt. Der Impuls, das Baby zu beruhigen, überwiegt. Wir bringen es zum Schweigen, wie das auch bei uns geschah.

Untersuchungen haben durchwegs bestätigt, dass Babys, auf die man prompt reagiert – nicht, indem man sie beruhigt, sondern indem man ihnen zuhört und entsprechend handelt – seltener und kürzer weinen, wenn sie älter werden. Schreien setzt Hormone frei, die Spannung und Erregung abbauen. Daher ist Schreien nicht nur ein Ausdruck von Schmerz und Unwohlsein, sondern es scheint auch eine angeborene Fähigkeit zur Stressbewältigung und eine Selbstheilungskraft zu sein. Wenn man Babygeschrei zulässt und dem Baby entspannt und liebevoll zuhört, kann es so seinen eigenen Stresspegel regulieren und zu einem entspannteren und weniger unter Stress stehenden Menschen heranwachsen.

Wie Sie Ihrem Baby zuhören

Wenn Ihr Baby bei der Massage unruhig ist, quengelt oder schreit, können Sie die folgende Methode anwenden:

Zunächst atmen Sie einmal tief ein und aus und entspannen Ihren ganzen Körper. Dies verhindert, dass Sie den Atem anhalten und sich verspannen.

Als Nächstes distanzieren Sie sich für einen Augenblick vom eigenen inneren Kind. Sie müssen ganz klar sein und erkennen, dass Ihr Baby seine eigenen Gründe hat zu schreien.

Danach stellen Sie, wenn möglich, Blickkontakt zu Ihrem Baby her. Wenn es weg schaut, legen Sie Ihre Hände sanft, aber fest auf seinen Körper und stellen durch das Handauflegen eine Verbindung zu ihm her. Lassen Sie Ihre Liebe durch Ihre Hände strömen und teilen Sie ihm mit Ihrer Stimme, Ihren Händen und Augen mit, dass Sie gerne hören möchten, was es sagen will.

Bleiben Sie bei Ihrem Baby in diesem sehr entspannten, empfänglichen Zustand. Beobachten Sie seine Körpersprache, hören Sie zu und reagieren darauf. Achten Sie auf seinen Mund und darauf, was seine Augen ausdrücken. Wenn Sie sicher sind, dass es sich verstanden fühlt und genug mitgeteilt hat, trösten Sie es, indem Sie es wiegen, herumtragen oder mit ihm schmusen, damit es wieder ins Gleichgewicht kommt. Ein Baby, das sich verstanden fühlt, wird danach immer besser schlafen und beim nächsten Mal größeres Vertrauen haben.

Wenn wir unseren Kindern wirklich zuhören, erfüllen wir all ihre seelischen Bedürfnisse, denn wir geben ihnen die Botschaft: »Du hast Respekt verdient. Du bist wertvoll, so wie du bist.« Das Baby empfängt diese Botschaft, und sein ganzer Körper entspannt sich. Sein Herz fließt über, und wenn es älter wird, sucht es jede Gelegenheit, diese Liebe an andere weiter zu geben. Wie es das anstellt? Indem es Ihrem Vorbild folgt. Es wird für andere genauso da sein, wie Sie für Ihr Kind da gewesen sind. Welch wunderbarer, gesunder Kreislauf!

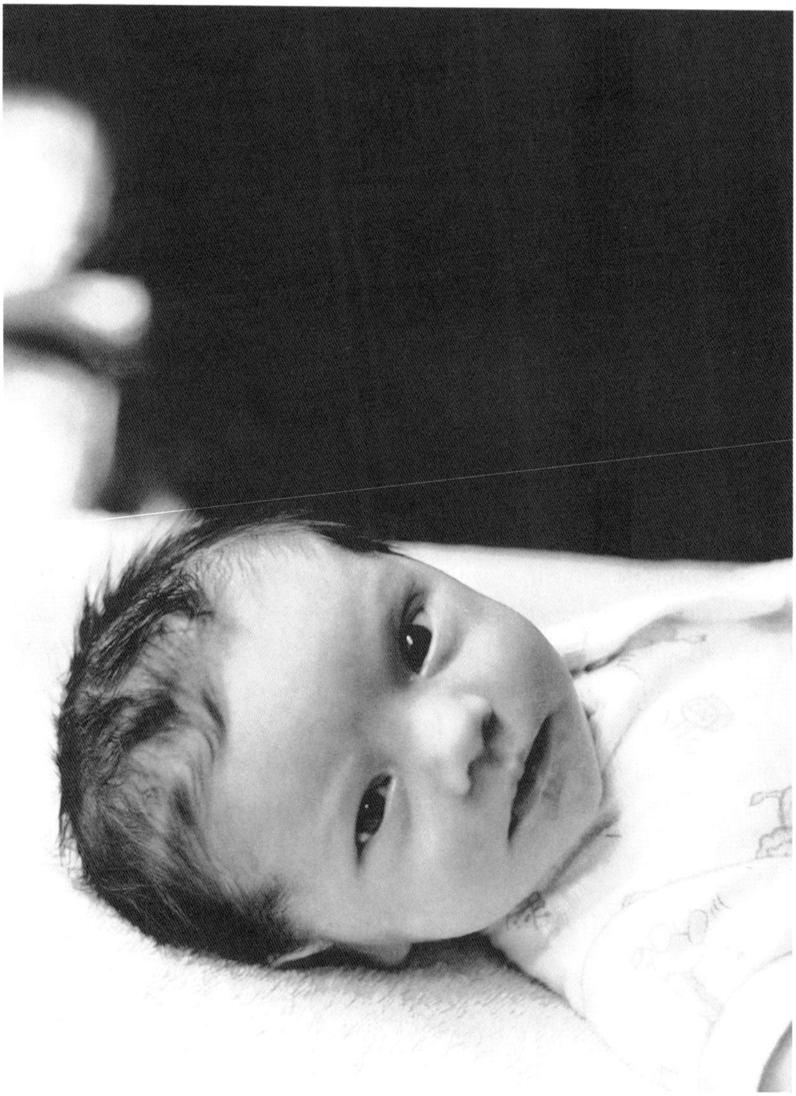

10 Leichte Erkrankungen und Koliken

Kann die Mutter hören schrein
Ungerührt ihr Kindchen klein?
Nein, nein, nimmer kann das sein!
Nimmer, nimmer kann das sein!

William Blake

Wenn Ihr Baby krank ist, wirkt eine Massage nicht nur wohltuend, sondern lindert auch Symptome wie Schmerzen, Fieber, Verstopfung und Atembeschwerden bei Krupp und Asthma. Natürlich sollten Sie bei jedem deutlichen Anzeichen einer Erkrankung zuvor den Kinderarzt konsultieren.

Fieber

Zur Fiebersenkung geben Sie warmes Wasser anstatt Öl auf Ihre Hände. Decken Sie Ihr Baby zu, bis auf die Körperteile, die Sie gerade massieren. Tauchen Sie nun Ihre Hände ins Wasser und reiben Sie dann den Körper von der Brust aus zu den Gliedmaßen hin ab. Das soll die Hitze aus dem Körper leiten und bewirkt eine Abkühlung, weil das Wasser auf der Haut verdampft. Sie sollten bei Fieber jedoch stets den Kinderarzt hinzuziehen.

Erkrankungen der Atemwege

Eine ähnliche Methode können Sie zur Befreiung der Atemwege anwenden. Zunächst machen Sie die übliche Brustmassage. Geben Sie einen Tropfen Eukalyptus ins Massageöl. Nun legen Sie das Baby etwas schräg, mit dem Kopf nach unten hin. Nehmen Sie einen kleinen Becher (eine saubere Plastikverschlusskappe genügt auch) oder einen anderen Behälter mit einem schmalen Rand. Pressen Sie den Becher leicht auf die Haut im gesamten Brust- und Rückenbereich und ziehen Sie ihn wieder ab. Durch das sanfte Schröpfen löst sich der Schleim in den Lungen und kann abgehustet werden. Auch ein Luftbefeuchter im Kinderzimmer ist sehr nützlich. Achten Sie darauf, dass er gut gereinigt ist, damit keine schädlichen Bakterien verdampfen. Diese Methode eignet sich sowohl bei Krupp-Husten als auch bei Asthma. Konsultieren Sie jedoch auch in diesem Fall immer zuerst den Kinderarzt.

Schnupfen

Stellen Sie Folgendes bereit: einen Nasenabsauger, eine Pipette, ein Taschentuch, eine Tasse warmes Salzwasser (1/2 Teelöffel Salz auf eine Tasse Wasser). Massieren Sie nun das Gesicht des Babys, besonders die Nasennebenhöhlen, damit dieser Bereich entspannt und besser durchblutet wird, und sich der Schleim löst. Träufeln Sie dann mit der Pipette in jedes Nasenloch einen Tropfen warmes Salzwasser. Führen Sie nun vorsichtig den Absauger ein und saugen Sie den Schleim aus beiden Nasenlöchern ab. Entleeren Sie den Absauger in das Taschentuch. Das warme Salzwasser brennt nicht auf der Schleimhaut und es löst den Schleim besonders gut. Zwar wird das Baby die Prozedur nicht gerade mögen, aber sie kann notwendig sein, wenn es beim Stillen keine Luft mehr bekommt. Anschließend trösten Sie Ihr Baby und stillen oder füttern Sie es. Reinigen Sie die Utensilien vor der nächsten Anwendung in kochendem Wasser. Wenn möglich sollte man bei sehr kleinen Babys keine Nasensprays aus der Apotheke benutzen, denn das Kind entwickelt eigene Antikörper gegen den Schnupfen und sein Immunsystem wird gestärkt.

Blähungen und Koliken

Babys schreien oft, weil sie schmerzhafte Blähungen haben, weil sie müde sind oder ihre Energien aus dem Gleichgewicht geraten sind. Unwohlsein und echte Schmerzen durch Gasbildung im Darm sind sehr häufig. Da der Magen-Darm-Trakt des Babys bei seiner Geburt noch nicht vollständig ausgereift ist, braucht er Unterstützung. Massage liefert hierfür genau die richtige Stimulation.
Über die Ursachen von Koliken gibt es viele Vermutungen. Oft wird der Begriff »Kolik« für jedes Baby verwendet, das viel schreit. Ich bringe Koliken eher mit

Babys in Verbindung, die sehr lange schreien und offensichtlich Bauchschmerzen haben. Ein Baby, das an einer echten Kolik leidet, ist steif und verspannt, hat einen Blähbauch und erträgt Berührungen nur schwer. Bei weniger schmerzhaften Blähungen dagegen schreit es häufig und zieht seine Beine an. In kurzen Abständen gehen Winde ab. Ein Baby mit Blähungen lässt sich meist beruhigen, wenn man es herumträgt, rhythmisch wiegt oder in den Armen hält. Dagegen lässt ein Baby mit einer Kolik sich womöglich eine Weile überhaupt nicht beruhigen.

Vor einigen Jahren arbeitete ich mit einer Kinderarztpraxis zusammen, insbesondere um Familien mit Babys, die an Koliken litten, zu helfen. Die Mütter waren oftmals am Ende ihrer Kräfte vom ständigen Babygeschrei, den schlaflosen Nächten und dem Gefühl der Hilflosigkeit und Inkompetenz. Sie meinten: »Mein Baby mag mich nicht« oder »Ich bin einfach keine gute Mutter, weil ich mein Baby nicht beruhigen kann«. Sie distanzierten sich von ihren Kindern, anstatt eine Bindung herzustellen. Aber als ich diesen Müttern erklären konnte, wie das Verdauungssystem eines Babys funktioniert und wie die Massage diesen Bereich entspannen und die schmerzhaften Blähungen lösen kann, erkannten sie, dass sie nichts falsch gemacht hatten. Erst einmal half ich den Müttern, sich selbst zu entspannen. Praktisch jede Familie, mit der ich zu tun hatte, hatte innerhalb von zwei Wochen, in denen das Baby täglich massiert wurde, enorme Erfolge.

Als die Mütter die Massage erfolgreich beherrschten – das heißt, das Baby konnte während oder kurz nach der Massage Winde lassen, länger schlafen oder weinte weniger –, fühlten sie sich in ihrer Mutterrolle viel kompetenter, sie entwickelten eine positivere Einstellung zu ihrem Baby und konnten wieder eine Bindung zu ihm aufbauen. Massage hilft jedem Baby, egal ob es nur leichte Blähungen oder eine starke Kolik hat, da die Funktion des Verdauungssystems angeregt wird. Darüber hinaus wird Stress abgebaut und mithilfe der Entspannungstechnik und des Handauflegens lernt das Baby, sich zu entspannen.

Massage bei Koliken

Versuchen Sie zunächst einmal, sich zu entspannen. Ein Baby mit Blähungen oder einer Kolik stellt große Anforderungen an eine Mutter, und durch den übermäßigen Stress sind Sie vielleicht überfordert und verunsichert. Denken Sie daran: Sie sind nicht schuld an den Schmerzen Ihres Babys, aber Sie können ihm helfen. Reagieren Sie auf sein Weinen, indem Sie seine Gefühle achten, und beginnen Sie, es bei der Bewältigung dieser schmerzhaften Phase zu unterstützen. Massieren Sie das Baby zwei Wochen lang zweimal täglich mit der hier beschriebenen Methode und verzichten Sie in dieser Zeit auf die übliche Babymassage. Dadurch bringt das Baby nicht jede Massage mit den Schmerzen in Verbindung, die es vielleicht während der Massage durch seine Koliken verspürt hat.

Zählen Sie bei der Massage die Streichbewegungen. Die Knie des Babys sollen angewinkelt sein. Helfen Sie Ihrem Baby mit der Entspannungstechnik, sich zu entspannen, und setzen Sie Ihre Stimme, Ihre Hände, rhythmisches Wiegen, Streichen und leichtes Klopfen ein, damit es seine Spannungen loslassen kann. Wenn Sie seine Knie zum Bauch bewegen, drücken Sie sie nicht zu fest in den Bauch hinein, sondern nur leicht, damit Ihr Baby noch Luft bekommt.

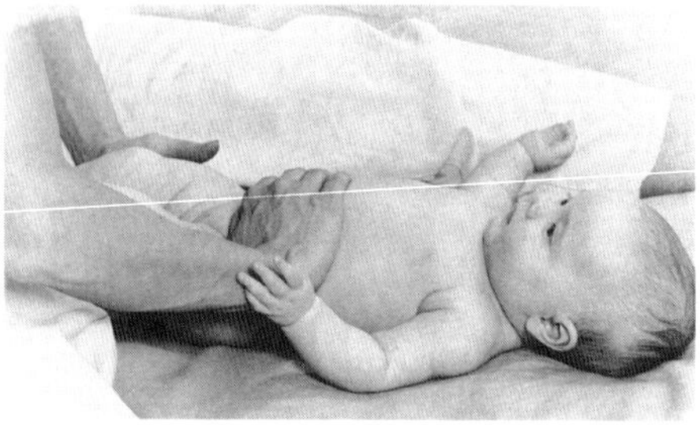

1. Handauflegen

Legen Sie Ihre Hände auf den Bauch Ihres Babys. Entspannen Sie sich völlig, auch wenn das Baby quengelt oder schreit.

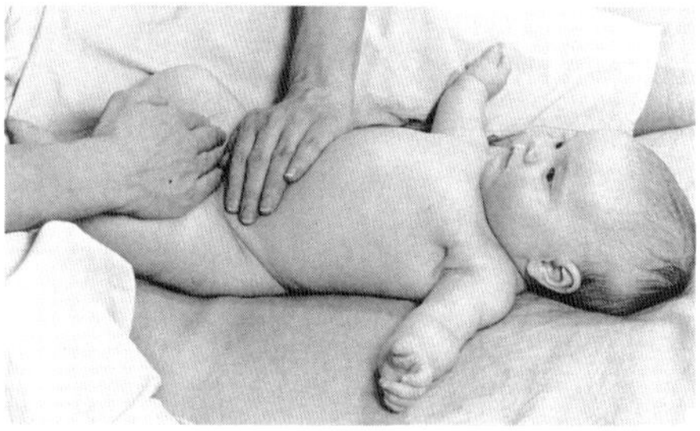

2. Wasserrad Teil A *(Seite 98)*

Machen Sie diese Massagebewegung abwechselnd mit beiden Händen sechsmal.

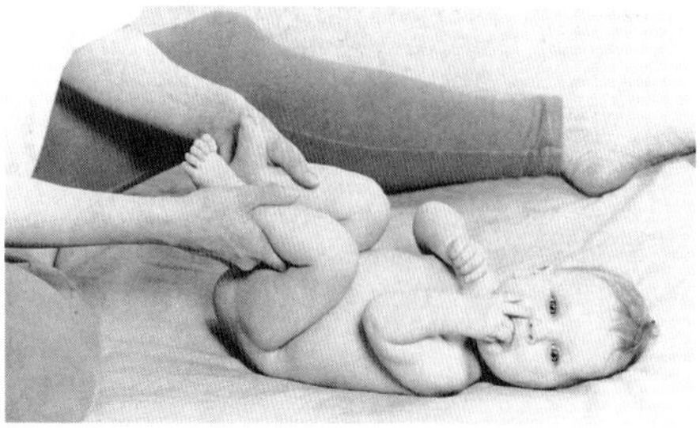

3. Auf und ab *(Seite 119)*

Halten Sie die Knie Ihres Babys eng zusammen und drücken Sie sie sanft in seinen Bauch. Halten Sie sie ungefähr sechs Sekunden lang in dieser Position.

4. Berührungsentspannung
(Seite 110)

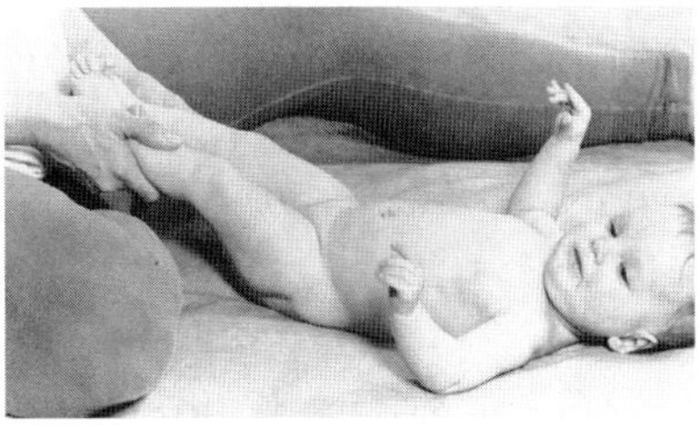

Hören Sie dann langsam auf zu drücken und strecken Sie die Beine Ihres Babys wieder aus. Verwenden Sie die Berührungsentspannung und reden Sie dem Baby gut zu, damit es sich entspannen kann.

5. Sonnenmond (Seite 100)

Machen Sie diese Massagebewegung abwechselnd mit beiden Händen sechsmal.

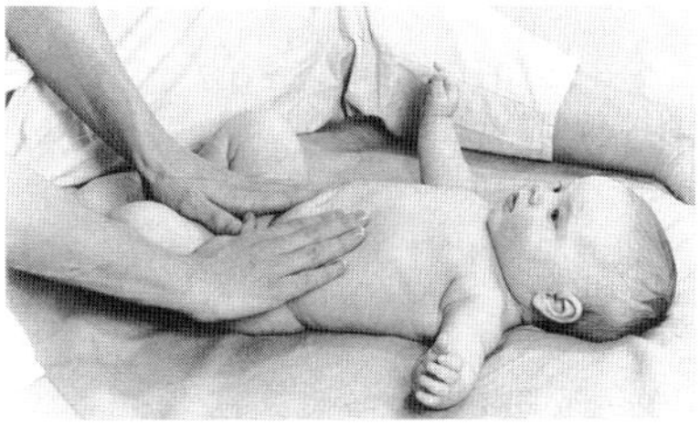

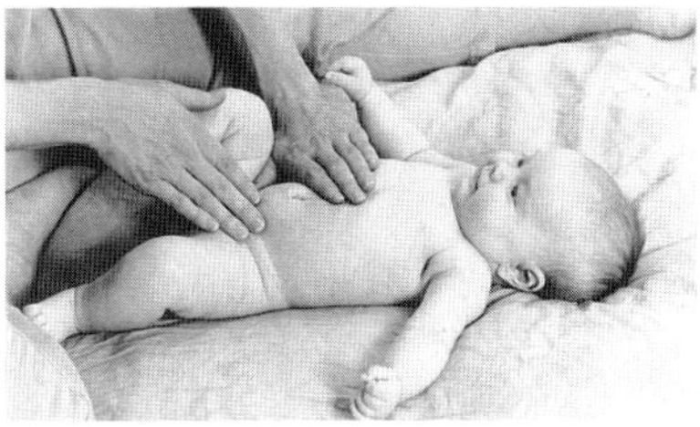

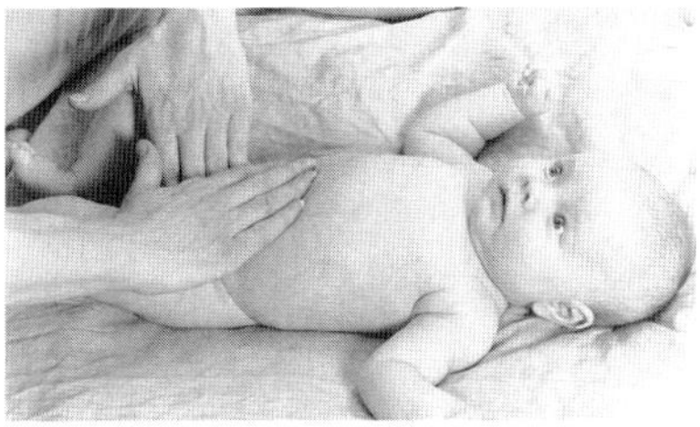

6. Auf und ab (Seite 119)

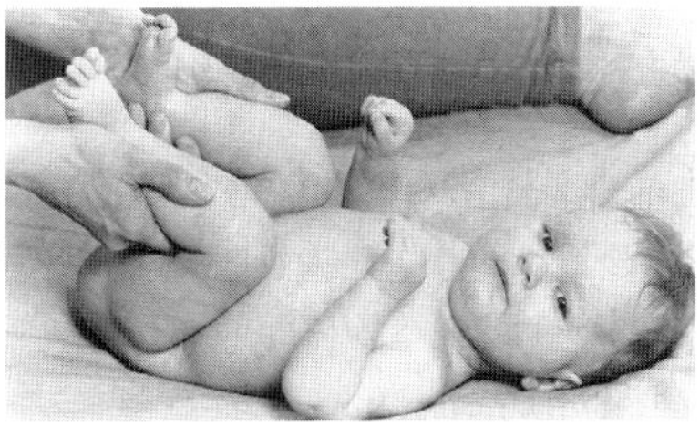

Halten Sie die Knie Ihres Babys eng zusammen und drücken Sie sie sanft in seinen Bauch. Halten Sie sie ungefähr sechs Sekunden lang in dieser Position.

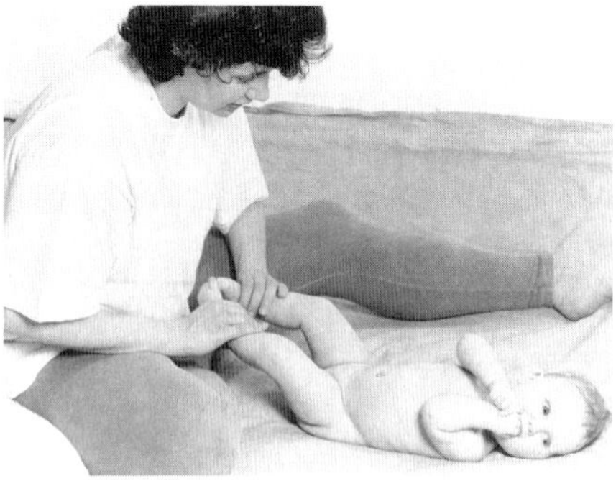

7. Berührungsentspannung
(Seite 100)

Hören Sie dann langsam auf zu drücken und strecken Sie die Beine Ihres Babys wieder aus. Verwenden Sie die Berührungsentspannung und reden Sie dem Baby gut zu, damit es sich entspannen kann.

Wiederholen Sie diesen Ablauf (Schritt 1 bis 7) dreimal. Es kann ein paar Tage dauern, bis das Baby darauf anspricht. Es kann aber auch sein, dass gleich beim ersten Mal Winde abgehen. Da das kindliche Verdauungssystem immer reifer wird, zeigt schon bald eine kurze Massage Erfolg, und die Blähungen lösen sich. Nicht jedes Baby reagiert gleich, und aus unterschiedlichen Gründen profitieren manche nicht so sehr von der Massage wie andere. Inzwischen überweisen viele Kinderärzte Eltern mit Babys, die an Blähungen und Koliken leiden, zu Babymassagetherapeuten, um die Beschwerden ohne die Gabe von Medikamenten zu beheben.

Penny, Mutter des drei Wochen alten Matthew, war aufgrund seiner Koliken am Ende ihrer Kräfte und konsultierte mich. Als ich beide zum ersten Mal sah, waren sowohl Penny als auch Matthew von den Koliken so gestresst, dass ihre Beziehung zueinander sehr belastet war. »Ungefähr zwei Wochen lang, nachdem ich mit der Babymassage begonnen hatte, litt Matthew noch unter Koliken. Danach verschwanden sie allmählich, bis sie nach ein paar Wochen ganz ausblieben. Jetzt geht es ihm ausgezeichnet. Er hat Vertrauen zu mir, und ich bin wieder viel entspannter.« Die beiden konnten sich jetzt anschauen, miteinander spielen, und Matthew begann, die Massage wirklich zu genießen. Sogar wenn Penny die Massage bei Koliken anwandte, schien Matthew zu wissen, wie er kooperieren und daran mitwirken konnte. Bei jedem Massagezyklus gluckste er vor Vergnügen, ließ Winde und sprach gut auf die Berührungsentspannung an.

Auch warme Bäder, Glycerinzäpfchen und eine Ernährungsumstellung können bei Koliken sehr hilfreich sein. Wenn Sie stillen, sollten Sie reizstoffhaltige Nahrungsmittel wie Tomaten, Schokolade, Koffein sowie blähende Gemüse, wie zum Beispiel Bohnen, meiden. Manchmal wird eine Kolik durch eine Nahrungsmittelallergie verursacht, etwa gegen Milch, Soja oder Weizen. Streichen Sie diese Nahrungsmittel gleichzeitig oder nacheinander von Ihrem Speiseplan oder von dem Ihres Babys, um herauszufinden, ob sich seine Beschwerden bessern.

Es ist nicht leicht, seinen kleinen Liebling so leiden zu sehen. Mary, Mutter des achtzehn Monate alten Michael, erzählt: »Ich fand mein inneres Gleichgewicht wieder, als ich mein Baby massieren und ihm helfen konnte, sich zu entspannen. Ich begann mit der Massage, als er zwei Wochen alt war und unter schmerzhaften Blähungen litt. Innerhalb von einer Woche zeichnete sich ein erster Erfolg ab. Wenn er mitten in der Nacht schreiend aufwachte, massierte ich ihn. Schon nach ein paar Wochen fing er an, sich zu entspannen, sobald ich mit der Massage begonnen hatte. Er beruhigte sich und ließ die Spannung los. Oft war er schon wieder eingeschlafen, ehe ich fertig war. Ich fühlte mich so gut, weil ich etwas tun konnte, um ihm zu helfen – ganz zu schweigen von den zusätzlichen Stunden Schlaf, die ich mir auf diese Weise verschaffte. Sogar jetzt noch, wenn er verspannt und unruhig ist, rede ich mit ihm und massiere ihn ein wenig – und schon entspannt er sich.«

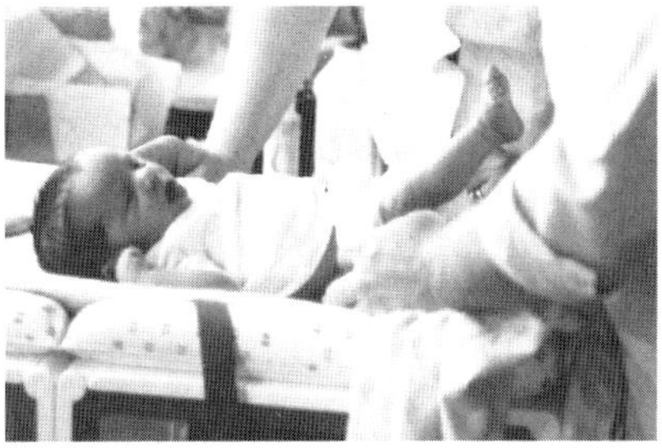

Auch mein erstgeborener Sohn litt gleich nach der Geburt unter starken Koliken. Damals entwickelte ich die Massagemethode bei Koliken, indem ich auf Yogaübungen und die Ratschläge, die ich mir bei Massagetherapeuten hinsichtlich des Babykörpers geholt hatte, zurückgriff. Innerhalb von zwei Wochen waren seine Koliken verschwunden. Aber er erinnerte sich noch lange danach daran. Als er sprechen konnte, bat er darum, dass ich sein Bäuchlein massierte, wenn er schmerzhafte Blähungen hatte, und er wusste sogar noch, dass man bei dieser Massage die Knie zum Bauch ziehen muss! Diese Methode wirkt auch bei Erwachsenen, und vielleicht wollen Sie sie einmal bei sich selbst ausprobieren. Yoga-Praktiker verwenden morgens nach dem Aufwachen eine ähnliche Stellung namens »bhastrikasana« oder »Blasebalg-Stellung«, da diese das Verdauungssystem stimuliert und die Nahrungsaufnahme und die Ausscheidungsfähigkeit des Körpers reguliert.

Ein Baby zu haben, das unter Koliken leidet, bedeutet ungeheuren Stress. Deshalb ist es ganz normal, wenn man negative Gefühle hat und mutlos wird. Aber jedem, der sich unwohl fühlt, geht es gleich besser, wenn er zärtlich berührt und umsorgt wird. Ihr Baby macht da keine Ausnahme. Massage ist eine Möglichkeit, Ihrem Baby zu helfen, und deshalb stärkt sie auch Ihr Selbstvertrauen und Ihre Selbstachtung. Dadurch werden Sie nicht nur eine noch bessere Mutter, sondern Sie tragen durch die Massage auch dazu bei, dass Ihr Baby sich noch geborgener fühlt, weniger schreit, tiefer schläft und eine intensive Bindung zu Ihnen aufbaut.

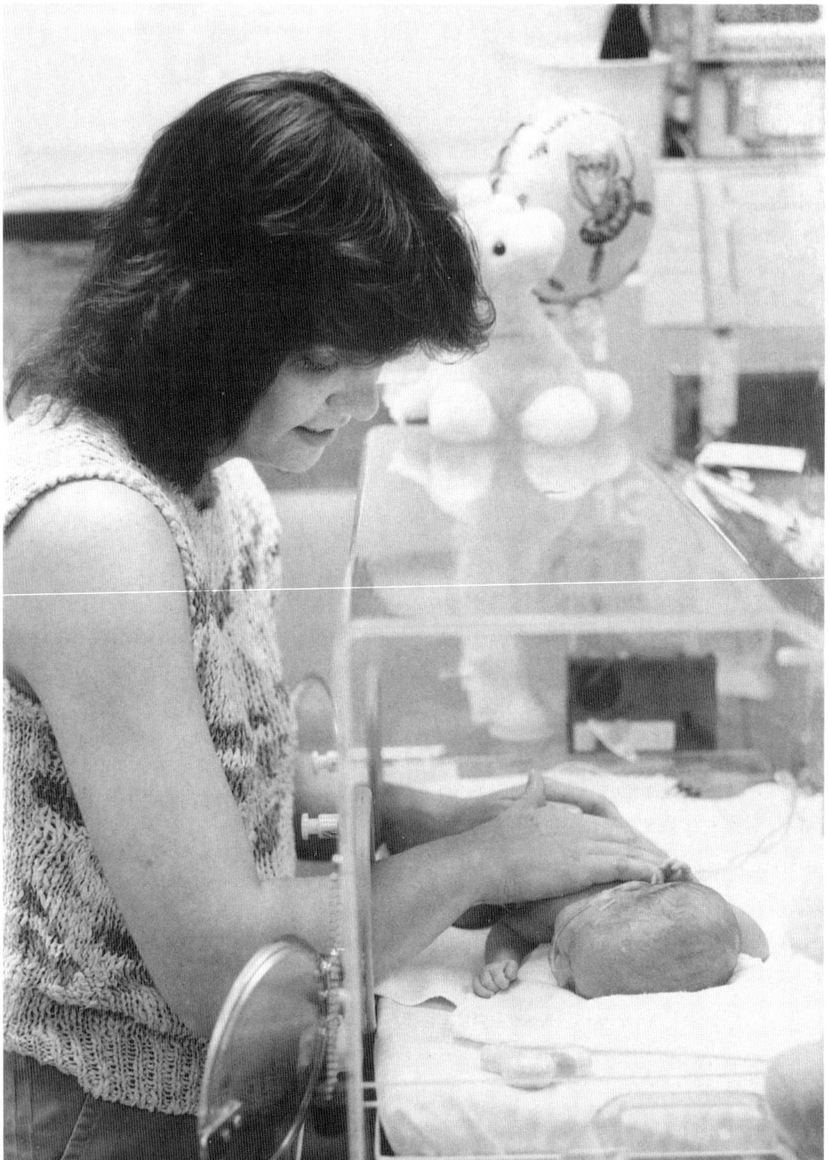

11 Das Frühgeborene

Mutter, stellen wir uns einmal vor,
wir reisen durch ein fremdes und gefährliches Land.

Rabindranath Tagore

Wir wissen, wie wichtig es ist, unser Baby von Anfang an eng am Körper zu halten. Wir planen die ersten Lebensstunden und -wochen schon lange im Voraus und organisieren alles so, dass unser Kind in diesen wertvollen Augenblicken, in denen es eine Bindung zu uns aufbaut, nicht unnötig gestört wird.

Wenn ein Baby nun lange vor dem Geburtstermin zur Welt kommt, stellt das die beste Planung auf den Kopf. Anstelle seiner ruhigen, liebevollen und freudig erwarteten Ankunft erleben wir nun ein unvorstellbar brutal wirkendes Szenario. All die Prozeduren sind unvermeidbar, denn sie erhalten das Baby am Leben. Aber bei den Eltern lösen sie eine wahre Gefühlslawine aus.

Die Sorgen bringen die Mütter in einen Teufelskreis: Sie befinden sich in einem Schockzustand, reagieren mit Verleugnung (was sich oft darin äußert, dass sie sich mehr mit dem Zustand des Babys als mit seiner Genesung beschäftigen); sie leiden unter Schuldgefühlen (»Was habe ich getan, dass so etwas passieren konnte?«); sie sind wütend (auf das Baby, den Ehemann, auf das Krankenhauspersonal oder das Schicksal); sie versuchen, mit Gott zu verhandeln (»Ich werde die beste Mutter der Welt sein, wenn mein Kind nur überlebt.«) und sie haben Angst. Diese Gefühle, die sich bei jedem anders äußern, sind ganz normal und treten noch lange nach der Geburt des Babys immer wieder auf. In unterschiedlichem Maße erholen sich die Mütter von ihrem ersten Schock: Die meisten finden sich schließlich mit der Situation ab, und es gelingt ihnen, ihr Baby in dieser schweren Phase zu unterstützen und den Bindungsprozess herzustellen.

Aber was ist mit dem Frühgeborenen? Auch das Baby durchlebt diesen Kreislauf der Gefühle: Schock, Schmerz, Angst und Abwehr. Vielleicht fühlt es sich emotional vernachlässigt, weil sich die Erwachsenen um es herum nur darauf konzentrieren, sein Leben zu retten. Die Behandlung eines Frühgeborenen geht manchmal weit über das notwendige Maß hinaus, wodurch das Baby zum Objekt wird und ihm der Gefühlsaustausch mit seinen Eltern und der Umwelt verwehrt wird.

Die ersten Erfahrungen eines Frühchens mit menschlicher Berührung können sehr schmerzhaft für es sein: Nadeln, Blutproben, Schläuche, grelles Licht, und es wird grob angefasst. Das alles geschieht zudem ganz plötzlich und unvorbereitet, nachdem das Baby so lange warm und geschützt im Mutterleib war. Eine der ersten Möglichkeiten für Mütter, ihrem Baby zu helfen und eine Bindung aufzubauen, besteht darin, es zu berühren und auf den Arm zu nehmen. Dieser wundervolle Ausdruck von Fürsorglichkeit trägt sowohl zur körperlichen als auch zur seelischen Heilung von Mutter und Kind bei. Wenn die Mütter das Gefühl haben, selbst Einfluss nehmen zu können, nimmt die Angst dieser ersten schweren Tage ab.

In vielen Studien mit Frühgeborenen wurde nachgewiesen, dass Babys, die während des Krankenhausaufenthalts regelmäßig von ihren Müttern gestreichelt werden und deren Stimme hören, schneller wachsen und sich besser entwickeln. Judith Talaba, Oberschwester auf einer Frühgeborenenstation, hat die Babymassage und Festhaltetechniken als festen Bestandteil der täglichen Versorgung von Frühchen eingeführt. In vielen Krankenhäusern auf der ganzen Welt gehören diese Methoden inzwischen zum Alltag. »Die Massage gibt den Eltern die Möglichkeit, sich auf das Baby als Individuum zu konzentrieren, das seine Eltern ebenso braucht wie die medizinischen Apparate«, sagt Schwester Judith Talaba. »In unserer Klinik machen sich die Eltern weniger Sorgen um den Sauerstoffgehalt, die Gewichtszunahme und die Menge der Nahrung, die das Baby zu sich nimmt, sondern sie sind mehr darauf bedacht, ihre Kinder zu berühren und zu massieren – eine wunderbare Veränderung der Gewichtung.« Frühchen auf der Intensivstation reagierten sehr positiv auf Massage, fügt sie hinzu, und das Zusammenziehen des Körpers sowie die Abwehrhaltung gegen Berührungen ließe nach. Viele Babys hätten auch seltener Apnoe (Atemstillstand).

Dr. Tiffany Field hat die umfassendsten Untersuchungen über die Wirkung der täglichen Babymassage bei Frühgeborenen durchgeführt. Dabei stellte sie fest, dass die regelmäßige Massage zu einigen wunderbaren Resultaten führt: Die Babys hatten mehr aktive und wache Phasen; sie weinten weniger; ihr Kortisolspiegel war niedriger (ein Hinweis auf geringfügigeren Depressionszustand) und sie schliefen nach der Massage schneller ein als nach dem Wiegen. Nach sechs Wochen hatten die massierten Babys zugenommen. Ihre emotionale und soziale Entwicklung verlief viel besser. Sie ließen sich leichter beruhigen. Im Urin wurden weniger Stresshormone nachgewiesen und der Serotoninspiegel lag höher (ein vom Gehirn produzierter, schmerzstillender Stoff). Die Babys konnten früher aus dem Krankenhaus entlassen werden.[1,2,3]

Wie Sie Ihr Frühgeborenes im Krankenhaus massieren

Frühchen lieben das Gefühl der Geborgenheit, das warme, liebevolle Hände ihm geben können. Aber es ist ausgesprochen wichtig, sehr langsam und behutsam vorzugehen. Bevor Sie mit der regelmäßigen Massage beginnen, untersuchen Sie erst einmal die Umgebung des Babys. Welche Veränderungen könnten dazu beitragen, dass es sich entspannt und wohler fühlt – und weniger verletzbar? Manchmal macht es schon einen großen Unterschied, wenn man nur den Raum ein wenig abdunkelt, den Lärmpegel reduziert und die Art und Weise verändert, wie man es anfasst.

Eine gewisse Helligkeit ist erforderlich, damit die Krankenschwestern das Baby überwachen können. Aber auf den meisten Stationen wird man nichts dagegen haben, wenn Sie die empfindlichen Augen Ihres Babys vor dem Licht schützen. Wenn Ihr Kind im Wärmebett liegt, können Sie auf die Umrandung am Kopfende einen Karton (wie z.B. von einem großen Windelpaket) mit der Öffnung nach unten stellen, in dessen Seiten Sie Löcher schneiden. In einem Brutkasten erfüllt ein zusammengefaltetes Handtuch an der Kopfseite den gleichen Zweck. Wenn der Gesundheitszustand Ihres Babys stabil ist, können Sie darum bitten, dass der Brutkasten nachts abgedunkelt wird, damit sich das Baby an den Tag- und Nachtrhythmus gewöhnen kann. Wenn Sie auf der Frühgeborenenstation Lärm feststellen, bitten Sie die Schwestern, sich nicht so laut zu unterhalten und die Musik leiser zu stellen. Sie können ein Schild am Brutkasten anbringen mit dem Hinweis, die Türe leise zu schließen, und ein Handtuch obendrauf legen, um die Geräusche der Instrumente zu dämpfen.

Nun können Sie eine angenehmere Geräuschkulisse für Ihr Baby herstellen. Frühgeborene lassen sich, wie alle anderen Babys auch, von der Stimme und dem Herzschlag der Mutter beruhigen. Wenn Sie nicht da sein können, besorgen Sie eine Kassette mit Herztönen (erhältlich in vielen Babygeschäften oder über Kataloge zu beziehen) und spielen Sie Ihrem Baby ab und zu eine Aufnahme von Ihrer eigenen Stimme vor. Probieren Sie es erst einmal aus, wobei Sie die Lautstärke sehr leise stellen, damit Ihr Baby nicht überanstrengt wird. Wenn Sie bei Ihrem Baby sind, sprechen Sie mit ihm und singen Sie ihm etwas vor. Auch wenn es scheinbar nicht reagiert, hört es doch zu. Es erkennt Ihre Stimme, und das beruhigt es.

Wenn Sie Ihr Frühchen anfassen, reagiert es zu Anfang mit großer Abwehr. Gehen Sie also sehr sacht vor: Beobachten Sie es, hören Sie genau hin und lernen Sie von Ihrem Baby und den feinfühligen, erfahrenen Krankenschwestern. Zu den Stress-Signalen von Frühgeborenen zählen Apnoe (Atemstillstand) und Bradykardie (Verlangsamen des Herzschlags). Dies kann so große Angst bei Eltern auslösen, dass sie alle möglichen Vorwände finden, ihr Baby lieber gar nicht zu berühren.

Aber tatsächlich haben Untersuchungen gezeigt, dass Mütter diejenigen sind, die ihren Frühgeborenen am besten helfen können, Stress zu reduzieren – was eigentlich nicht überrascht. Atmen Sie tief ein und aus, entspannen Sie sich und erleben Sie diese Augenblicke mit Ihrem Kind. Vermitteln Sie ihm die Sicherheit, dass mit ihm alles in Ordnung ist und Sie für es da sind, es lieben und für es sorgen, was auch geschehen mag. Ihr Baby will Ihre Kraft und Ihr Vertrauen spüren.

Finden Sie heraus, wann Ihr Baby seine aktiven Phasen hat, bevor Sie entscheiden, wann die beste Zeit für eine Massage ist. Achten Sie darauf, welche Art von Stimulation es erträgt. Manche Babys sind so zart, dass sie nur eine einzige Massagebewegung aushalten. Entweder Sie berühren es oder Sie sprechen mit ihm oder Sie nehmen Blickkontakt auf, aber nicht alles auf einmal. Finden Sie heraus, welche Medikamente Ihr Baby bekommen hat. Manche Mittel beeinträchtigen das Reaktionsvermögen (wie z.B. Curare). Aber selbst dann nimmt Ihr Baby Sie wahr, kann Sie sehen und hören und braucht Ihre zärtliche Berührung.

Wie fangen Sie an?

Beginnen Sie die tägliche Babymassage mit einer einfachen »Portion« zärtlicher Berührung – dem Handauflegen. Solange Ihr Baby noch im Krankenhaus liegt, eignet sich diese Methode am besten. Mit den Streichbewegungen fangen Sie erst zu Hause an. Umfassen Sie den winzigen Babykörper mit Ihren hohlen Händen, die sich schwer und völlig entspannt anfühlen. Machen Sie dabei die kontrollierte Bauchatmung. Spüren Sie, wie Ihre Hände sich entspannen und warm werden. Achten Sie darauf, was Ihr Baby Ihnen mitteilt, wie subtil seine Signale auch sein mögen. Die Schwestern können Ihnen dabei behilflich sein, seine Körpersprache oder Signale kennen zu lernen, sodass Sie wissen, wann es eine Pause braucht.

Seinen Respekt zu bekunden, ist ein wichtiger Bestandteil der Babymassage. Während das Baby die ersten Gefühle für sich und seinen Körper entwickelt, nimmt es alles ernst, was man ihm rückmeldet. Das bedeutet nicht, dass Sie die

Massage sofort abbrechen müssen, wenn das Baby ein scheinbar negatives Signal gibt. Schließlich wollen Sie Ihrem Kind ja helfen, seine Ängste zu bewältigen, und sie nicht verstärken.

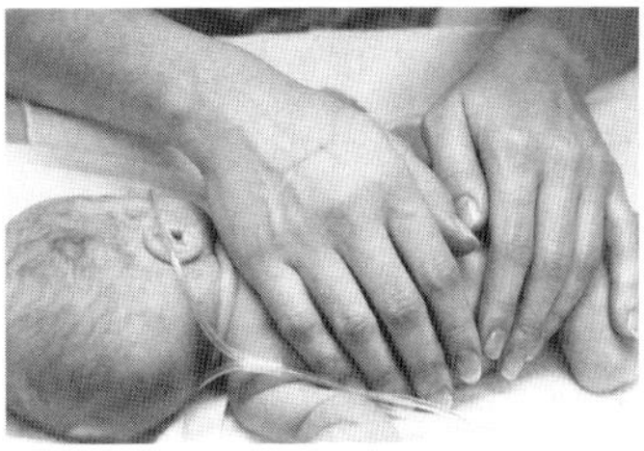

Babys, die beispielsweise ihre Ärmchen fest vor die Brust halten, zeigen damit, dass sie das Bedürfnis haben, diesen Körperbereich zu schützen. Anstatt nun die Arme von der Brust zu heben, legen Sie Ihre Hände auf die Ärmchen auf, wobei Sie sich tief entspannen. Wenn Sie später mit den Streichbewegungen beginnen, massieren Sie die Arme ebenfalls in dieser Haltung. Damit geben Sie dem Baby die Botschaft: »Ich unterstütze dein Bedürfnis, dich zu schützen. Ich bin auf deiner Seite.« Natürlich sollten Sie auf Hinweise warten, dass das Baby genug hat, und seine Toleranzschwelle nicht überschreiten.

Blickkontakt

Wenn Ihnen Ihr Baby das erste Mal in die Augen blickt, wird eine starke Bindung hergestellt. Blickkontakt ist ein wichtiger Bestandteil des »Bindungstanzes« und eine der vielen Freuden, die uns die Babymassage schenkt. Aber da sich das Frühgeborene noch nicht selbstständig bemerkbar machen kann, braucht es Ihre Hilfe. Vielleicht weicht es dem Blickkontakt noch ganz aus. In diesem Fall können Sie es behutsam unterstützen, indem Sie das grelle Licht dämpfen und es so hinlegen, dass es Sie leichter anschauen kann. Es kann aber auch passieren, dass Ihr Baby Sie zu lange anstarrt und den Blick gar nicht mehr abwenden kann, wodurch es schließlich überfordert ist. In diesem Fall treten Sie einfach ein Stück zur Seite, legen Sie Ihre Hand sanft auf sein Gesicht oder verändern Sie seine Lage.

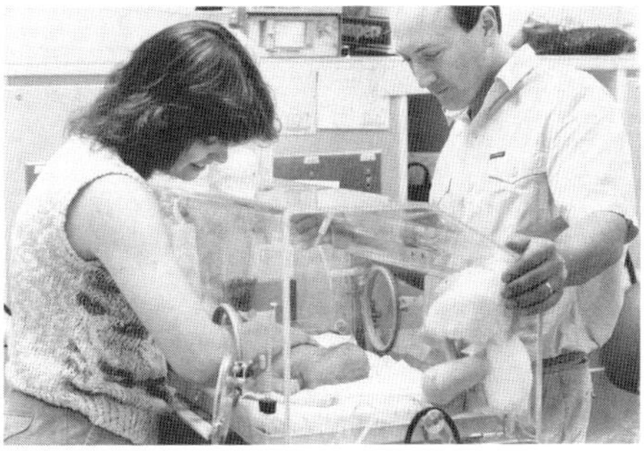

Wenn Ihr Baby größer wird, kann es auch besser über Blickkontakt mit Ihnen kommunizieren. Haben Sie Geduld und erzwingen Sie nichts. Mit behutsamer, aber stetiger Ermutigung werden Sie schon bald dieses wichtige Element Ihrer Bindung dazugewinnen.

Besonders empfindliche Stellen

Der Körper eines Frühgeborenen ist traumatisiert. Achten Sie deshalb darauf, welche Körperbereiche Ihres Babys besonders schmerzempfindlich sind. Oft sind die Füße, der Kopf und die Brust sehr sensibel. Zunächst kommen Sie an die empfindlichen Stellen wegen der vielen Schläuche am Körper des Babys vielleicht gar nicht heran. Wenn sie später erreichbar sind, beginnen Sie folgendermaßen:

1. Halten Sie den Fuß (den Kopf, die Brust usw.) des Babys wie einen kostbaren Edelstein in Ihren Händen.
2. Entspannen Sie sich vollständig, indem Sie ein paar Mal tief in den Bauch atmen. Lassen Sie diese Entspannung aus Ihrem Herzen, durch Ihre Arme und Hände hindurch in Ihr Baby einströmen.
3. Reden Sie Ihrem Baby gut zu, seine Füße zu entspannen. Erkennen Sie an, dass es in diesem Bereich viel Schmerz erlitten hat und sehr tapfer war. Sie wollen ihm helfen, seinen Schmerz loszulassen und dort stattdessen ein Wohlgefühl zu erleben. Geben Sie ihm zu verstehen, dass die schmerzvolle Zeit nun bald vorbei ist, und es gesund und glücklich und in der Lage sein wird, alles im Leben zu machen, was ihm Spaß macht. Während Sie die Füße sanft vor und zurück wiegen, verwenden Sie einige Schlüsselbegriffe oder einen Satz wie zum Beispiel: »Entspann dich« oder »Lass los«.
4. Wenn das Baby sich entspannt, loben Sie es für seinen Erfolg.

Wiederholen Sie diese Abfolge wenn möglich täglich, bis Sie das Gefühl haben, dass Ihr Baby für eine längere Massage bereit ist. Dann können Sie den Körperbereich sanft mit Öl massieren, wobei Sie die gleiche Entspannungstechnik und Affirmation verwenden.

Stress-Signale

Einige Forscher haben herausgefunden, dass Babys auf der Neugeborenenstation bestimmte Signale geben, um sich bemerkbar zu machen, wenn sie unter Stress stehen. Diese müssen aber nicht unbedingt auch auf Ihr Baby zutreffen. Deshalb sollten Sie sich auf Ihre Intuition und die Erfahrung der Krankenschwestern verlassen, um festzustellen, wann Ihr Baby welche Signale verwendet, um Stress anzuzeigen. Dazu gehören Flecken auf der Haut, Schluckauf, Mundsperre, Apnoe, Bradykardie und Abwehrgesten wie sich abwenden und die Hand vor das Gesicht halten, um sich vor Außenreizen zu schützen.

Diese Zeichen bedeuten nicht, dass Sie die Berührungsentspannung oder die Massage sofort abbrechen müssen. Gönnen Sie dem Baby eine Pause und legen Sie dann die Hände wieder auf. Wenn das Baby immer noch mit Unbehagen reagiert, lassen Sie es schlafen und probieren Sie es später noch einmal. Denken Sie daran, tief und entspannt zu atmen, und lassen Sie nicht zu, dass Sie irgendjemand in Ihrer Fähigkeit, gut für Ihr Baby sorgen zu können, verunsichert. Allmählich wird die Reizschwelle Ihres Babys höher, und Sie werden es immer mehr berühren und massieren können.

Wie Sie das Frühgeborene zu Hause massieren

Wenn Ihr Baby dann zu Hause ist, können Sie mit der täglichen Babymassage beginnen. Berücksichtigen Sie, dass dies eine große Umstellung für Ihr Baby ist und es zunächst ein paar Rückschritte machen wird. Vielleicht müssen Sie mit der Massage noch etwas warten und sich erst einmal auf die Entspannung konzentrieren.

In der warmen und geborgenen häuslichen Umgebung wird Ihr Baby schließlich die Spannung loslassen und das Trauma des Krankenhausaufenthalts verarbeiten können. Dies kann bei den Eltern große Angst auslösen und ihnen Probleme bereiten. Plötzlich schreit das Baby die ganze Zeit. Obwohl Sie sich zuvor gegen die Einmischung des Pflegepersonals gewehrt haben, fühlen Sie sich nun, wo Sie auf sich allein gestellt sind, noch recht unsicher. Gerade jetzt, wo Sie ein positives Feedback bräuchten, scheint Ihr Baby Ihnen rückzumelden: »Hier gefällt es mir nicht!«

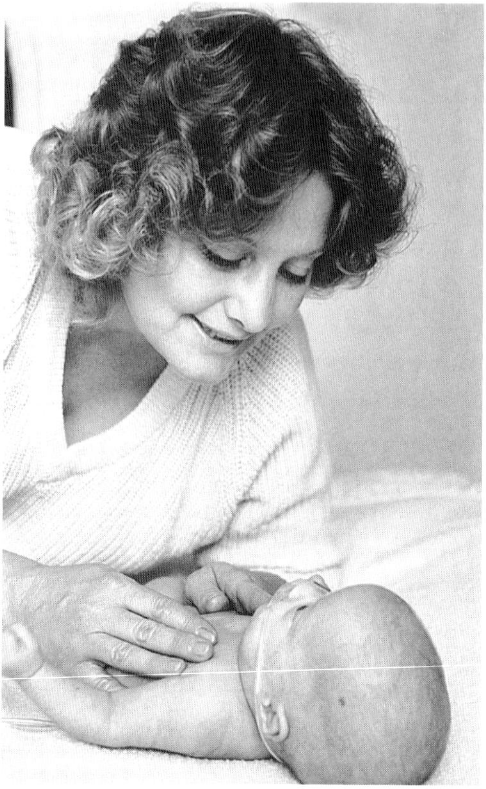

Tatsächlich ist es gesund, wenn sich das Baby durch Schreien von seinen Spannungen befreit, außer wenn es vor Schmerzen weint. Oftmals schreit ein Baby nach einer Massage besonders heftig. Dies bedeutet nicht, dass es die Massage nicht mag oder Sie etwas falsch gemacht haben. Vielmehr ist es seine einzige Möglichkeit, die ganze in ihm angestaute Angst loszulassen. Sie können Ihr Baby dabei unterstützen, indem Sie ihm helfen, sich zu entspannen und das zu tun, was es braucht. Seien Sie einfach für es da, trösten Sie es liebevoll und bewältigen Sie Ihre eigenen Ängste. Wenn Sie am liebsten mit ihm weinen würden (und wer würde das nicht?), lassen Sie Ihren Tränen ruhig freien Lauf.

Schließlich werden Sie von der reinen Entspannung und dem Festhalten zur Massage übergehen können. Doch es macht immer noch einen Unterschied, ob Sie ein zu früh geborenes oder ein voll ausgetragenes Baby massieren. Beginnen Sie, den Körperteil zu massieren, der am wenigsten gelitten hat – gewöhnlich der

Rücken. Reduzieren Sie die Anzahl der Massagebewegungen. Folgen Sie den Anleitungen aus Kapitel 8 und passen Sie Ihre Bewegungen einfach Ihrem Kind an. Beispielsweise verwenden Sie statt der ganzen Hand nur zwei oder drei Finger. Scheuen Sie sich jedoch nicht, fest zu massieren. Ihr Baby liebt es, Ihre starke Präsenz zu spüren. Eine zu zaghafte Berührung wirkt eher irritierend und überreizt das Baby.

Stellen Sie sicher, dass der Raum gut geheizt und das Baby in einer geschützten Position nah bei Ihnen liegt (verwenden Sie die »Wiege« oder stützen Sie es mit Kissen ab). Vielleicht wollen Sie das Öl vorher ein wenig anwärmen, aber meist genügt es, wenn Sie es zwischen Ihren Handflächen verreiben. Schon bald wird sich Ihr Baby öffnen wie eine kleine Blüte, nur wenn es dieses Geräusch hört. Es wird lernen, die Massage als Wohltat zu erleben und mit dem Gefühl von Geborgenheit zu verbinden, die ihm Ihre liebevollen Hände schenken. Wenn sein Körper erst einmal von der ganzen Spannung befreit ist, kommt sein gesamter Organismus wieder ins Gleichgewicht. Sein Schlaf- und Essverhalten, seine Verdauung und Ausscheidung werden sich merklich verbessern, und Sie werden feststellen, dass es viel weniger schreit. Beobachten Sie, wie Ihr Baby regelrecht aufblüht und Freude am Leben bekommt.

Wenn möglich, sollten auch Sie sich zu einer Ganzkörpermassage anmelden. Auch Sie haben eine harte Zeit hinter sich. Wenn sich Ihre eigenen Spannungen lösen und Sie Ihr Trauma verarbeiten, wird Ihr Baby noch viel besser auf Ihre Berührung ansprechen.

12 Das Sorgenkind

Der Nachbar nennt ihn ein mongoloides Kind.
Der Arzt sagt, er hat das Down-Syndrom.
Ich nenne ihn Kim.

Mia Elmsater
(zertifizierte Babymassage-Trainerin)

Bindung und Zugehörigkeit bei behinderten Babys

Bindung bedarf einer wechselseitigen Interaktion. Ob sich eine Bindung entwickelt, hängt davon ab, dass der Säugling von seiner Mutter mit entsprechenden Schlüsselreizen oder Signalen stimuliert wird, die wiederum eine Reaktion beim Kind auslösen. Die Schlüsselreize oder Signale des Babys motivieren wiederum die Mutter zu weiteren Aktionen wie der Aufnahme von Blickkontakt, dem Lächeln, dem Geräuschemachen und zu Körperbewegungen. Ein geistig behindertes, seh- oder hörgestörtes Baby, ein Baby mit zerebralen Entwicklungsstörungen oder -verzögerungen, kann auf diese Schlüsselreize der Mutter oft nicht normal reagieren. Dadurch kann die synchron ablaufende Interaktion beeinträchtigt werden, was vielleicht dazu führt, dass die Mutter keinen Kontakt zu ihrem Kind bekommt. Darüber hinaus sind Eltern von behinderten Babys oftmals überfordert von der Informationsflut, mit der sie überschüttet werden, den Therapien, die sie mit ihrem Kind machen sollen und der Ambivalenz, Schmerz und Freude über das Neugeborene gleichzeitig zu erleben.

Die Gefühlsreaktionen von Eltern auf die Behinderung ihres Babys sind sehr unterschiedlich. Sie reichen von Verwirrung, Verleugnung, Schuldgefühlen, Wut, Wunschdenken, Depression, Rationalisieren bis hin zur Akzeptanz. Diese ganz natürlichen Gefühle vermischen sich und treten während der Zeit, in der sich Eltern und Kind aneinander gewöhnen, aber auch in jeder neuen Entwicklungsphase des Kindes wieder auf.

Für Mütter mit einem behinderten Baby kann die Babymassage ein wunderbares Mittel sein, um eine Bindung herzustellen. Neben den physiologischen Vorteilen liegt der Schwerpunkt der Babymassage auf der Interaktion und Beziehung dieser beiden Menschen, und die Massage zielt auf die Herstellung der Mutter-Kind-Bindung ab. Babymassage ist kein einseitiger Akt, sondern Sie machen die Massage gemeinsam mit Ihrem Kind. Massage stellt keine Therapie dar, die Ihr Baby neben den vielen anderen auch noch über sich ergehen lassen muss, sondern vielmehr gibt sie Ihnen die Gelegenheit, Ihre Liebe mitzuteilen. Keine andere Form der Interaktion lässt sich mit der Art und Weise vergleichen, wie Mutter und Kind durch die tägliche Babymassage miteinander verbunden werden. Babys mit besonderen Bedürfnissen profitieren von dieser innigen Verbundenheit noch mehr als gesunde Kinder. Da ihnen manche Kommunikationsmöglichkeiten nicht zur Verfügung stehen, müssen ihre Mütter sie besonders gut kennen: Wie fühlt sich der Körper des Babys an, wenn es verspannt oder entspannt ist? Wie sieht sein Bauch aus, wenn es Blähungen hat und wie, wenn es keine hat? Die Mutter muss den Unterschied zwischen Schmerz und Verspannung wahrnehmen können. Oftmals muss sie ganz genau auf den Körper ihres Babys achten, da es lebensbedrohliche Infektionen bekommen kann. Eine Mutter, die zu jeder Zeit genau weiß, wie sich der Körper ihres Babys anfühlt und wie er aussieht, wird Vergiftungen wahrscheinlich sehr früh erkennen können.

Elisabeth leidet an Zystischer Fibrose (internationale Bezeichnung für Mukoviszidose; Anm.d.Übers.). Ihre Mutter ist froh, die Babymassage erlernt zu haben, als Elisabeth noch ein Baby war. Sie erzählt: »Zu Anfang haben wir unser Kind noch nicht täglich massiert, aber als wir merkten, wie wunderbar sie darauf ansprach, massierten wir sie immer öfter. Seither friert sie nicht mehr so leicht – und wenn, dann massieren wir sie. Sie leidet nicht mehr so oft an Bauchschmerzen, und ihr ganzer Körper ist entspannt. Wenn wir sie heute massieren, konzentrieren wir uns weniger auf die Mukoviszidose, sondern viel mehr auf das wunderschöne, kleine Mädchen, das Elisabeth ist. Durch die Babymassage konnten wir eine besonders enge Beziehung zu ihr aufbauen, die all unsere Erwartungen übertrifft. ... Das macht uns große Hoffnung.«

In diesem Kapitel wollen wir einige besondere Probleme erörtern und sehen, wie man die Massage je nach Krankheitsbild abwandeln kann. Natürlich würde es den Rahmen des Kapitels sprengen, auf alle Arten von Behinderungen einzugehen und zu erläutern, wie Sie die Babymassage in Ihrem speziellen Fall am besten anwenden. Es gibt zu viele verschiedene Behinderungen, und jedes Baby hat andere Bedürfnisse. Ich kann Ihnen jedoch für den Anfang einige allgemeine Informationen und Hinweise geben, sodass Sie damit Ihren Kinderarzt, Beschäftigungs- oder Physiotherapeuten aufsuchen können.

Bevor Sie mit der täglichen Massage bei Ihrem Baby beginnen, sollten Sie mit Ihrem Kinderarzt und Physiotherapeuten sprechen. Diese werden Ihnen dabei helfen, die Massage und Berührungsentspannung auf die Bedürfnisse Ihres Babys abzustimmen. Die Internationale Gesellschaft für Babymassage bietet für ihre Trainer, die mit kranken Babys zu tun haben, ständig Fortbildungsprogramme an. Daher möchte ich Ihnen empfehlen, sich einen auf diesem Gebiet geschulten Babymassage-Trainer zu suchen, damit er Ihnen hilft, die Betreuer Ihres behinderten Babys bei der Massage anzuleiten.

Vertrauen Sie nun auf sich selbst. Sie wissen besser als jeder andere, was gut für Ihr Kind ist. Sie sind sein Spezialist und bester Gefährte.

Zerebrale Entwicklungsstörungen

Entwicklungsstörungen wie bei Cerebral palsy (Muskelhypotonie und dadurch bedingte Muskelschwäche bei perinatalen Großhirn-, Kleinhirn- und Hirnstammschäden; Anm.d.Übers.; aus *Pschyrembel Klinisches Wörterbuch*; de Gryter, 255. Auflage, S. 265) manifestieren sich auf unterschiedliche Weise. Der Physiotherapeut Ihres Kindes wird entweder Übungen machen, die den Muskeltonus senken (entspannen) oder stärken (anregen). Die Methoden zur Senkung des Muskeltonus beinhalten langsame Streichbewegungen, sanftes Ausschütteln, Dehnen, Schaukeln und normale Wärme. Bei den anregenden Techniken werden Kälteanwendungen mit Eis, Bürstmassagen, Dehnübungen sowie Druck- und Vibrationsmassagen gemacht. Die Massagebewegungen aus diesem Buch können so abgewandelt werden, dass sie entweder entspannend oder anregend wirken. Zur Entspannung machen Sie die lang gezogenen, langsamen Wischbewegungen und die Bewegungsentspannung. Zur Anregung massieren Sie kräftiger und kombinieren die Massage mit spielerischen Elementen wie Kinderreimen und Liedern. Die Massage kann in der gleichen Reihenfolge gemacht werden wie in Kapitel 8 mit folgenden Änderungen: Wenn man die Fußsohle massiert, löst dies oftmals eine Streckung und Verspannung des Beins aus. Wenn das passiert, wandeln Sie die Massagetechniken »Unter den Zehen«, »Fußballen« und »Daumen drücken« so ab, dass der Druck auf die Außenseite anstatt auf die Fußballen ausgeübt wird. Um die Zwerchfellatmung anzuregen und zu verbessern, eignet sich die Massagetechnik »Daumen zu beiden Seiten« besonders gut. Babys mit zerebralen Entwicklungsstörungen reagieren oft widerstrebend, wenn man ihre Schultern berührt. Beginnen Sie bei der Brust mit dem Handauflegen, probieren Sie dann eine Massagebewegung wie zum Beispiel die Bewegung aus der »Schmetterlingmassage« aus, die quer über die Brust zur Schulter führt, und machen Sie die Massage allmählich intensiver, je mehr sich die Reizschwelle Ihres Babys erhöht. Bei der Gesichtsmassage unterstützen die Bewegungen aus der Massagetechnik »Lächeln« das Schließen der Lippen und sie erleichtern dem Kind das Schlucken. Diese Massage eignet sich besonders für Babys, die sabbern und durch den Mund atmen. Die Gesichtsmassage dient als ausgezeichnete Vorbereitung auf die orale Stimulation und Füttertherapie bei einem Kind, das im Mundbereich besonders empfindlich ist. Während der »Massage bei Koliken« sollten Sie die Knie des Babys nur so lange auf den Bauch drücken, bis Sie bis fünf gezählt haben, um seine Atmung nicht zu behindern.

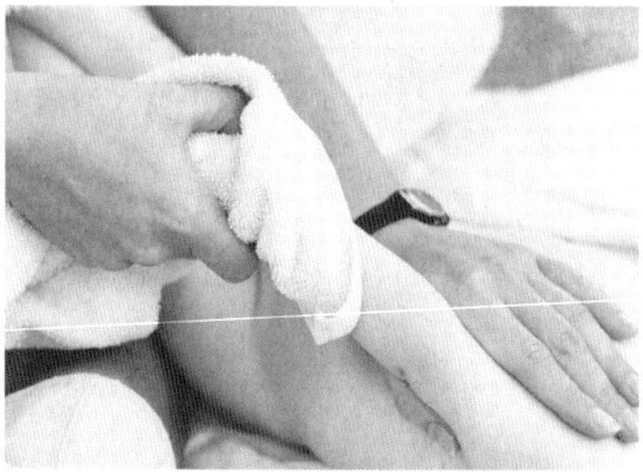

Babys, die überempfindlich auf Hautkontakt reagieren, profitieren von festem Massagedruck und kräftigen Streichbewegungen. Ein warmes Bad und das feste Abrubbeln mit einem weichen Frotteehandtuch erleichtern es dem Kind, die Haut-zu-Haut-Massage zuzulassen.

Nach der Meinung von Cerebral palsy-Experten fördert eine langsame, feste Streichbewegung entlang der Wirbelsäule über den Rücken die Gehirnorganisation. Streichen Sie jedoch nicht gegen die Wuchsrichtung der Härchen.

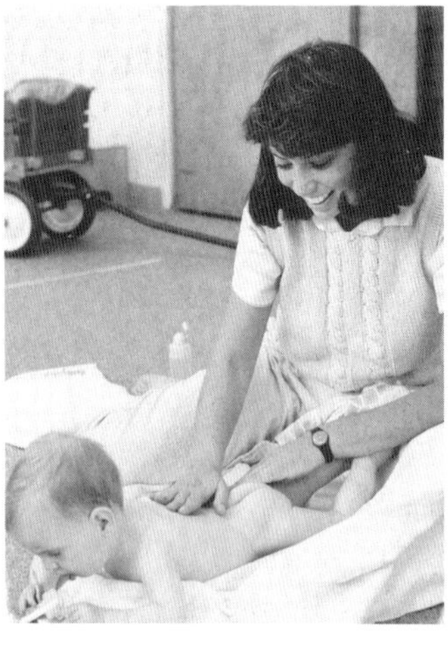

Wenn Ihr Baby einen Shunt oder anderen Bypass hat, wird Ihnen sein Physiotherapeut sagen können, wie viel Druck Sie ausüben dürfen und wie Sie um diese Stellen herum massieren sollen, selbst wenn das Einzige, was Sie anfangs tun können, das Handauflegen auf einem anderen Körperteil ist, etwa den Beinen.

Nach einer Operation können Sie unter Aufsicht des Arztes andere Körperteile massieren oder an anderen Stellen Ihre Hände auflegen und die Bewegungsentspannung machen. Ihre liebevolle Berührung und die Sicherheit, die Sie Ihrem Kind dadurch geben, können für seine Genesung sehr wichtig sein.

Sehbehinderungen

Für Babys mit einer Sehbehinderung kann Massage eine besonders positive Erfahrung sein, da sie die Hautstimulation und den Tastsinn brauchen, um ihre Welt zu entdecken. Forscher konnten bemerkenswerte Resultate aufgrund von Hautstimulationen sowohl bei Tieren als auch bei Menschen erzielen. In einer Studie wird berichtet, dass Tiere mit Sehstörungen, die durch Berührung stimuliert wurden, in ihrer emotionalen Entwicklung und ihrem Lernverhalten nicht beeinträchtigt wurden, während sie übermäßig passiv und aggressiv reagierten, wenn man ihnen die Berührung verweigerte. Andere Forscher haben festgestellt, dass Babys in Heimen ihre visuelle Aufmerksamkeit viel früher entwickeln, wenn sie nur zwanzig Minuten täglich extra Zuwendung erhalten. Dies zeigt, dass die einzelnen Sinne miteinander verbunden sind. Die Stimulation durch Berührung fördert den Sehsinn. Säuglinge mit Sehbehinderungen, deren Eltern es besonders gut gelingt, eine emotionale Bindung zu ihnen herzustellen, zeigen in den ersten Lebensmonaten ein größeres Maß an sozialer Interaktion und ein besseres Wahrnehmungs- und Reaktionsvermögen. Diese Babys sprechen viel früher auf Töne an als andere Kinder mit Sehstörungen.

Massage trägt dazu bei, dass Babys eine positive Einstellung zu ihrem Körper entwickeln. Dies ist wiederum wichtig, um die Objektbeständigkeit herzustellen, die es dem Baby ermöglicht, die Mutter loszulassen und zu beginnen, seine Umgebung zu erforschen. Bei Babys mit Sehbehinderungen verläuft die motorische Entwicklung in den ersten Lebensmonaten nicht anders als bei Kindern mit voller Sehfähigkeit. Sie krabbeln und laufen jedoch später. Manche Forscher behaupten, dies läge daran, dass blinde Babys nicht auf dem Bauch liegen wollen, wodurch der Oberkörper nicht so kräftig wird, was die Voraussetzung für das Aufrichten und Krabbeln ist. Massage in der Bauchlage kann dem Baby helfen, diese Lage beim Spielen allmählich zu akzeptieren, denn Massage wird mit Vertrauen und Sicherheit verbunden.

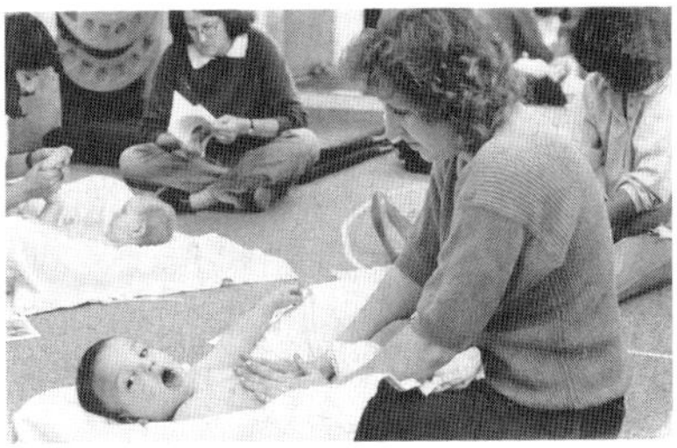

Ihre Stimme und Ihre Berührung übermitteln Ihrem Baby gleichzeitig Ihre Liebe. Vielleicht wollen Sie sich wieder zurückziehen, weil Sie nicht die Reaktion im Gesicht Ihres Babys sehen können, die Sie instinktiv erwarten. Finden Sie stattdessen Möglichkeiten, mit Ihrem Kind eine enge Verbundenheit durch Berührung herzustellen. Sprechen Sie während der Massage mit ihm, erklären Sie ihm, was Sie gerade tun. Nennen Sie es oft bei seinem Namen und übertreiben Sie die Stimulation des Gehörs, etwa wenn Sie das Öl zwischen Ihren Handflächen verreiben. Während der ersten sechs Monate sollten Sie neben Ihrer Stimme keine Musik oder andere Töne verwenden. Später können Sie Musik anstellen, die zum Rhythmus der Massagebewegungen passt, und damit eine Verbindung zwischen Musik und Massage herstellen. Sie können die Melodie auch mitsingen oder -summen. Bleiben Sie während der Massage stets ganz nah bei Ihrem Baby. Bringen Sie Ihr Gesicht dicht an seinen Körper und lassen Sie immer eine Hand auf seinem Körper liegen. Beginnen Sie stets mit ein paar Lauten als Schlüsselreiz und halten Sie seine Beine und Füße. Streicheln Sie sie, um den Kontakt zu Ihrem Baby herzustellen. Einige Babys mit einer partiellen Sehbehinderung kann Licht stören, während andere es lieber hell mögen, um sich wohl zu fühlen.

Hörbehinderungen

Hörbehinderte Babys haben das gleiche Bedürfnis nach Körperkontaktund liebevoller Zuwendung wie andere auch. Babys mit einer Hörbehinderung brauchen Ansprache. Während der ersten Lebensmonate trägt die Stimulation durch Töne zum Aufbau der Nervenverbindungen zwischen Ohr und Gehirn bei. Die Stimulation durch Töne produziert ein ständig wachsendes Netzwerk von Nervenbahnen. Viele Kinder bekommen Hörgeräte, um die Töne und die damit verbundene Stimulation zu verstärken. Auch während der Massage können Sie Ihrem Kind das Hörgerät einsetzen. Der Verein für hörbehinderte Kinder *The Infant Hearing Resource* gibt Empfehlungen, die für alle Babys geeignet sind: »Erzählen Sie Ihrem Baby, was Sie denken und fühlen. Es hört gerne etwas darüber, was Sie glücklich, traurig, ängstlich macht und aufregt. Aus der Art, wie Sie es halten, und durch Ihre Körpersprache kann es Ihre unterschiedlichen Gefühle wahrnehmen. Sie können ihm natürlich auch sagen, wie diese Gefühle heißen. Wenn es dann unterschiedliche Gefühle in sich spürt, kann es sie benennen.«

Sprechen Sie bei der Massage ganz normal und stellen Sie so viel Blickkontakt wie möglich her. Schauen Sie Ihr Baby entspannt und liebevoll an. Beschreiben Sie, was Sie tun, etwa: »Das ist dein Fuß, Nina. Und hier sind deine Zehen. Eins, zwei, drei, vier, fünf kleine Zehen!« Unterhalten Sie sich mit Ihrem Baby und ahmen Sie seine Laute nach. Experten sind sich darüber einig, dass Babysprache eine völlig akzeptable Kommunikationsform bei hörbehinderten Kindern ist. Eltern, die die Gebärdensprache lernen und ihrem Baby beibringen wollen, können damit während der Massage beginnen, noch bevor das Baby die Bedeutung der Zeichen verstehen kann. Massieren Sie Ihr Baby aus purem Vergnügen. Die tägliche Babymassage kann auch Sie in vieler Hinsicht bereichern, denn Sie lernen Ihr Baby besser kennen, Sie haben das Gefühl, ihm noch mehr Liebe zu geben, und lernen seine einzigartige Weise schätzen, mit der Welt zu kommunizieren.

Wie man Babys mit schweren Erkrankungen massiert

Das *Touch Research-Institut* sammelt sämtliche Studien, die belegen, dass Babys mit jedem erdenklichen Problem von liebevoller Berührung und Massage profitieren: Frühgeborene, HIV-positive oder kokainabhängige Babys, Kinder mit depressiven Müttern, Kinder, die sexuell missbraucht oder körperlich misshandelt wurden, Babys mit Asthma, Diabetes, Rheumatoider Arthritis, Entwicklungs- oder Essstörungen, Dermatitis, Krebs, Verbrennungen, posttraumatischem Stresssyndrom und autistische Kinder. In all diesen Fällen führte die Massage zu einer Reduzierung von Angst und Stresshormonen und zu verbesserten Ergebnissen bei allen medizinischen Tests.

Allgemein sollte man besondere Vorkehrungen treffen, wenn man Babys mit schweren Erkrankungen massiert. Das Pflegepersonal kann Ihnen dabei mit seiner Erfahrung zur Seite stehen. Arbeiten Sie daher mit den Krankenschwestern zusammen, wenn Sie vorschlagen, bei Ihrem Baby Techniken wie das Handauflegen, die Känguru-Methode und Babymassage anzuwenden. Wenn die Schwestern damit keine Erfahrung haben, nehmen Sie Kontakt mit einer geprüften Babymassage-Trainerin in Ihrer Nähe auf. Wenn diese wiederum keine spezielle Ausbildung auf diesem Gebiet hat, bitten Sie sie, eine Trainerin für Sie zu suchen, die sich mit dem jeweiligen Krankheitsbild auskennt. Die Adressen im Anhang dieses Buches können Ihnen dabei ebenfalls behilflich sein. Denken Sie daran: Sie sind die Mutter und Sorgeberechtigte Ihres Kindes. Sie haben das Recht, nach geeigneten Möglichkeiten zu suchen, um eine starke Mutter-Kind-Bindung mit Ihrem Baby herzustellen.

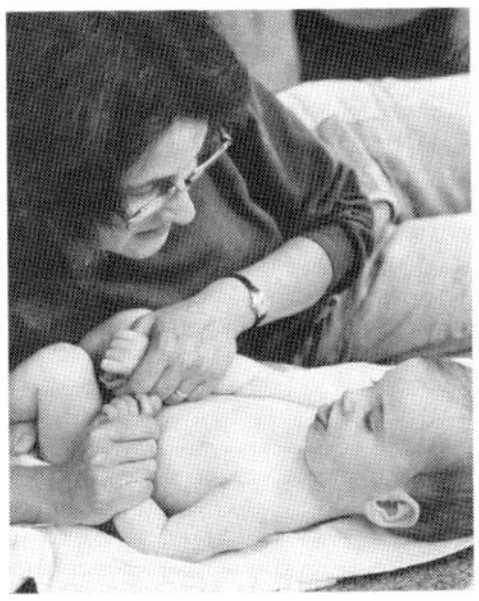

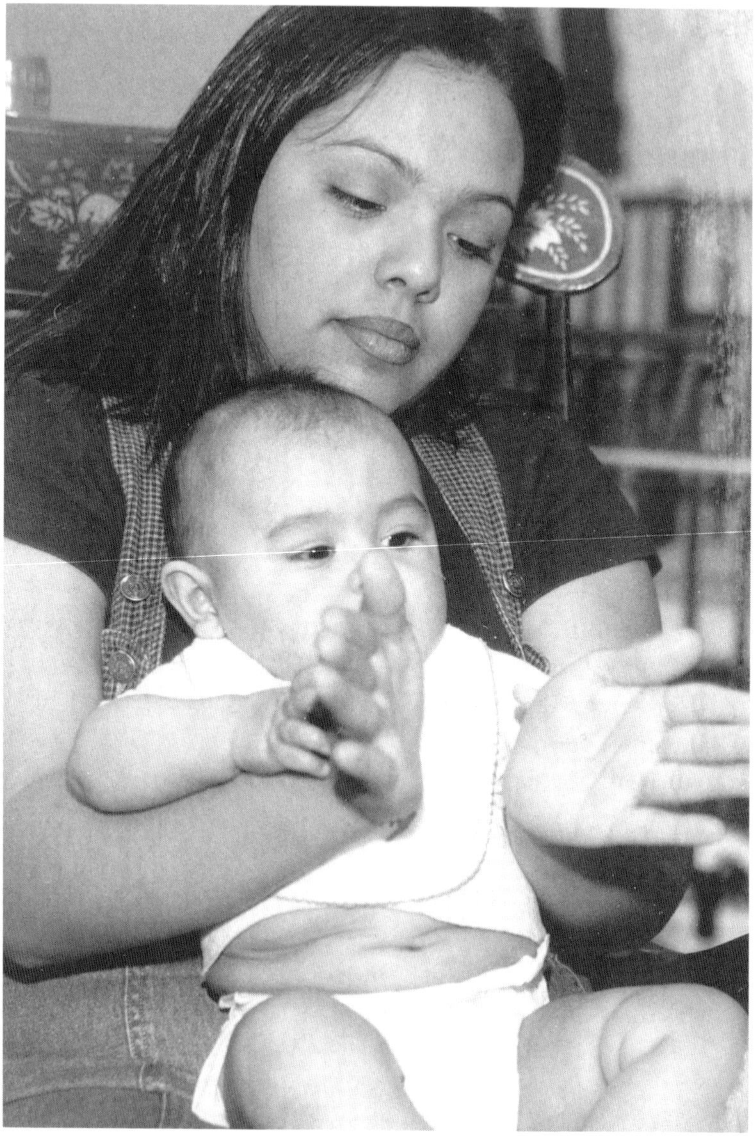

13 Das größere Kind und Geschwisterbindung durch Massage

Der Pflanzen Segen entkeimet
dem Erdenwesen,
und Menschenseelen erheben
in Dankgefühlen
sich zu den Geistern der Welt.

Rudolf Steiner

Auch große Kinder brauchen Berührung

Nach dem ersten Besuch eines neugeborenen Cousins in der Familie einer Freundin kletterte deren sechsjährige Tochter abends auf den Schoß ihrer Mutter. »Ich will auch ein Baby sein, Mami«, sagte sie. »Dann bekäme ich so viel Aufmerksamkeit.« Das war ein deutlicher Hinweis. Es war Zeit für eine Massage vor dem Schlafengehen! Warum? Weil das Mädchen über die Gefühle sprechen musste, die ihr neuer Cousin in ihr ausgelöst hatte.

Es ist wichtig, dass Kinder ihre Gefühle ausdrücken können, aber manchmal ist es schwer, sie dazu zu bringen. Oftmals werden sie umso verschlossener, je mehr wir nachfragen. Meinem achtjährigen Sohn stand in einer Woche eine Operation bevor. Obwohl ich wusste, dass er über seine Ängste sprechen sollte, gelang es mir nicht, etwas aus ihm herauszubringen. Nachdem wir uns die Kinderstation im Krankenhaus angesehen und uns mit den Krankenschwestern bekannt gemacht hatten, wirkte er sehr angespannt. Ich fragte ihn, ob er noch etwas wissen wolle, aber er murmelte nur »nein«, und zuckte mit den Schultern. Etwas später an diesem Abend bot ich ihm eine Fußmassage an. Ich massierte sanft seine Knie, Waden und Füße. Innerhalb von fünf Minuten entspannte er sich und begann zu reden. Er hatte doch noch einige Fragen zu seiner Operation und fand endlich die Sicherheit, die er brauchte – nämlich, dass ich dabei sein würde, dass er während der Operation nicht aufwachen würde und nach der Entfernung sei-

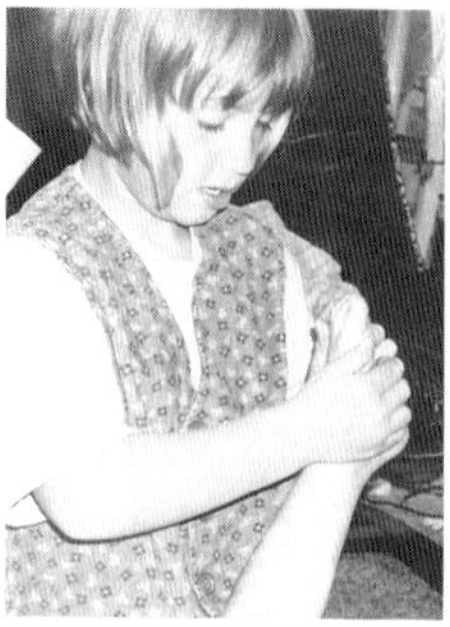

ner Mandeln wieder sprechen könnte. Die Operation verlief gut. Ich setzte die beruhigende Kraft der Berührung während der ganzen Zeit vor und nach der Operation ein. Und wenn ich ab und zu seine Hände oder Füße massierte, half es uns beiden, uns zu entspannen und uns von unseren Ängsten zu befreien.

Der Anthropologe und Autor des Buches *Körperkontakt*, Ashley Montagu, erklärt, dass die enge Beziehung eines Kindes zu seinen Eltern Basis für die Selbstachtung ist. »Menschen, die gegenüber menschlichen Bedürfnissen abgestumpft sind, die so verhärtet sind, dass sie mit dem menschlichen Wesen nicht mehr in Berührung sind, sind nicht nur bildlich gesprochen hart geworden, sondern eindeutig auch in physiologischer Hinsicht.«[1]

Die Zeitschrift *Journal of Humanistic Psychology* berichtet von einer Studie, die diese Aussage bestätigt. Je höher die Selbstachtung eines Menschen ist, desto mehr kommuniziert er mittels Berührung. Kinder unter zwölf Jahren sind noch stärker taktil-kinästhetisch ausgerichtet, das heißt, sie orientieren sich mehr an dem, was sie fühlen, als daran, welche Informationen über die Welt sie durch das Sehen oder Hören erhalten. Deshalb löst eine zärtliche Berührung eher etwas aus als das verbale Gespräch. Es ist wichtig, Ihrem Kind zu sagen: »Ich liebe dich.« Aber noch viel wichtiger ist es, Ihre Liebe über den Blickkontakt, Ihre Zuwendung und liebevolle Berührung auszudrücken. Darüber hinaus nehmen Kinder Anerkennung zu 85 Prozent an, wenn sie mit einer Berührung verbunden ist. Hingegen schenken sie Lob, das nur mit Worten ausgesprochen wird, nur zu 15 Prozent Glauben und nehmen es nur in 15 Prozent der Fälle an.

Die Bindung zwischen Eltern und Kindern entwickelt sich auch noch weiter, wenn die Kinder älter werden. Nur weil ein Kind aus dem Alter herausgewachsen ist, wo es auf dem Arm gehalten werden will, bedeutet das noch lange nicht, dass es Ihre Zuwendung durch gesunde Berührung nicht mehr braucht. Ihr Kind wird zwar nicht mehr gestillt, es schmust nicht mehr so wie früher, es ist viel selbstständiger und immer mehr damit beschäftigt, die unendlichen Möglichkeiten seiner Welt zu entdecken, aber in dem Maße, wie es dem Schutz der mütterlichen und väterlichen Arme entwächst, wird es die Augenblicke der Nähe schätzen lernen, die ihm die Sicherheit geben, dass Mama und Papa immer für es da sind und ihm gerne ein warmes Lächeln schenken und es zärtlich massieren.

Obwohl man am besten in den ersten neun Lebensmonaten eines Babys mit der täglichen Massage beginnen sollte, ist es dafür niemals zu spät. Ein Kind im Alter von ein bis drei Jahren, hält vielleicht nicht mehr so gerne still, aber Sie können mit einer kurzen, sanften Rückenmassage vor dem Schlafengehen beginnen. Wenn es sich dann erst einmal an die Massage gewöhnt hat, wird es ganz von selbst danach verlangen. Und ehe Sie sich versehen, gibt es Ihnen eine Massage! Das universelle Gesetz von Aktion und Reaktion wirkt auch hier. Sie bekommen in vollem Umfang zurück, was Sie geben!

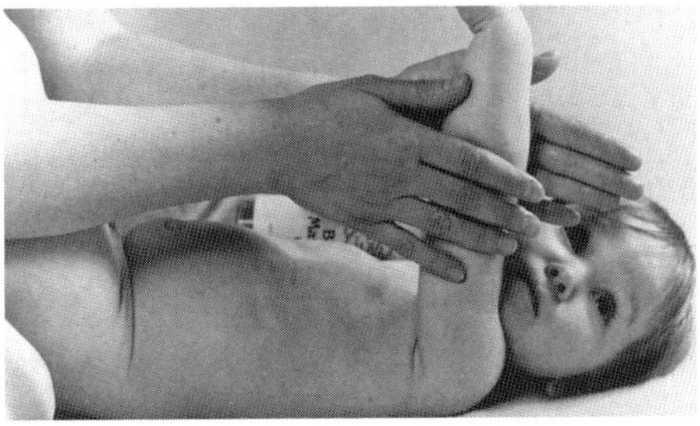

Wie fangen Sie an?

Vielleicht haben Sie noch nie daran gedacht, Massage als eine Möglichkeit zu betrachten, um ein Gespräch mit Ihrem Kind zu beginnen. Wie fangen Sie also ohne großes Brimborium an? Das Neuste vom Fußball oder aus der Ballettstunde (was auch immer auf Ihr Kind zutrifft) wäre ein guter Einstieg. Nachfolgend finden Sie die einzelnen Schritte der Massage:

1. Stellen Sie sicher, dass der Raum angenehm warm ist und Sie Ruhe haben.
2. Waschen Sie sich die Hände und legen Sie Ihren Schmuck ab.
3. Vor dem Schlafengehen oder nach dem Baden ist eine gute Zeit für eine Massage, wenn Ihr Kind sauber und bereit ist, sich zu entspannen.
4. Fragen Sie immer zuerst um Erlaubnis und nehmen Sie auf die Bedürfnisse Ihres Kindes Rücksicht. Auch wenn Sie zum nächsten Körperteil übergehen, stellen Sie erneut die Frage: »Darf ich jetzt deinen Bauch massieren?«
5. Nehmen Sie ein natürliches Öl, aber nicht zu viel davon, nur so viel, dass Ihre Hände sanft über die Haut gleiten.
6. Massieren Sie ein Bein nach dem anderen mit den Streich- und Rollbewegungen (siehe Kapitel 8). Massieren Sie mit den Daumen kreisförmig um die Knie, mit den Fingerkuppen sanft die Waden und wiederum mit den Daumen die Fußsohlen und -rücken.
7. Stärken Sie das Selbstwertgefühl Ihres Kindes, indem Sie ihm während der Massage positive Rückmeldungen geben wie zum Beispiel: »Du hast wundervolles Haar.« Oder: »Heute habe ich gesehen, wie dein Freund deine Spielsachen nehmen durfte. Das war sehr lieb von dir.«

Alter und Entwicklungsstadium des Kindes

Je nach seinem augenblicklichen Entwicklungsstadium wird Ihr Kind unterschiedlich auf die Massage reagieren. Am besten passen Sie sich seinen jeweiligen Bedürfnissen an und lassen sich von Ihrem Kind in entsprechender Weise führen. Nachfolgend werden die Entwicklungsstufen beschrieben, die Kinder normalerweise durchlaufen. Sie erfahren, was Sie bei der Massage verändern müssen, wenn Ihr Kind auf einmal anders darauf reagiert. Natürlich sind die Grenzen dieser Entwicklungsphasen fließend. Jedes Kind hat seinen eigenen Rhythmus, in dem es wächst und sich weiter entwickelt.

Das aktive Krabbelkind

Das Krabbelalter ist für die meisten Eltern eine sehr anstrengende Zeit. Sie sind daran gewöhnt, dass die Massage Ihres Babys eine beruhigende, stille, kommunikative und sogar meditative Erfahrung ist. Wenn das Kind zu krabbeln anfängt, wird die Massage mehr zu einem spielerischen Vergnügen. In dieser Zeit liegt Ihrem Kind nichts ferner, als still auf dem Rücken liegen zu bleiben! Deshalb können Sie Reime und Fingerspiele verwenden, ihm ein Spielzeug oder einen Keks in die Hand geben. Anstatt stur auf der Abfolge der Massagebewegungen zu beharren, massieren Sie den Körperteil, den Sie gerade erreichen können. Ihr Baby wird sich während der Massage umdrehen, es wird weg krabbeln, auf Ihren Schoß klettern, sich aufsetzen und alle möglichen anderen Turnübungen veranstalten. Passen Sie die Massage einfach der jeweiligen Situation an. Wenn mein Sohn weg krabbelte, machte ich ein Spiel mit ihm. Ich rief: »Was, du willst fort? Warte nur, ich fang dich gleich!« Dabei lachte ich und zog ihn zurück zu mir. Das machte ihm großen Spaß, und er wiederholte das Spiel immer wieder. Dazwischen massierte ich seinen Rücken, seinen Po, seine Beine und Füße.

Das Kleinkind

Im Alter von ein bis drei Jahren wird Ihr Kind selbstständig. Ein großer Teil seiner Autonomie besteht darin, sich die Freiheit zu nehmen, »nein« zu sagen. In dieser Zeit wird es sich der Massage oftmals widersetzen. Wenn es Ihr Angebot ablehnt, sollten Sie seinen Wunsch respektieren. Manchmal verlangt es in verschlüsselter Form nach einer Massage, indem es beispielsweise sagt: »Ich habe

Bauchweh.« Dann können Sie seinen Bauch massieren. Führen Sie die Massagebewegungen spielerisch aus. Clara Ute Zacher-Laves, eine Babymassage-Trainerin, empfiehlt spielerische Elemente wie zum Beispiel auf dem Rücken des Babys ein Gartenbeet zu bepflanzen oder auf seinem Bauch eine Pizza zu belegen.[2] Benutzen Sie Ihre Phantasie. Ihr Kind wird die Gelegenheit zum kreativen Spiel mit Freude aufgreifen. Die Melk-Bewegungen sollten in diesem Alter in zwei Schritten gemacht werden: Zuerst der Oberschenkel (oder Oberarm), dann die Wade (oder der Unterarm). Knet-, Dreh- und Rollbewegungen sollten genau unterhalb des Knies oder Ellenbogens beginnen anstatt an der Hüfte oder Schulter, um die Gelenke nicht zu verdrehen.

Das Vorschulkind

Ungefähr im Alter von drei Jahren wird Ihr Kind wieder etwas ruhiger und kann die Massage wieder mit mehr Ruhe genießen. Nun hat es seine Unabhängigkeit erlangt und mag das Gefühl, wieder ein »Baby« zu sein, das die ganze Zuwendung seiner Mutter erhält. Sie können es nach dem Baden oder vor dem Schlafengehen massieren. Passen Sie die Massagebewegungen seinen längeren Gliedmaßen an. Lassen Sie diejenigen weg, die nicht mehr geeignet sind. Respektieren Sie das Schamgefühl, das Ihr Kind jetzt vielleicht zeigt, und erlauben Sie ihm, sein T-Shirt oder seine Unterwäsche anzubehalten. Erzählen Sie ihm eine Geschichte, während Sie seine Beine, Füße, seinen Bauch und Rücken massieren, oder fragen Sie es, welchen Körperteil Sie gerade massieren, wobei es die verschiedenen Körperteile benennen lernt, wie den Oberarm, den Oberschenkel, die Wade usw. (Bei der Massage »Ich liebe dich« kann man z.B. mit den Fingern die Buchstaben auf den Bauch des Kindes malen, die es dann erraten kann, denn Vorschulkinder lernen schon voller Stolz Buchstaben; Vorschlag d.Übers.) Von nun an können Sie die sanften Dehn- und Streckübungen weglassen, da Ihr Kind sich beim täglichen Herumtoben genug dehnt und streckt.

Das Schulkind

Auch bei einem Schulkind passen Sie die Massagebewegungen wieder der Länge seiner Gliedmaßen an. Statt wie beim »Melken« oder bisherigen Streichen, massieren Sie die Oberschenkel- und Wadenmuskulatur nun, während die Beine des Kindes flach auf dem Boden liegen. Stellen Sie bei der Massage rhetorische Fragen oder beginnen Sie eine zwanglose Unterhaltung, indem Sie beispielsweise sagen: »Du schienst mir heute, als du nach Hause kamst, ein wenig traurig.« Musik, Geschichten und eine Unterhaltung verstärken das Massageerlebnis noch mehr und geben Ihrem Kind Gelegenheit, sich als etwas ganz Besonderes zu fühlen und sich Ihnen zu öffnen. Sie können dem Massageöl ein Paar Tropfen Parfum oder Duftöl hinzufügen, das Ihr Kind auswählen darf. Die meisten Schulkinder genießen die Massage mehr, wenn sie auf dem Bauch statt auf dem Rücken liegen.

Der Teenager

Teenager zu massieren, ist oft schwer, da sie ein starkes Selbstbewusstsein haben. Während Sie sich mit Ihrem Kind darüber unterhalten, was tagsüber passiert ist, können Sie seinen Fuß oder Rücken massieren. Wenn es aufgeschlossen ist, können Sie fragen: »Möchtest du, dass ich deine Waden massiere?« In diesem Alter sollten Sie davon absehen, Körperteile zu massieren, die mit Sexualität verbunden sind, da es Ihrem Kind unangenehm ist. In der Pubertät sollten diese Grenzen gewahrt werden. Auch Teenager lassen sich lieber massieren, wenn sie auf dem Bauch liegen. Legen Sie Ihrem Kind ein Kissen unter den Bauch oder unter andere Körperteile, damit es bequemer liegt.

Wenn Ihre Tochter ihre Menstruation bekommt und Krämpfe hat, können Sie zur Schmerzlinderung und Krampflösung ihren Bauch oder den unteren Rücken im Bereich der Kreuzwirbelsäule massieren. Oftmals wirkt es auch krampflösend, wenn man die Akupressurpunkte an der Achillessehne, an beiden Seiten des Fußes genau unterhalb des Knöchels, massiert. Ihre Tochter kann auf dem Boden zwischen Ihren Knien sitzen, und Sie massieren ihren Nacken und ihre Schultern, um die Verspannungen darin zu lösen, während Sie sich zwanglos unterhalten. Mit abgewandtem Gesicht fällt es ihr sicherlich leichter, über ihre Gefühle und Sorgen zu sprechen.

Reime und Fingerspiele für das ältere Baby

Wenn Ihr Baby größer wird, müssen Sie die Massage seinem Alter anpassen. Um sein Interesse wachzuhalten, wandeln Sie die Massage am besten jedes Mal ein wenig ab und gestalten sie spielerisch. Erzählen Sie ihm Geschichten oder singen

Sie Lieder dabei. »Ich liebe dich« (siehe Seite 100) ist eine der beliebtesten Bauchmassagen bei Kleinkindern. Sie haben großen Spaß daran, in Ihren Singsang einzufallen und die Wörter dabei übertrieben in die Länge zu ziehen. Während Sie die Füße massieren, können Sie zum Beispiel das Fingerspiel »Guten Morgen, ihr Buben« machen. Durch diese Fingerspiele, Lieder und durch Geschichten, die Sie sich beim Massieren ausdenken, wecken Sie das Interesse Ihres Kindes, Sie unterhalten seinen wachen Verstand und fördern die Art von Kommunikation, die all seine Sinne anregt und in ihrer Entwicklung unterstützt.

Füße und Zehen

Guten Morgen, ihr Buben.
Wie heißt ihr denn?
Ich heiße Hampel,
ich heiße Strampel.
Ich bin das Beinchen Übermut,
und ich das Beinchen Tunichtgut.
Übermut und Tunichtgut
gehen auf die Reise,
platsch durch alle Sümpfe,
nass sind Schuh' und Strümpfe.
Guckt die Mutter um die Eck',
laufen alle beide weg!

Zeigt her eure Füßchen

1. – 8. Zeigt her eure Füßchen,
zeigt her eure Schuh
und sehet den fleißigen Waschfrauen zu!

1. *Sie waschen, sie waschen den ganzen Tag,*
   sie waschen, sie waschen den ganzen Tag.
2. *Sie spülen, sie spülen, sie spülen den ganzen Tag.*
3. *Sie wringen, sie wringen, sie wringen den ganzen Tag.*
4. *Sie hängen, sie hängen, sie hängen den ganzen Tag.*
5. *Sie bügeln, sie bügeln, sie bügeln den ganzen Tag.*
6. *Sie legen, sie legen, sie legen den ganzen Tag.*
7. *Sie ruhen, sie ruhen, sie ruhen den ganzen Tag.*
8. *Sie tanzen, sie tanzen, sie tanzen den ganzen Tag.*

Dumedott,
Lickepott,
Langelott,
Ringeling.
Lüttjeding.

(So bezeichnen Sie nacheinander die einzelnen Zehen, und dann noch einmal in umgekehrter Reihenfolge.)

»Geh ins Bett«, sagt Dumedott.
»Erst was essen«, sagt Lickepott.
»Wo soll'n wir's holen?« sagt Langelott.
»In Mutters Schränkchen!« sagt Ringeling.
»Ich sag's, ich sag's!« ruft Lüttjeding.

Der ist in' Busch gegangen,
der hat's Häschen gefangen,
der hat's heimgebracht,
der hat's gebraten,
und der – hat's verraten.

Der ist ins Wasser gefallen,
Der hat ihn wieder herausgeholt.
Der hat ihn ins Bett gebracht.
Der hat ihn warm zugedeckt.
Und der kleine Schelm hat ihn wieder aufgeweckt!

(Beim großen Zeh beginnen, auf ihn zeigen, dann nacheinander auf alle Zehen. Zuletzt können Sie auf Ihr Kind deuten.)

Bauch

Es kommt ein Bär.
Wo kommt er her?
Wo will er 'naus?
In Bübels/Mädels Haus.

(Verwenden Sie diesen Reim bei der Massage »Sonnenmond«, siehe Seite 100)

(Streichen Sie mit Ihren Fingern bis zur Achselhöhle.)

Finger

Das ist der Daumen,
der schüttelt die Pflaumen,
der hebt sie auf,
der trägt sie nach Haus,
und der kleine Schelm isst sie alle, alle auf.

Steigt ein Büblein/Mädlein auf den Baum,
ei, so hoch, man sieht es kaum,
schlüpft von Ast zu Ästchen,
hüpft zum Vogelnestchen,
ei, da lacht es,
hui, da kracht es,
plumps, da liegt es drunten.

(Eine Hand stellt den Baum und die Äste dar. Die andere klettert hinauf. Dann formen die Finger der ersten Hand ein Nest. Bei »ei, da lacht es« in die Hände klatschen, bei »plumps« die Hände fallen lassen.)

Die Zappelmänner

Zehn kleine Zappelmänner zappeln hin und her,
zehn kleinen Zappelmännern fällt das gar nicht schwer.

Zehn kleine Zappelmänner zappeln auf und nieder,
zehn kleine Zappelmänner tun das immer wieder.

Zehn kleine Zappelmänner zappeln rund herum,
zehn kleine Zappelmänner, die sind gar nicht dumm.

Zehn kleine Zappelmänner spielen gern Versteck,
zehn kleine Zappelmänner sind auf einmal weg!

(Die Bewegungen wie im Text nachmachen, am Ende die Hände hinter dem Rücken verstecken.)

Hier hast 'nen Taler,
geh auf den Markt,
kauf dir 'ne Kuh,
Kälbchen dazu.
Kälbchen hat ein Schwänzchen,
macht dideldideldänzchen.

Gesicht

Kommt ein Mäuslein in das Häuslein,
klingelt, klopft an und dreht den Schlüssel um.

(Mit gespreizten Fingern am Hals des Kindes »entlanglaufen«, bei »klingelt« leicht am Ohrläppchen ziehen, bei »klopft an« leicht gegen die Stirn klopfen, bei »Schlüssel« die Nase sanft drehen.)

Brumm, brumm, brumm, lache nicht,
zeig mir deine Zähne nicht,
lass sie ja nicht sehn,
2, 4, 6, 8, 10!

(Lassen Sie einen Finger vor dem Gesicht Ihres Kindes kreisen und kitzeln Sie es dann ein wenig.)

Mein Gretchen ist so kugelrund
und hat ein stumpfes Näschen
und einen roten Kirschenmund
und läuft gar wie ein Häschen.

Und Locken hat es seidengleich
und einen weißen Nacken
und kleine Hände, sammetweich,
und apfelrote Backen.

Fingerspiele für die Dehn- und Streckübungen

Wir öffnen jetzt das Taubenhaus,
die Täubchen, sie fliegen froh hinaus,
sie fliegen in das grüne Feld,
wo's unsern Täubchen wohlgefällt.
Und kehren sie heim,
so erzählen sie sich,
wie's draußen im Freien so lustig ist.
Ruck kru, ruck kru, ruck kru, ruck kru.

(Die Arme werden vor der Brust verschränkt, dann weit ausgebreitet. Die Hände fliegen wie Täubchen fröhlich auf und ab, dann werden die Arme wieder verschränkt.)

Große Uhren gehen: tick, tack, tick, tack,
kleine Uhren gehen: tick-tack, tick-tack, tick-tack, tick-tack, tick-tack,
und die kleinen Taschenuhren machen ticke-tacke-ticke-tacke.

(Dabei können Sie die Knie des Kindes zum Bauch führen und dann immer schneller mit den Beinen Rad fahren.)

Heile, heile Segen
drei Tage Regen,
drei Tage Schnee,
tut schon nimmer weh.

Heile, heile Kätzchen,
das Kätzchen hat vier Tätzchen,
das Kätzchen hat 'nen langen Schwanz,
und morgen ist alles wieder ganz.

Heile, heile Segen,
drei Tage Regen,
drei Tage Sonnenschein,
dann wird's wieder besser sein.

Heile, heile Segen,
morgen gibt es Regen,
übermorgen Schnee,
dann tut's nicht mehr weh.

(Diesen Reim können Sie mit Ihrem Kind zusammen aufsagen oder singen, wenn Sie schmerzende Stellen massieren oder es sich wehgetan hat.)

Weitere Liedvorschläge (d. Übers.):

- Drei Chinesen mit dem Kontrabass
- Es tanzt ein Bi-Ba-Butzemann (Gut für lange Vokale!)
- Spannenlanger Hansel
- Brüderchen, komm tanz mit mir

(Dabei kann man in den entsprechenden Strophen mit den Fingern schnippen, klopfen, klatschen etc.)

Wie man dem größeren Kind hilft, sich an ein neues Geschwisterchen zu gewöhnen

Größere Geschwister sind von einem neuen Baby fasziniert, aber es macht ihnen auch Angst. Bei den Erwachsenen steht es so sehr im Mittelpunkt, dass sie das Gefühl haben, nicht neben ihm bestehen zu können. In der Literatur wird häufig betont, wie wichtig es ist, dem älteren Kind zu zeigen, dass man es noch genauso liebt und wertschätzt wie zuvor. Sie können beiden Geschwistern helfen, eine Beziehung zueinander aufzubauen. Kinder brauchen gewöhnlich etwas mehr Zeit, damit eine echte Geschwisterbindung entstehen kann. Zunächst einmal muss das Ältere begreifen, dass das Baby jetzt dazu gehört, dass für seine Mutter alles in Ordnung ist, dass – wie gesagt – es noch genauso geliebt wird wie vorher und dass das Leben weitergeht.

Wenn Sie Ihr Baby massieren, wird das größere Kind gelegentlich dabei zuschauen. Vielleicht erinnert es sich daran, wie es selbst als Baby massiert wurde (oder es denkt daran, wie gerne es sich auch jetzt noch massieren lässt) und es identifiziert sich mit dem Baby. Die beiden machen die gleiche Erfahrung und haben etwas gemeinsam.

Wenn Sie Ihrem Kind die Gelegenheit geben, das Baby hin und wieder einmal zu massieren (natürlich nur, wenn es das möchte), wird es davon ebenso profitieren wie das Baby. Genau wie Sie stellt es bei der Massage eine Bindung zu dem Baby her – durch Blickkontakt, Berührung, Bewegung und Laute. Es macht die Erfahrung, dass das Baby gar nicht so »gefährlich« oder zerbrechlich ist, sondern vielmehr ein Kind wie es selbst. Es stärkt sein Selbstvertrauen ganz enorm, wenn es erkennt, dass es auch schon für das kleine Geschwisterchen sorgen und es beschützen kann. Das Baby reagiert umgekehrt ebenfalls auf sein älteres Geschwisterchen und verliert seine anfängliche Angst, wenn es manchmal etwas ungeschickt oder grob angefasst oder durch das ungewohnte Verhalten des älteren Kindes erschreckt wird. Es beginnt, seinen Bruder oder seine Schwester als gleichgesinnten, liebenswerten Verbündeten zu betrachten.

Erst wenn das Baby nicht mehr so leicht erschrickt, sollten Sie es von seinem älteren Geschwisterchen massieren lassen. Normalerweise ist dies möglich, wenn das Baby drei oder vier Monate alt ist. Ein Geschwisterkind, das älter als vier Jahre ist, kann auch etwas früher mit der Babymassage beginnen. Machen Sie sich keine Gedanken über die Massagetechnik oder ob es Öl verwendet. Zeigen Sie ihm ein paar einfache Massagebewegungen (wie »Das offene Buch« für die Brust oder »Ich liebe dich« für den Bauch; siehe Seite 111 und 100) und lassen Sie Ihrem Kind dann freie Hand. Zunächst traut es sich vielleicht noch nicht, das Baby anzufassen, und braucht Ihre Ermutigung. Womöglich streichelt es das Baby nur ein paar Mal. Aber jeder noch so kurze Kontakt ist für beide Kinder von großem Nutzen.

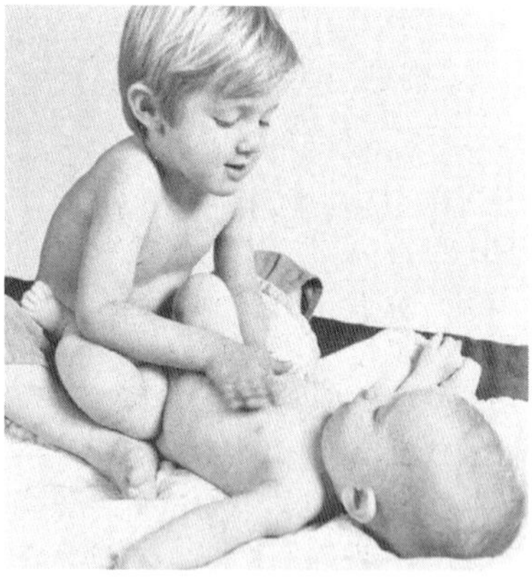

Vergessen Sie nicht, Ihrem Kind zu zeigen, wie sehr Sie sich über seinen Versuch freuen und wie stolz Sie auf es sind. Sagen Sie ihm, wie gut es das Baby massiert hat und wie wohltuend die Massage für sein Geschwisterchen ist.

Achtsame Berührung

Viele Eltern fragen sich, ob sie ihre Kinder achtsam berühren und wie sie ihnen helfen können, sich vor Menschen zu schützen, die sie missbrauchen wollen. Aufgrund der Angst, die durch Medienberichte über Kindesmissbrauch geschürt wird, bringen viele Eltern ihren Kindern leider bei, dass Berührung generell beängstigend und schlecht sei.

Unsere Kinder müssen eine achtsame von einer nicht achtsamen Berührung unterscheiden können. Die Babymassage eignet sich hervorragend dazu, einem Kind diesen Unterschied in einer positiven Weise zu zeigen. Ein Kind, das von klein auf massiert wurde, hat einen großen Vorteil gegenüber einem Kind, das nur durch Erklärungen oder Warnungen etwas über schädliche oder unerwünschte Berührung gelernt hat. Das Kind, das mit Massage aufgewachsen ist, weiß, wie es sich anfühlt, in einer achtsamen, liebevollen Weise berührt zu werden. Durch die tiefe Bindung, die durch die Massage entsteht, hat es Vertrauen zu seinen Eltern und spricht viel öfter über seine Gefühle. Daher vertraut es sich seinen Eltern wahrscheinlich viel eher an, wenn es Angst hat, weil es von jemandem angesprochen wurde oder jemand versucht hat, es anzufassen.

Darüber hinaus ist die Massage auch eine Zeit, in der Mutter und Kind miteinander reden und Dinge besprechen können, die für beide wichtig sind. Dies ist die beste Gelegenheit, mit Ihrem größeren Kind über Berührungen zu sprechen und ihm beizubringen, wie es sich schützen kann. Sagen Sie ihm beispielsweise: »Du musst es mir oder deinem Papa oder deinem Lehrer immer sagen, wenn dich jemand anfassen und etwas mit dir machen will, was du nicht möchtest. Ich verspreche dir, dass wir dich beschützen, egal, was passiert ist.« Die Interaktion, die Ihr Kind durch die regelmäßige Massage und die Berührungsentspannung erlebt, trägt dazu bei, dass es ein positives Selbstbild und das Gefühl entwickelt, dass sein Körper ihm gehört. Außerdem erlangt es ein hohes Maß an Bewusstheit über die unterschiedlichen Gefühle und die Körpersprache. Ihr Kind lernt, dass andere Menschen es um Erlaubnis bitten sollten, wenn sie seinen Körper berühren wollen. Denn Sie bekunden Ihren Respekt, indem Sie es fragen, ob Sie es massieren und seine verschiedenen Körperteile berühren dürfen.

Ganz allgemein kann man sagen, Kinder, die massiert werden, wachsen mit einem positiven Körperbewusstsein auf und vertrauen sich ihren Eltern offen an. Die Wirkung der Babymassage ist von Dauer – und eines ist sicher: Die Mühe lohnt sich!

14 Das Adoptiv- oder Pflegekind

Du bist nicht mein eigen Fleisch und Blut,
aber dennoch auf wunderbare Weise mein.
Vergiss nicht eine einzige Minute lang:
Du bist nicht unter meinem Herzen gewachsen,
sondern in ihm.

Anonym

Zugehörigkeit

Adoptiv- und Pflegeeltern gehören zu den liebevollsten Eltern der Welt. Oftmals entscheiden sie sich für kranke oder behinderte Kinder oder für Kinder anderer Hautfarbe oder Kulturen. Diese Eltern besitzen eine große Liebesfähigkeit. Dennoch lehnen ihre Babys und Kinder gewöhnlich ihre Zuneigung erst einmal ab.

Manche der früheren Theorien über die Eltern-Kind-Bindung gingen von der Annahme aus, dass zwischen Eltern und Adoptiv- oder Pflegekindern keine echte Bindung entstehen kann. Aber heute gilt es in weiten Kreisen als erwiesen, dass Adoptiv- oder Pflegeeltern die gleiche Bindung und das gleiche Zugehörigkeitsgefühl zu ihren Kindern wie leibliche Eltern herstellen können. Unter vielen anderen konnten die Forscher David Brodinsky, Leslie Singer, Mary Stein und Douglas Ramsey in der Entwicklung der Zugehörigkeit zwischen leiblichen Kindern und Adoptivkindern gleichen Alters keine Unterschiede feststellen.[1] Wenn die Adoptiv- oder Pflegeeltern eine gute, familiäre Atmosphäre schaffen – und auf die Bedürfnisse des Babys mit liebevoller und beständiger Zuwendung reagieren –, lernen die Kinder zu vertrauen und entwickeln ein Zugehörigkeitsgefühl.

Lois Melina, Expertin für Adoptionsfragen, warnt Adoptiveltern davor, ihr neues Baby mit allzu viel Liebe zu überschütten. Oftmals haben Babys, die aus einem Heim oder Waisenhaus kommen, eine Abneigung gegen Berührung und Zuneigung und werden leicht davon überwältigt. Darüber hinaus müssen sie die

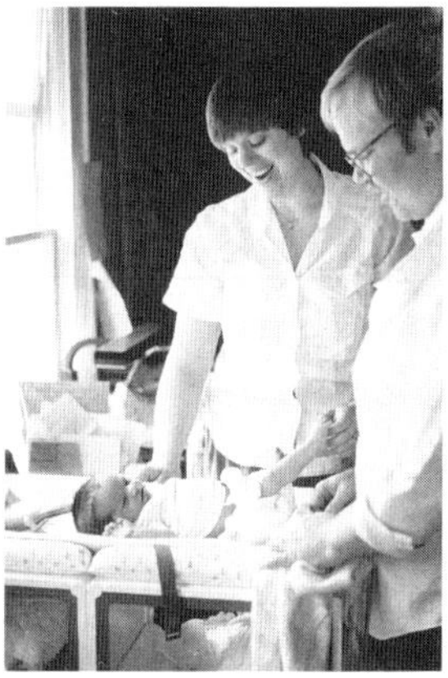

Trennungen von ihren ehemaligen Betreuern und ihrem Elternhaus verarbeiten und brauchen Zeit, um sich allmählich an ihre neue Familie und Umgebung zu gewöhnen. Gail Steinberg vom Adoptionsverein PACT und Verfasserin des Artikels »Bonding and Attachment: How Does Adoption Affect a Newborn?« (»Bindung und Zugehörigkeit: Welchen Einfluss hat eine Adoption auf ein Neugeborenes?«) erklärt: »Die besten Hinweise, ob Sie richtig liegen, erhalten Sie vom Baby selbst. Freuen Sie sich über Kleinigkeiten: Lächeln und Entwicklungsschübe sind ein gutes Zeichen für sein gesundes Wachstum. Das Baby braucht vielleicht mehr oder weniger Zeit als Sie, um ein Gefühl der Zugehörigkeit zu entwickeln, ebenso Ihr Partner. Es kann Tage, Wochen, Monate oder ein Jahr dauern. Fühlen Sie sich nicht gleich als Versagerin, wenn das Zugehörigkeitsgefühl langsamer entsteht, als Sie es sich vorgestellt hatten. Am wichtigsten ist, dass Sie eine Familie werden, egal, wie lange es dauert.«[3]

Eine Vielzahl von Artikeln beschäftigt sich mit einer Form des Depressiven Syndroms, dem so genannten »Post-Adoption Depression Syndrome«. Oftmals gehen Adoptiveltern monate- oder sogar jahrelang durch die »Hölle der Unfruchtbarkeit«, wie es die Autorin June Bond ausdrückt. Danach machen sie einen oft langwierigen Adoptionsvorgang durch. Nach den wunderbaren ersten Tagen oder Wochen zu Hause mit dem neuen Baby ist es nicht ungewöhnlich, wenn ein oder beide Elternteile Gefühle der Angst, Unzulänglichkeit und Verwirrung erleben – eine gewisse Schwermut, die uns oft überfällt, wenn wir ein lang ersehntes Ziel erreichen. Aufgrund des Wegfalls des starken Antriebs, den wir während der Verfolgung unseres Ziels erlebten, fallen wir nun in ein tiefes Loch. Möglicherweise empfindet die Adoptivmutter auch Schuldgefühle, weil das Kind um den Verlust der leiblichen Mutter trauert. Vielleicht steht sie aufgrund der hohen Unkosten unter Stress, oder es tauchen plötzlich gesundheitliche Probleme auf, von denen sie vorher nichts wusste, oder sie findet etwas Bestürzendes über die Vergangenheit des Kindes heraus.

Adoptivbabys haben oftmals Störungen hinsichtlich des Zugehörigkeitsgefühls, Schwierigkeiten bei der Anpassung und enorm große Bedürfnisse. Wie eine leibliche Mutter durchleben Sie womöglich ein Wechselbad der Gefühle, leiden unter Schlafmangel, der neuen Verantwortung und dem zusätzlichen Stress. In Selbsthilfegruppen fühlen sich Adoptiveltern verstanden und geben sich gegen-

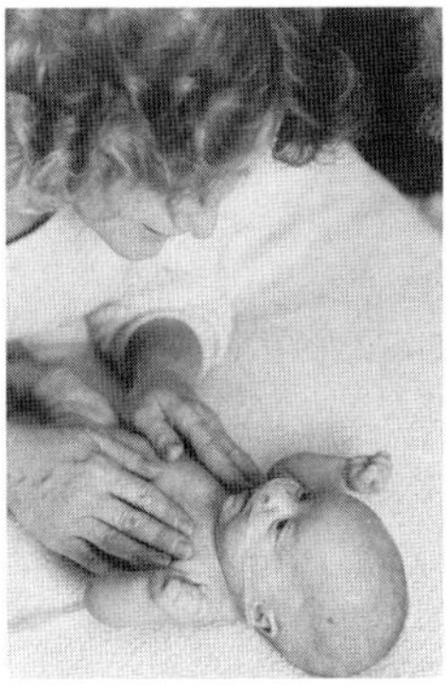

seitig Anerkennung. Wenn Sie Ihre Gefühle mit anderen teilen, erkennen Sie, dass andere ähnliche Probleme haben wie Sie. Leidensgenossen zeigen Ihnen, dass sich all diese Gefühle auch wieder ändern. Sie helfen Ihnen, die Erfolge in der Entwicklung Ihres Babys wahrzunehmen und Schwierigkeiten zu vermeiden, mit denen viele frisch gebackene Eltern zu kämpfen haben.

Das Adoptivbaby erlebt neben dem ganz normalen auch noch den zusätzlichen Stress der Anpassung an die neue Umgebung, an die fremden Betreuer, an die ungewohnten Dinge, die es sieht, hört, riecht, schmeckt und an den ungewohnten Tagesablauf. Oftmals macht ein gerade adoptiertes Baby für eine Weile Rückschritte in seiner Entwicklung, lehnt jegliche Berührung ab und schreit anhaltend und unkontrollierbar. Lesen Sie noch einmal in Kapitel 9 nach und nehmen Sie all Ihre Kraft zusammen, Ihrem Baby gut zuzuhören, damit es in der Sicherheit, die ihm Ihre Liebe gibt, seinen Kummer herauslassen und sich ausweinen kann. Oftmals fangen Babys erst dann zu quengeln und zu schreien an, wenn sie sich sicher fühlen. Deshalb ist es ein gutes Zeichen, wenn Ihr Baby oder Kind anfängt, seinen Schmerz, Zorn oder sogar seine Wut in Ihrer Gegenwart auszudrücken. Denken Sie daran, wenn Ihr Baby größer wird, denn diese Gefühle können immer wieder auftauchen. Das Beste, was Sie tun können, ist zuzuhören, seine Gefühlsausbrüche zuzulassen und ihm die Gewissheit zu geben, dass es bedingungslos geliebt wird.

Gestaltung der Eingewöhnungszeit

Versuchen Sie, so viel wie möglich über die frühere Umgebung und Pflege Ihres Babys herauszufinden: Wer hat es versorgt, wie verlief seine Geburt, welche Milch oder Nahrung hat es bekommen und an welche Farben, Geräusche und Gerüche ist es gewöhnt? Übernehmen Sie einige dieser Gewohnheiten und geben Sie Ihrem Baby damit die Geborgenheit des Vertrauten, während es sich auf seine neue Umgebung einstellt. Die Adoptionsexpertin Anna Marie Merrill gibt folgende Empfehlungen, die Sie bei der Gestaltung der Eingewöhnungszeit für Ihr Baby inspirieren sollen:

- Wenn die frühere Pflegemutter oder Betreuerin ein bestimmtes Parfum oder einen bestimmten Duft benutzte, geben Sie eine Tropfen davon auf ein kleines Handtuch und legen Sie es in die Wiege oder das Bett des Babys.
- Wenn es an einen Fläschchenhalter gewöhnt ist, verwenden Sie ihn, aber nehmen Sie das Baby beim Füttern auf den Arm.
- Fangen Sie an, Blickkontakt aufzunehmen, indem Sie »Guck-Guck« oder andere Spiele machen, die dem Baby einen kurzen Blickkontakt ermöglichen und ihm Sicherheit geben, so dass es allmählich immer mehr Kontakt zu Ihnen herstellt.
- Wenn es besonders gewickelt wurde, tun Sie dies zu Hause auch, damit es nach einer Schreiphase wieder ins Gleichgewicht kommt.
- Geben Sie größeren Babys zum Beispiel Süßigkeiten in den Mund statt in die Hand. Dies ermöglicht einen kurzen Hautkontakt. Auf diese Weise baut sich langsam Vertrauen auf.
- Wenn das Baby sich gegen Berührungen wehrt, probieren Sie es vor der eigentlichen Babymassage eine Weile nur mit Handauflegen. Anfangs sollten Sie ganz ausdrücklich um Erlaubnis fragen, ob Sie es massieren dürfen, und besonders sorgfältig auf seine Reaktion achten. Stellen Sie sicher, dass Sie selbst völlig entspannt und dem Baby liebevoll zugewandt sind. Wenn ihm sogar das Handauflegen zu viel ist, reduzieren Sie noch mehr, indem Sie es vielleicht angekleidet lassen und nur kurz die Hände auf seine Beine oder Füße legen. Richten Sie sich nach den Signalen des Babys, ab wann es bereit ist, mehr zu tolerieren.
- Bringen Sie in Erfahrung, an welche Musik, Lieder oder Geräusche das Baby in seiner früheren Umgebung vielleicht gewöhnt war, und lassen Sie das Baby diese am Tag immer wieder einmal für kurze Zeit hören.
- In vielen Ländern fügt man dem Milchpulver viel Wasser oder Zucker zu. Obwohl Sie diese Ernährung vielleicht nicht befürworten, belassen Sie es zunächst bei der gewohnten Mischung und verdünnen oder süßen die Milch nach und nach immer weniger. Achten Sie darauf, ob Ihr Baby an einer Laktoseunverträglichkeit leidet. Viele Babys aus Entwicklungsländern oder Säuglinge, die zuvor gestillt wurden, vertragen die fette Kuhmilch, die in den westlichen Ländern getrunken wird, nicht.
- Anstatt Ihrem Baby die nagelneuen, noch steifen Kleidungsstücke anzuziehen, die so niedlich aussehen, suchen Sie besser nach weicher, getragener Babykleidung. Womöglich finden Sie das gleiche Waschmittel, mit dem seine

Wäsche früher gewaschen wurde. Die Wäsche hat dann einen vertrauten Geruch. Trennen Sie die Etiketten vom Kragen ab, damit sie nicht am Nacken oder Rücken kratzen und die Haut reizen.

- Wenn Ihr Baby aus einem Waisenhaus kommt, dessen Wände in hellem Himmelblau gestrichen waren, könnten Sie sich überlegen, ob Sie sein Zimmer für eine Weile nicht in der gleichen Farbe streichen.

Diese Übergangslösungen helfen dem Baby, sich leichter an seine neue Umgebung zu gewöhnen und weniger Angst zu haben, weil es Dinge sieht und hört, die ihm vertraut sind und die es beruhigen. Anna Marie Merrill ist der Meinung, man solle Adoptiv- und Pflegekindern Zeit zum Trauern lassen. Greifen Sie nicht jedes Mal sofort ein, wenn es zu quengeln oder zu weinen anfängt, sondern erlauben Sie ihm, seine Frustrationen und Ängste, seine Wut, Traurigkeit, Einsamkeit und seinen Schmerz heraus zu schreien. Wenn Kinder diese Gefühle nicht in ihrer früheren Kindheit ausdrücken dürfen (und oft sogar noch dann, wenn sie es durften), verhalten sie sich oftmals gewalttätig, wenn sie älter sind und sich »sicher genug fühlen, um sich daneben zu benehmen«. Ihr Kind wird Sie auf die Probe stellen, um herauszufinden, ob Sie es auch dann noch lieben, wenn es sich schlecht benimmt.

Überfordern Sie Ihr Baby nicht mit Außenreizen, indem beispielsweise der Fernseher im Hintergrund läuft, während Sie es massieren und ihm dabei etwas vorsingen. Es kann vielleicht nicht mehr als ein oder zwei Reize gleichzeitig verkraften. Verwenden Sie also immer nur eine Anregung, wie Blickkontakt oder Singen oder Massage, aber machen Sie nicht alles auf einmal, bevor es dazu bereit ist.

Gail Steinberg empfiehlt, dem Baby beständig seine Zuneigung zu zeigen, auch wenn es sich abwendet, steif macht oder Sie scheinbar zurückweist.[4] Aber zwingen Sie es nicht. Wenn es sich durch den Blickkontakt bedroht fühlt, schauen Sie es nur kurz und aus der Entfernung an. Ihr Baby darf Sie beobachten, wenn Sie es umziehen, füttern oder baden, ohne dass Sie seine Blicke unbedingt erwidern müssen. Geben Sie ihm die Möglichkeit, sich allmählich mit dem Gefühl von Nähe vertraut zu machen und sich damit wohl zu fühlen.

Anna Marie Merrill erzählte mir einmal von einer sehr einfallsreichen Mutter, der es gelang, mit folgendem langsamen Eingewöhnungsprozess Nähe zu ihrem schon etwas größeren Adoptivsohn herzustellen. Sie nahm das eine Ende eines Schals in die Hand, ihr Sohn das andere. Dann zog sie den Schal ein klein wenig zu sich und wartete, bis ihr Sohn das Gleiche tat. Es dauerte lange, aber schließlich berührten sich ihre Hände. Ihr Sohn hatte die Sicherheit gewonnen, die aus dem Zugehörigkeitsgefühl erwächst. Eine andere Mutter brachte ihrem Kind Berührung mithilfe einer »Lesestunde« nahe, sodass es sich davon nicht bedrängt und bedroht fühlte. Jeden Tag um die gleiche Zeit setzte sie sich mit ihm auf dem Schoß auf einen Schaukelstuhl und las ihm eine Geschichte vor. Da das Kind sich auf die Geschichte konzentrierte, konnte es den Körperkontakt zulassen.

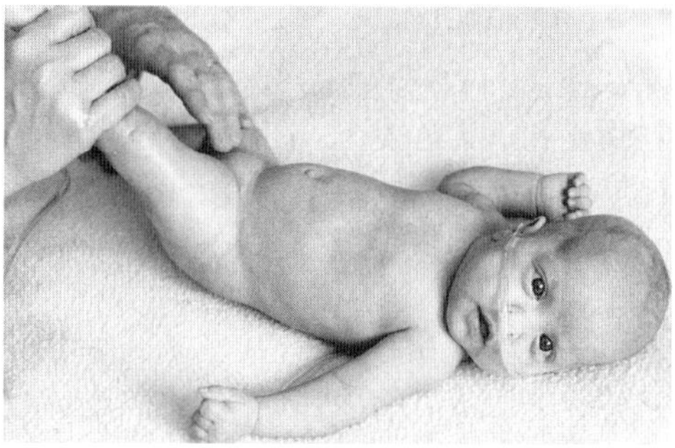

Manchmal entwickelt sich eine Beziehung zwischen einem Elternteil und dem Adoptivkind, aber es lehnt den anderen Elternteil ab. In diesem Fall ist es sehr wichtig, dass derjenige, der zurückgewiesen wird, sich dem Kind sehr behutsam und langsam nähert, um ihm die Sicherheit zu geben, die es braucht, um eine Bindung aufzubauen. Anna Marie Merrill rät den abgelehnten Elternteilen, die Beziehung zu ihrem Adoptivkind allmählich aufzubauen, indem sie sich an seiner Grundversorgung beteiligen. Eine gute Möglichkeit hierfür bietet das Wickeln, Füttern oder Baden des Babys – falls es dies zulässt. Wenn nicht, lassen Sie ihm ein wenig Zeit und versuchen es dann erneut. Es braucht Zeit, um Vertrauen aufzubauen, und allein die Tatsache, dass Sie zuverlässig für es da sind und es annehmen, trägt dazu bei, dass es Ihnen erste Signale für die Entwicklung einer Bindung geben wird, die Sie dann aufgreifen können.

Wie Sie Ihr Adoptiv- oder Pflegekind massieren

Ein Adoptiv- oder Pflegekind braucht Massage, aber es kann sehr schwierig sein, es zu massieren. Die Adoptionsexpertin Renée Henning erklärt: »Ich möchte den Unterschied zwischen einem Baby aus einer Pflegefamilie oder einem Waisenhaus und einem Baby, das bei seinen leiblichen Eltern aufwächst, nicht überbewerten. In vielen Fällen unterscheiden sich die Babys nicht voneinander. Viele Babys aus Pflegefamilien oder Waisenhäusern brauchen die wohltuende Berührung jedoch mehr als Babys aus normalen Elternhäusern. Dennoch sprechen einige dieser Kinder anfänglich weniger auf die Massage an oder können eine ausgiebige Massage weniger genießen als andere.«[5]

Ich empfehle, langsam mit dem Handauflegen zu beginnen. Das Baby sollte dabei bekleidet sein. Allmählich können Sie dann immer mehr von den Techniken anwenden, die in diesem Buch beschrieben sind, bis Sie schließlich die komplette Massage machen. Vergessen Sie nicht, dass Ihr Baby trauern muss, und am besten achten Sie seine Gefühle, indem Sie es liebevoll berühren, im Arm halten, wenn es Trost braucht und sich allmählich vortasten, wenn sein Vertrauen wächst und seine Bindung zu Ihnen stärker wird. In ihrem Artikel »Healing the Primal Wound« (»Heilung frühkindlicher Verletzung«) schreibt Nancy Verrier: »Kinder sind empfindsame und intuitive Wesen und spüren, ob sie Gefühle erleben und/oder ausdrücken dürfen.«[6] Sie betont, wie wichtig es ist, dass das neue Baby weinen darf und sich verstanden fühlt. Oftmals trägt die Massage dazu bei, diese angestaute Trauer und Angst loszulassen.

Die Adoptionsexpertin Marlou Russell hebt die Wichtigkeit dieses Loslassens hervor. »Da der Verlust ein so zentraler Bestandteil der Adoption ist, gehört Trauer als notwendiger und wichtiger Prozess dazu. Durch die Adoption kann eine Situation entstehen, in der die Familie versucht, die Trauer zu übergehen oder zu verleugnen. Da es als eine so positive Lösung angesehen wird, ein Kind zu adoptieren, kann man die Tatsache, dass trauern in Ordnung ist, nur schwer akzeptieren.«[7] Wenn man in der Kindheit die Möglichkeit hat oder sogar dazu ermutigt wird, diese Trauer auszudrücken, treten später weniger Verhaltensstörungen auf, die aus dem ungelösten, emotionalen Schmerz resultieren. Leah LaGoy, eine Internet-Autorin bei PACT, meint, dass die Trauer, die in der frühen Kindheit unterdrückt wurde, im Teenageralter wieder zum Ausbruch kommt, da die Pubertät mit den extremen Veränderungen des Erwachsenwerdens und einer Identitätskrise verbunden ist.[8] Teenager sind oft wütend auf ihre Adoptiveltern. Zumindest ein Teil dieser bisher unterdrückten Wut richtet sich gegen ihre leiblichen Eltern, von denen sie sich bewusst oder unbewusst verlassen fühlen.

Wenn Ihr Adoptiv- oder Pflegekind Ihre Zuneigung ablehnt, leidet es an einer Störung der Bindung oder Zugehörigkeit, die so bald wie möglich behandelt werden sollte. Vielleicht hat das Baby in seiner früheren Umgebung nicht die notwendige Zuwendung erhalten. Es kann sein, dass es resigniert hat, weil seine Bedürfnisse nicht erfüllt wurden, und deshalb gar nicht mehr versucht, sie anzumelden. Wenn es jetzt auf einmal Liebe und Zuwendung bekommt, reagiert es sehr wahrscheinlich ablehnend und aggressiv und lässt sich nicht trösten. Nehmen Sie dieses Verhalten nicht persönlich. Respektieren Sie seine Gefühle und finden Sie einen Weg, ihm weiterhin Ihre Liebe und liebevolle Berührung anzubieten, bis es sich sicher genug fühlt, sich zu entspannen, fallen zu lassen und Ihre Fürsorge anzunehmen, einschließlich der Massage. Alle Fachleute für Bindungsstörungen sind sich darüber einig, dass man diese Probleme so früh wie möglich behandeln sollte, um zu verhindern, dass sie später in Form von gestörtem Sozialverhalten in der Schule oder gar krankhaftem, soziopathischem Verhalten an die Oberfläche kommen. Mit zunehmendem Alter wird es immer schwieriger, ein Gehirn so »umzuprogrammieren«, dass ein Mensch beispielsweise gesunde, auf gegenseitiger Verbundenheit und Liebe basierende Beziehungen eingehen und aufrechterhalten kann.

In meinen Massagekursen werde ich häufig von Pflegeeltern gefragt: »Soll ich dieses Baby wirklich massieren und ihm helfen, seinen Schmerz loszulassen, wenn es vielleicht wieder zurück in seine Herkunftsfamilie kommt, wo es wieder missachtet oder missbraucht wird?« Mein Antwort auf diese Frage lautet eindeutig: »Ja!« Wenn das Baby seinen Schmerz und seine Angst ausdrücken und gesunde Zuneigung und Bindungen erfahren kann, wird es dadurch stärker, gesünder und unabhängiger. Sollte es zu Personen zurückgeschickt werden, die es missbrauchen, wird es sich anders verhalten, was wiederum eine andere Reaktion bei diesen Menschen hervorruft. Vielleicht ist es entspannter, lächelt mehr, schmust lieber und nimmt öfter Blickkontakt auf. Diese Verhaltensweisen können seine Eltern so beeinflussen, dass auch sie mehr Zuneigung und Verantwortungsgefühl für das Kind aufbringen, wodurch sich ihre Beziehung verändert und mehr Vertrauen aufgebaut wird. Noch besser wäre es natürlich, wenn man diesen Menschen Fähigkeiten beibringen könnte, die sie zu guten Eltern werden lassen, und sie in gesunder, korrekter Babymassage unterrichtet würden.

Terry Levy und Michael Orlans resümieren: »Studien über Bindungsmuster und die Funktion der psychischen Entwicklung und des Sozialverhaltens kommen übereinstimmend zu dem Ergebnis, dass Kinder mit gesunden Bindungen später in allen wichtigen Lebensbereichen erfolgreicher sind.« Diese Kinder sind besser in der Lage, Probleme zu lösen und Freundschaften zu schließen; sie sind stärker, unabhängiger, haben mehr Selbstachtung und bekommen positivere Rückmeldungen von ihren Mitmenschen.[9]

Ob Sie nun ein Adoptiv- oder Pflegekind haben oder nicht: Mit das Beste, was Sie für sich und Ihr Kind tun können, ist eine liebevolle, gesunde, auf Offenheit beruhende Bindung mit Ihrem Kind aufzubauen, die sein ganzes Leben lang fortbesteht. Welch unglaublich schönes Geschenk können Sie ihm machen: ein Vermächtnis, das die Beziehungen zukünftiger Generationen untereinander verändern kann.

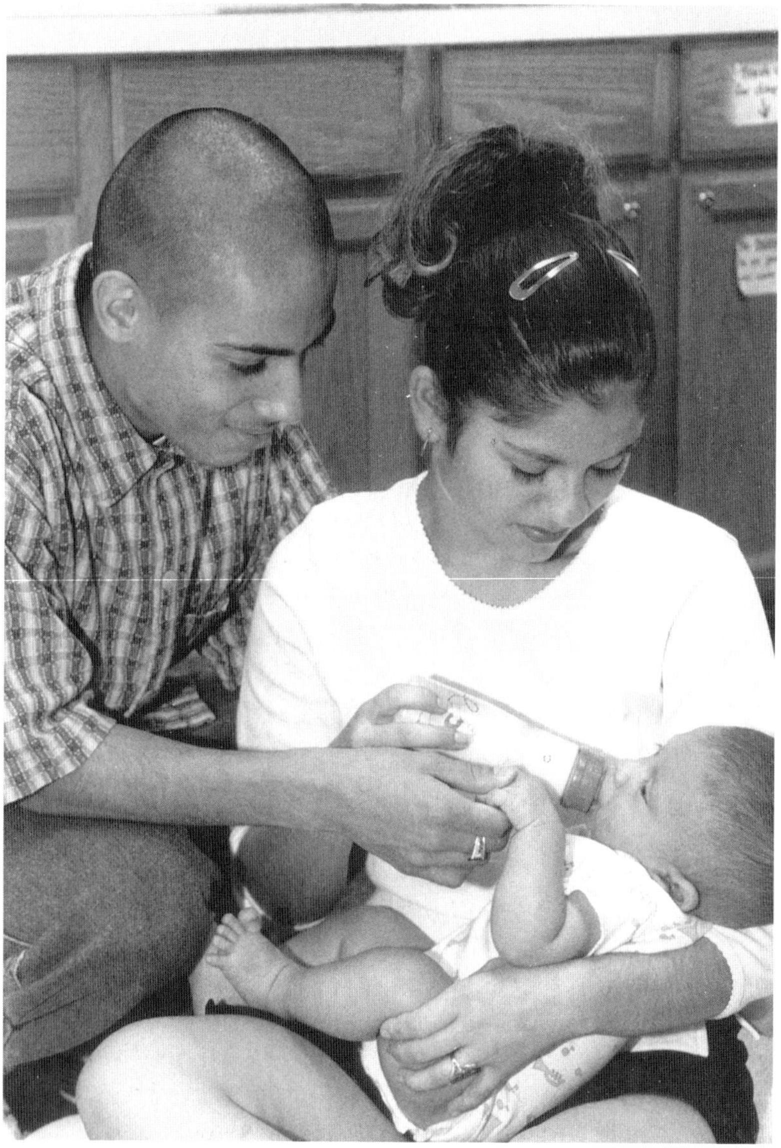

15 Tipps für Eltern im Teenageralter

Anmerkung für reifere Eltern:
Dieses kurze Kapitel zu schreiben fällt mir nicht leicht. Ich bin jedoch der Meinung, dass man auch Eltern im Teenageralter berücksichtigen und sie in ihrem Bemühen unterstützen muss. Ich befürworte eine zu frühe Schwangerschaft in keinster Weise. Jeder, der Kinder hat und sie groß zieht, weiß, dass das Unsinn wäre. Aber es ist eine Realität, dass viele Mädchen schwanger werden und ihr Baby aus eigenem Entschluss behalten wollen. Deshalb ist meiner Meinung nach das Beste, was wir Erwachsene tun können, diesen Teenagern mit unserer Erfahrung, unserer Hilfe und Unterstützung zur Seite zu stehen, damit sie die bestmöglichen Eltern werden können.

Wenn Sie sich entschlossen haben, Ihr Baby zu behalten und groß zu ziehen, haben Sie nicht nur für sich selbst, sondern auch für viele Ihrer engen Familienmitglieder eine schwere Entscheidung getroffen – ebenso für Ihr Baby. Ich respektiere diese Entscheidung und hoffe, dass es in Ihrem Leben Erwachsene gibt, die hinter Ihnen stehen und Sie unterstützen werden. Für Ihre Zukunft und die Ihres Babys ist es von größter Wichtigkeit, sich von anderen Erwachsenen so viel liebevolle Hilfe und Unterstützung wie möglich zu holen. Lassen Sie sich nicht entmutigen – gehen Sie einfach Ihren Weg und suchen Sie weiter nach geeigneten Personen, die zu Ihrer kleinen »Dorfgemeinschaft« werden, denn in diesem Fall brauchen Sie wirklich ein derartiges soziales Umfeld, um ein Kind aufzuziehen. Sie werden einige recht schwierige Klippen umschiffen müssen. Manchmal wird es den Anschein haben, als gäbe es unendlich viele Entscheidungen zu treffen. Ihr Körper verändert sich ständig, und Sie sind womöglich gereizt, weil Beschwerden auftauchen, die Sie niemals erwartet hätten. Überall erteilt man Ihnen Ratschläge, die manchmal mehr schaden als nützen.

Sie haben sich bewusst oder unbewusst entschieden, erwachsen zu werden, bevor Sie reif dazu sind oder die Gesellschaft dafür bereit ist. Sie sehen sich von einer schier überwältigenden Flut von Problemen überrollt: Schule, Familie, Beziehungen, körperliche Beschwerden, Probleme mit Ihrer Vorstellung von Ihrem Körper, Selbstachtung, Freundschaften und medizinische Fragen. Ich will hier gar nicht erst versuchen, auf all die Probleme einzugehen, vor die Sie gestellt sind. Betonen möchte ich jedoch, dass die Liebe zu Ihrem Baby zum vorrangigen Thema werden sollte, und alles, was Ihnen dabei hilft, sollten Sie nutzen. Alles andere können Sie im Augenblick aus Ihrem Leben verbannen.

Ich rate Ihnen, sich zur Schwangerschaftsvorsorge in gute Hände zu begeben, auf Ihre Ärzte zu hören und so viel wie möglich über diesen neuen Lebensabschnitt zu lesen. Davon kann die Gesundheit Ihres Babys und Ihre eigene abhängen. Nehmen Sie Ihr Leben in die Hand und schaffen Sie sich zielstrebig ein warmes, geborgenes und liebevolles Umfeld, in dem Ihr Baby heranwächst und Ihre Seele Kraft tanken kann. Wenn Ihre Mutter nicht zur Verfügung steht, suchen Sie sich die beste Ersatzmutter, die Sie sich vorstellen können, und haben Sie den Mut, sie zu bitten, Ihnen zu helfen, eine gute Mutter zu werden, selbst wenn Sie sich nur gelegentlich ein paar Streicheleinheiten bei ihr holen, sie Ihnen verständnisvoll zuhört oder Ihre Fragen zur Babypflege am Telefon beantwortet.

Massage ist eine hervorragende Möglichkeit, Ihr Baby kennen zu lernen und eine liebevolle, unerschütterliche Bindung zwischen Mutter und Kind herzustellen. Selbst wenn Sie Ihr Kind nicht jeden Tag massieren können, versuchen Sie, sich Zeit dafür zu nehmen und die Massage vielleicht jeden zweiten Tag oder einmal in der Woche zu einem festen Ritual zu machen, sobald Ihr Baby zur Welt gekommen ist. Wenn möglich, sollten Sie einen Babymassagekurs bei einer geprüften Trainerin besuchen.

Achten Sie auf die Elemente, die für den Aufbau der Mutter-Kind-Bindung notwendig sind, und berücksichtigen Sie diese jeden Tag:

- Stellen Sie Hautkontakt zu Ihrem Baby her.
- Halten Sie zärtlichen und liebevollen Blickkontakt.
- Sprechen und spielen Sie mit Ihrem Baby.
- Blicken Sie es an, wenn Sie es stillen oder füttern.
- Tragen Sie das Baby jeden Tag eine Weile auf dem Arm.
- Benutzen Sie in den ersten drei Lebensmonaten des Babys keine starken Parfums oder Düfte.

In den ersten Monaten, in denen Sie wenig Schlaf bekommen, sollten Sie weiterhin beachten:

- Lassen Sie das Baby niemals mit jemandem allein, der nicht zuverlässig ist oder keine Ahnung von Babybetreuung hat.
- Bestrafen Sie ein Baby niemals, weder verbal noch körperlich, und sprechen Sie nie schlecht von ihm, weder zu ihm noch bei anderen. Wenn Sie erschöpft sind und Zeit für sich brauchen, suchen Sie jemanden, der eine Weile auf das

Baby aufpasst. Wenn Sie nur eine Viertelstunde lang spazieren gehen, tief atmen oder zu Ihrer Lieblingsmusik tanzen, sind Sie schon wieder viel besser gelaunt.

- Denken Sie daran, dass Schreien nur die Art und Weise ist, wie Babys sich mitteilen, und dass sie manchmal ein starkes Mitteilungsbedürfnis haben. Lassen Sie das Baby niemals allein oder bestrafen es, wenn es schreit.

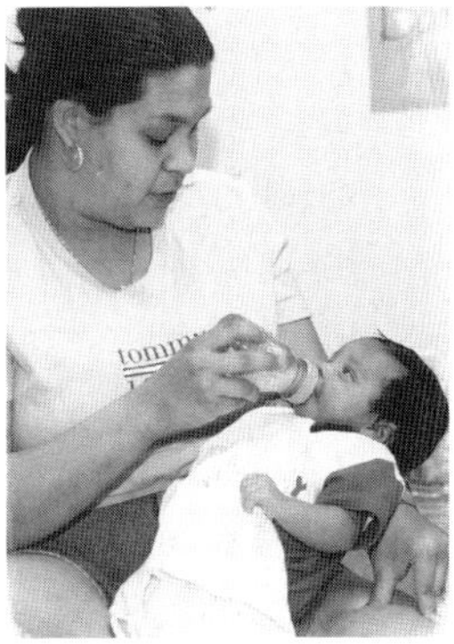

Lesen Sie in den anderen Kapiteln dieses Buches nach, was Sie sonst noch tun können, besonders in den Kapiteln über Schreien und Quengeln, Koliken und Zugehörigkeit. Wie Sie Ihr Baby in den ersten ein oder zwei Jahren behandeln, bildet das Fundament für sein restliches Leben. Für Teenager sind ein oder zwei Jahre eine lange Zeit. Ich möchte Ihnen nichts vormachen, denn manchmal ist es wirklich hart und verlangt mehr Opfer, als Sie dachten. Aber stehen Sie diese Zeit durch. Alles, was in Ihrem Leben geschieht, hat einen Sinn. Später werden Sie sehr froh und stolz auf sich sein, dass Sie eine gute Mutter waren, als es wirklich darauf ankam. Wenn Sie mit dieser Einstellung an die Sache herangehen, werden Sie das wundervolle Hochgefühl erleben, eine gute Mutter zu sein und ungeahnte Kräfte entfalten. Ihr Kind wird in Ihnen ein gutes Vorbild haben. Sie erziehen es ganz natürlich, indem Sie sich das erforderliche Wissen aneignen und ständig selbst dazulernen und sich weiterentwickeln. Dann wird Ihr Kind stolz auf Sie sein.

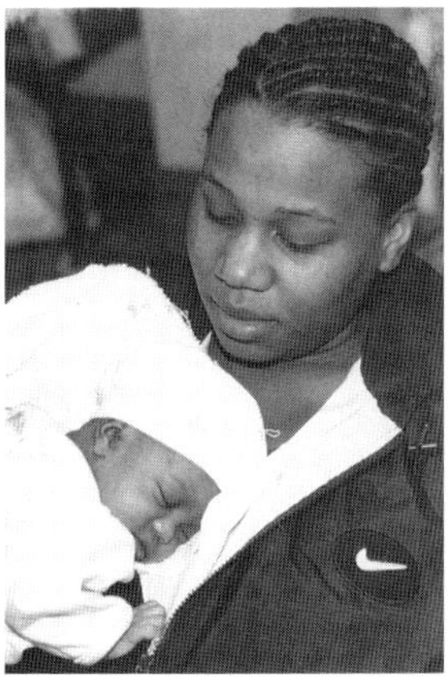

Meine besten Wünsche begleiten Sie auf dem wunderbaren Weg dahin, eine Familie zu gründen.

Für Teeny-Väter

Wie Sie sicher bereits wissen, bedeutet Vater zu sein mehr, als ein Kind zu zeugen. Wenn Sie und Ihre Partnerin ein Kind erwarten, ermutige ich Sie, in möglichst engem Kontakt mit Ihrem Baby zu bleiben. Selbst wenn Sie inzwischen von Ihrer Freundin getrennt sind (und sie sich nicht für eine Adoption entschieden hat), können Sie Ihre Rolle als Vater einnehmen. Versuchen Sie, der Mutter Ihres Babys so wenig Stress wie nur möglich zu machen. Stellen Sie für das Wohl Ihres Kindes Ihr eigenes Ego in den Hintergrund. Holen Sie sich Kraft bei einem anderen Mann, der Ihnen als Rollenvorbild dienen kann. Das kann Ihr eigener Vater, ein Pfarrer, ein Vertrauenslehrer in der Schule oder ein Berater der Familienberatungsstelle oder vom zuständigen Sozialdienst an Ihrem Wohnort sein. (Lesen Sie die Bücher und Tipps im Anhang und nehmen Sie möglichst aktiv an der Zeit der Schwangerschaft teil.) Sie werden eine Menge Opfer bringen müssen, um Ihre Familie finanziell zu unterstützen. Aber begehen Sie nicht den Fehler zu glauben, finanzielle Unterstützung könne liebevolle Bindungen ersetzen.

Wenn Ihre Freundin Rachegefühle hegt oder nicht kooperiert, setzen Sie alles daran, die angespannte Situation zu entschärfen und sich selbst zurückzuhalten, damit Sie die Chance haben, ein guter Vater für Ihr Baby zu werden. Dazu gehört auch, zusammen mit Ihrer Ex-Freundin in eine Paarberatung zu gehen. Besuchen Sie alle nur möglichen Kurse und Workshops. Zeigen Sie Ihrer Ex-Freundin, dass Sie Ihr Bestes tun, um für Ihr Kind sowohl in finanzieller Hinsicht und auch sonst als Vater zu sorgen. Das kann für Sie alle eine sehr schwierige und stressbeladene Zeit sein. Aber ich möchte Ihnen noch einmal nachdrücklich raten, aktiv und jeden Tag am Leben Ihres Babys teilzunehmen. Dies gehört zu den wichtigsten Dingen in Ihrem Leben, und wenn Sie einmal älter sind, werden Sie ohne Bedauern auf diese Zeit zurückblicken. Eine feste und liebevolle Beziehung zu Ihrem Kind garantiert Ihnen beiden in Zukunft Glück und Erfolg. Wenn Sie Vater werden, gibt es daran nichts zu rütteln: Ob Sie bereit sind oder nicht, jetzt müssen Sie erwachsen werden. Und ich kann Ihnen versichern, dass die Freude, die Ihnen die Liebe Ihres Kindes schenken wird, jede Mühe lohnt, ein guter, zuverlässiger, liebevoller und verantwortungsvoller Vater und ein gutes Vorbild zu sein.

Wenn Ihre Partnerin sich dazu entschließt, das Baby zur Adoption frei zu geben, gibt es heute häufig so genannte »offene Adoptionen«. In diesem Fall können Sie Möglichkeiten finden, wie Sie als leiblicher Vater am besten Umgang mit Ihrem Kind haben können. Wir sind uns alle bewusst, dass das körperliche, emotionale, geistige und seelische Wohl des Kindes an erster Stelle steht und wir zur rechten Zeit zurückstehen oder die Initiative ergreifen müssen und unsere Kinder niemals im Stich lassen dürfen, egal, was am Ende rauskommt. Dies verlangt Ihnen eine Menge ab, aber Sie sind der Aufgabe gewachsen, wenn Sie zu Ihrer Entscheidung stehen, dass es das ist, was Sie und Ihr Baby wollen und brauchen.

Anhang

Viele der zitierten Studien sind schon sehr alt. Es handelt sich hier um die ersten bahnbrechenden Forschungsergebnisse, die seither immer wieder bestätigt wurden. Für mich sind die ersten Studien am wichtigsten, denn sie haben mich zu meinen Schlussfolgerungen gebracht. Deshalb erwähne ich nicht jede Studie, die seither zu diesem Thema veröffentlicht wurde.

Nachfolgend finden Sie die Quellenverzeichnisse zu den einzelnen Kapiteln sowie meine Literatur-, Video- und Musikempfehlungen für Eltern.

(Die Studien sind nicht in deutscher Sprache veröffentlicht. Quellennachweis für die Studien im amerikanischen Original: Vimala Schneider: *Infant Massage. A Handbook for Loving Parents.* Bantam Books, New York)

Kapitel 1:

Quellennachweis

1 Montagu, A.: Körperkontakt. Die Bedeutung der Haut für die Entwicklung des Menschen. Klett-Cotta, München, 7. Aufl. 1994.

2 Harlow, H.: The nature of love. American Psychologist 13 (1958)
Love in infant monkeys. Scientific American (Juni 1959)
Harlow, H. und Harlow, M.: Social deprivation in monkeys. Scientific American (November 1962)
Harlow, H., Harlow, M., Dodsworth, R. und Arling, G.: Maternal behaviour of rhesus Monkeys deprived of mothering and peer association in infancy. Proceedings of the American Philosophical Society 110 (1966)

3 Montagu, A.: a.a.O.

4 Field, T.: *Infant Massage.* Zero to Three 14:2 (1993)
Infant Massage. Journal of Perinatal Education 3:3 (1994); *Massage Therapy for infants and children.* Journal of Developmental and Behavioral Pediatrics 16:2 (April 1995)

5 Field, T., Schanberg, S., Scafidi, F., Bauer, C., Vega-Lahr, N., Garcia, R., Nystrom, J. und Kuhn, C.: *Tactile/kinestetic stimulation effects on preterm neonates.* Pediatrics 77 (Mai 1986)

6 Rice, R.: *Neurophysiological development in premature infants following stimulation.* Developmental Psychology 13 (1977)

7 Field, T.: a.a.O.

8 Leboyer, F.: *Sanfte Hände. Die traditionelle Kunst der indischen Baby-Massage.* 14. Aufl. 1994; S. 11., Kösel, München.

Literaturempfehlungen

Arlene Eisenberg, Heidi Murkoff, Sandee Hathaway: Ein Baby kommt. 2. Aufl. 1999, Verlag Gesundheit, Berlin.

Tiffany Field: Touch Therapy. 1999, Churchill Livingstone.

Frédérick Leboyer: Sanfte Hände. Die traditionelle Kunst der indischen Babymassage. 18. Aufl. 2000, Kösel, München.

Anne Hubbel Maiden, Edie Farwell: Willkommen in dieser Welt. Die tibetische Kunst, Kinder ins Leben zu begleiten. 1999, Kösel, München.

Video-Empfehlungen

Baby Massage: A Video for Loving parents. Produzent: Elly LeDuc. Pacific Communications. Website: www.iaim-us.com

Anmerkung für Eltern:

Meiner Meinung nach lernt man Babymassage am besten in einem Kurs, der von einem/einer geprüften Trainer/in geleitet wird. Videos wie das hier empfohlene können als Ergänzung dienen, um den Kurs später zu Hause aufzufrischen. Nichts lässt sich mit der persönlichen Anleitung und Hilfestellung eines/einer erfahrenen Trainers/in vergleichen.

The Baby Massage Movie. (Interview mit Ashley Montagu.) Produzent: Ron Tayler. Boulder, CO: Ron Taylor Films.

Kapitel 2:

Quellennachweis

1 Kuhl, P.: Universität Washington, 1997: Aus dem Artikel *Goo-goo, Ga-ga Really Helps Baby Learn to Talk* (in: »Associated Press«, CNN Interactive, 7/31/97)

2 Williams, H.: Persönliches Interview mit der Autorin, 1987

Literaturempfehlungen

Susan Ludington-Hoe und Susan Golant: *Liebe geht durch die Haut.* Kösel, München, 1994

S. Springer und G. Deutsch: *Left Brain, Right Brain*. Freeman, New York, 1985.

T. Verney und T. Kelly: *The Secret Life of the Unborn Child*. Dell, New York, 1981.

Kapitel 3:

Quellennachweis

1 Lorenz, K.: *Evolution and the Modification Behaviour*. University of Chicago Press, Chicago, 1965.

2 Harlow, H. und Harlow, M.: *Learning to love*. American Scientist 54 (1959) »Effects of various mother-infant-relationships on rhesus monkey behaviours.« Aus: »Determinants of Infant Behaviour«, herausgegeben von B.M. Voss, Band 4. Methuen, London, 1969.

3 Klaus, M. und Kennell, J.: *Mutter-Kind-Bindung. Über die Folgen einer frühen Trennung*. dtv, München, 1987.

4 Bolton, F.: *When Bonding Fails* (weitere Angaben fehlen!)
5 Klaus, M. und Kennell, J.: a.a.O.
6 Magid, K. und McKelvey, C.: *High Risk: Children Without a Conscience.* Bantam Books, New York, 1987.
7 Magid, K. und McKelvey, C.: a.a.O.
8 Restak, R.: *The Infant Mind*. Doubleday, New York, 1986.

Literaturempfehlungen

John Bowlby: *Das Glück und die Trauer. Herstellung und Lösung affektiver Bindungen.* Klett-Cotta, Stuttgart, 2001.
Terry Berry Brazelton, Bertrand G. Cramer: *Die frühe Bindung. Die erste Beziehung zwischen dem Baby und seinen Eltern*. Klett-Cotta, Stuttgart, 1994.
Fritjof Capra: *Das Tao der Physik.* Droemer Knaur, München, 1997.
M. Grace: *Attachment in early childhood.* PACT, An Adoption Alliance, 1998. Website: www.pactadopt.org.
D. Hunt: *Parents and Children in History*. Basic Books, New York, 1970.
R. Karen: *Becoming Attached: First Relationships and How They Shape Our Capacity to Love.* Oxford University Press, New York, 1998.
Jean Liedloff: *Auf der Suche nach dem verlorenen Glück*. C.H. Beck, München, 1980.
J. Pearce: *Magical Child.* Dutton, New York, 1977.
-ders.: *Magical Child Matures*. Bantam Books, New York, 1986.

Kapitel 4:

Quellennachweis

1 Daly, T.: *Men, infant massage, and manhood*. Tender Loving Care. Rundbrief der Internationalen Gesellschaft für Babymassage, Winter 1987.
2 Daly, T.: a.a.O.
3 Lamb, M.: *The Role of Child Development*. Wiley, New York, 1981.
4 Lamb, M.: a.a.O.

Literaturempfehlungen

Lothar Beyer: *Das Baby-Buch für neue Väter. Was Ihr Kind jetzt von Ihnen braucht.* Mosaik, München, 2000.
A. Brott: *The New Father: A Dad's Guide to the First Year.* Abbeville Press, 1997.
J. Marzollo: *Fathers and Babys: How Babys Grow and What They Need from You, from Birth to Eighteen Months*. HarperCollins, New York, 1993.
R. Parke und A. Brott: *Throwaway Dads: The Myths and Barriers that Keep Men from Being the Fathers They Want to Be*. Houghton Mifflin, New York, 1999.

Kapitel 5:

Literaturempfehlungen

H. Benson und W. Proctor: *Beyond the Relaxation Response: How to Harness the Healing Power of Your Personal Beliefs*. Berkley, New York, 1994.
M. Davis, et al.: *The Relaxation and Stess Reduction Workbook*. New Harbinger, New York, 1998.
Vimala Schneider: *A Woman's Guide to Tantra Yoga*. New World Library, Novato, CA, 1997.
The Path of Parenting: Twelve Principles to Guide Your Journey. New World Library, Novato, CA, 1999.

Musikempfehlungen

The Art of Relaxation. Hörkassette, Relaxation Co., 1996.

Kapitel 6:

Literaturempfehlungen

B. Cass-Beggs: *Your Baby Needs Music*. St. Martin's Press, New York, 1978.

Musikempfehlungen

Ulrich Maske: *Das Abendschiff. Abend-, Schlaf- und Wiegenlieder für kleine und große Träumer.* CD/Hörkassette, 1994, Jumbo Neue Medien, Hamburg.
Schlaf Kindlein schlaf. Schlaf- und Wiegenlieder aus aller Welt. Mathilde Polec, Petra Rosenberg. Urachhaus, Stuttgart, 1997.
Schlaf schön und träume süß. Andrew Stewart.
Wiegenlieder für Babys. 3 CDs, Schott, Mainz, 1999.
Wiegenlieder. Detlef Blanke. Instrumentalmusik für die ersten Lebensjahre. CD, mentalis Vlg., Essen, 1996.
Yiddish Lullabies. Israel Music CD
Authentic Cajun Lullabies. Mardi Gras CD
Baby Genius. *Sweet Dream Lullabies*. Imt. Corporation CD
Beijing Angelic Choir. *Chinese Lullabies*. Wind CD
Burell, T.: *Sweet Lullabies to Soothe Your Newborn*. CD
Celtic Twilight 3: Lullabies. Hearts of Space. CD
Childrens Songs from Around the World, vol. 3: Lullabies – Asia, Latin America, Africa, Oceania. Arion CD
DelRay, M.: *Lullabies of Latin America.* WEA/Atlantic/Rhino CD
Folk Music in Sweden, vol. 6: Rhymes and Lullabies. Caprice CD
Hawaii and Its Lullabies, vol. 20. CD
Lullabies for Little Angels: Sing Along. Madacy Records CD
Lullabies: Growing Minds with Music. CD
M. N'dege Ocello: *Plantation Lullabies*. WEA/Warner Bros. CD
H. Palmer: *Child's World of Lullabies*. CD
The Re-Bops: *Daddy's Lullabies*. Rebop CD

Kapitel 7:

Quellennachweis
1 Wolff, P.: *The causes, controls, and organization of behaviour in the neonate.* Psychological Issues (Monograph 17) 5 (1965)
2 Field, T.: a.a.O.

Literaturempfehlungen
D. Berkeson: *The Foot Book: Healing with the Integrated Treatment of Footreflexology*. Funk & Wagnalls, New York, 1977.
E. Crelin: *Functional Anatomy of the Newborn*. New Haven: Yale University Press, 1973.
Adelle Davis: *Wir wollen gesunde Kinder*. Ceres, 1994.
N. Glas: *Conception, Birth, and Early Childhood*. Anthroposophic Press, Spring Valley, NY., 1972.

Kapitel 9:

Quellennachweis
1 Levy, T. und Orlans, M.: *Attachment, Trauma and Healing. Understanding and Treating Attachment Disorder in Children and Families*. CWLA Press, Washington, D.C., 1998
2 Acredolo, L. und Goodwyn, S.: *Baby-Sprache*. Rowohlt, Reinbek, 1999.
3 Acredolo, L. und Goodwyn, S.: a.a.O.

Literaturempfehlungen
Sirgay Sanger: *Schau, ich will dir was sagen! Die wortlose Sprache der Babys*. Kösel, München, 1992.
Aletha J. Solter: *Warum Babys weinen. Die Gefühle von Kleinkindern*. Kösel, München, 1998.
- dies.: *Wüten, toben, traurig sein. Starke Gefühle*. Kösel, München, 1999.
P. Wipfler: *Listening to Children: Crying*. Parents Leadership Institute, Palo Alto, CA, 1990.

Kapitel 10:

Literaturempfehlungen
Cornelia Nitsch: *Dr. Mama. Das andere Buch der Kinderkrankheiten*. Mosaik, München, 2000.
Andrea Schmelz: *Allergien bei Kindern*. Gräfe & Unzer, München, 1999.
Miriam Stoppard: *Das große Buch der Kinderkrankheiten. Ein Nachschlagewerk für Mütter und Väter.* Urania, Berlin, 1999.

Kapitel 11:

Quellennachweis
1 Field, T.: *Interventions for premature infants*. Journal of Pediatrics 109 (1986)
2 Field, T., Schanberg, S., Gunzenhauser, N. und Brazelton, T.: *Massage stimulates growth in preterm infants: A replication*. Infant Behaviour and Development 13 (1990)

3 Field, T., Schanberg, S., Scafidi, F., Bauer, C., Vega-Lahr, N., Garcia, R., Nystrom, J. und Kuhn, C.: *Cardiac an behavioral responses to repeated tactile and auditory stimulation of preterm and term neonates*. Developmental Psychology 15 (Juli 1979)
Tactile/kinestetic stimulation effects on preterm neonates. Pediatrics 77 (Mai 1986)

Literaturempfehlungen

Susan Ludington-Hoe und Susan Golant: *Kangaroo Care: The Best You Can Do for Your Preterm Infant*. Bantam Books, New York, 1996.
Marina Marcovich, Maria Theresia de Jong: *Frühgeborene. Zu klein zum Leben? Die Methode Marina Marcovich*. Fischer-TB, Frankfurt, 1999.
Edith Müller-Rieckmann: *Das frühgeborene Kind in seiner Entwicklung*. E. Reinhardt, München, 2000.
Kornelia Strobel: *Frühgeborene brauchen Liebe. Was Eltern für ihr »Frühchen« tun können*. Kösel, München, 5. Aufl. 2001.

Kapitel 12:

Literaturempfehlungen

Monika Aly: *Das Sorgenkind im ersten Lebensjahr. Entwicklungsverzögert, behindert – oder einfach nur anders?* Springer, Hamburg, 1998.
E. Geralis (Hrsg.): *Children with Cerebral Palsy: A Parent's Guide*. Woodbine House, Bethesda, MD, 1998.
M. Holbrook (Hrsg.): *Children with Visual Impairments: A Parent's Guide*. Woodbine House, Bethesda, MD, 1996.
Peter A. Jann: *Die Erziehung und Bildung des gehörlosen Kindes. Grundlagen der Gehörlosenpädagogik als Wissenschaft*. Winter, Heidelberg, 1991.
F. Miller und S.J. Bachrach: *Cerebral Palsy: A Complete Guide for Caregiving*. Johns Hopkins University Press, Baltimore, 1995
Oliver Sacks: *Stumme Stimmen. Reise in die Welt der Gehörlosen*. Rowohlt TB, Reinbek. (keine Jahresangabe)
Edgar Schmitz: *Elternprogramm für behinderte Kinder*. E. Reinhardt, München, 1979.
L. Shapiro: *Uncommon Voyage: Parenting a Special Needs Child in the World of Alternative Medicine*. Faber and Faber, London, 1997.
Karen Stray-Gunderson: *Babys mit Down-Syndrom*. 2000 (keine Verlagsangabe)
S. Sumar: *Yoga for the Special Child: A Therapeutic Approach for Infants and Children With Down Syndrome, Cerebral Palsy, and Learning Disabilities*. Special Yoga Publications, Buckingham, N.Y., 1998. Website: www.specialyoga.com, E-Mail: Info@specialyoga.com
Marlis Tolksdorf: *Das Down-Syndrom. Ein Leitfaden für Eltern*. Urban & Fischer, München, 1993.
Dorothe Zachmann: *Mit der Stimme des Herzens*. Gütersloher Verlagshaus, Gütersloh, 2000.

Kapitel 13:

Quellennachweis
1 Montagu, A.: *Körperkontakt. Die Bedeutung der Haut für die Entwicklung des Menschen.* Klett-Cotta, München, 7. Aufl. 1994.
2 Zacher-Laves, C.U.: *Suggestions for adaptations of massage with the growing child.* Persönliches Gespräch mit der Verfasserin, 1999.
Die Reime und Fingerspiele auf den Seiten 170 ff., 174 f. zum Teil aus:
Fingerspiele und Rätsel für Vorschulkinder. Volk und Wissen. Volkseigener Verlag, Berlin, 1979.

Literatur-/Musikempfehlungen
Eva Aichert, Sybille Brauer: *Meine kleinen Zappelfinger. Fingerspiele und Kinderreime.* Pattloch, Augsburg, 1998.
Marianne Austermann, Gesa Wohlleben: *Zehn kleine Krabbelfinger. Spiel und Spaß mit unseren Kleinsten.* Kösel, München, 9. Aufl. 1994. Buch/Hörkassette
Rita Diepmann: *Die fantastischen Fünf. Fingerspiele für Kinder von heute.* Don Bosco, München, 1999.
Bernd Kohlhepp: *Lustige Fingerspiele für Klein und Groß.* Kösel, München, 1998.
Buch/CD/Hörkassette
Dorothee Kreusch-Jacob: *Fingerspiele, Hände tanzen. Das große Buch der Kinderreime und Fingerspiele.* Don Bosco, München, 2000.

Kapitel 14:

Quellennachweis
1 Singer, L., et al.: *Mother-infant attachment in adoptive families.* Child Development 56 Dezember 1985.
2 Melina, L.: *Attachment to older child has some twists.* Adopted Child, Januar 1985.
- dies.: *Unattached Child: Going through life not caring.* Adopted Child, Februar 1985.
- dies.: *Attachment theorists believe parent-infant experiences determine later behavior.* Adopted Child, Mai 1997.
3 Steinberg, G.: *Bonding and Attachment: How Does Adoption Affekt a Newborn?* PACT, An Adoption Alliance, San Francisco, 1998. Website: www.pactadopt.org.
- ders.: *The Special Love of Foster Parents.* Record Online (6. Dezember 1998)
4 Steinberg, G.: a.a.O.
5 Henning, R.S.: Persönlicher Brief an die Verfasserin, 1999.
6 Verrier, N.: *Healing the Primal Wound.* PACT, An Adoption Alliance, San Francisco, 1998. Weite: www.pactadopt.org
7 Russell, M.: *The lifelong impact of adoption.* PACT, An Adoption Alliance, San Francisco, 1998. Website: www.pactadopt.org
8 LaGoy, L.: (Quellenangabe fehlt)
9 Levy, T. und Orlans, M.: a.a.O.

Literaturempfehlungen
J. Bond: *Post adoption depression syndrome*. Roots and Wings. ADOPT: Assistance Information Support (Frühjahr 1995). Website: www.adopting.org/pads.html
S. Clark: *Prenatal trauma and the adoptee experience*. PACT, An Adoption Alliance, San Francisco, 1998. Website: www.pactadopt.org.
Wolfgang Gerts: *Auslandsadoption. Das Findbuch!* Kirchturm-Verlag Martina Gerts e. K., 2001.
Susanne Huber-Nienhaus: *Handbuch für Pflege- und Adoptiveltern*. Schulz-Kirchner, Idstein, 1997.
Irmela Wiemann: *Pflege- und Adoptivkinder*. Rowohlt-TB, Reinbek, 1991.

Kapitel 15:

Literaturempfehlungen
R. Jamiolskowski: *A Baby Doesn't Make the Man: Alternative Sources of Power and Manhood for Young Men*. Teen Pregnancy Prevention Library, 1997.
Ralf Osthoff: *Schwanger werd' ich nicht alleine ... Ursachen und Folgen ungeplanter Teenagerschwangerschaften*. P. Knecht, Landau, 1999.

Video-Empfehlungen
Joni Rubenstein: *Healthy Touch: Infant Massage for Teenage Parents*. Tucson: Three Hearts, 1998. Bezugsadresse: 7320 N. La Cholla Blvd. Ste 154-205, Tucson, AZ 85741, USA.
I Am Your Child. The First Years Last Forever. Produktion: Johnson & Johnson, Erzähler: Rob Reiner. 1997.

Zitate: Quellennachweis

Kapitel 1: Leboyer, F.: aus: *Sanfte Hände*, Kösel, 14. Aufl. 1994
Kapitel 5: Whitman, W.: aus: »Herbstbällchen«, in: *Grashalme*, Depax, 1947
Kapitel 6: Rilke, R.: aus: »Liebes-Lied«, in: *Gesammelte Gedichte*, Insel, 1962
Kapitel 10: Blake, W.: aus: »Auf fremden Kummer«, in: *Lieder der Unschuld und Erfahrung*, Insel, 1975
Kapitel 13: Steiner, R.: aus: *Die Pforte der Einweihung*, 1910

Kontaktadressen

Ich freue mich über Anregungen und Anfragen meiner Leserinnen und Leser. Nachfolgend finden Sie einige Kontaktadressen. Die Verfasserin ist auch über Ihren amerikanischen Verleger zu erreichen (Bantam Books, 1540 Broadway, New York, New York 10036, USA).

Internationale Gesellschaft für
Babymassage (IGBM)
Gegründet von Vimala Schneider
E-Mail: vimalamc@concentric.net
Website bio: www.infantmassage.com/vimalamcclure.htm
Website: www.pracsmart.com/vimalamcclure.html

Deutsche Gesellschaft für Baby- und Kindermassage (DGBM e.V.)
Riehe 7
31547 Rehburg-Loccum
Tel.: 05037-300 134
Fax: 05037-300 136
e-mail: info@dgbm.de
Website: www.dgbm.de

Gentle Touch – Katalog für Babymassageprodukte (IAIM)
Website: www.iaim-us.com
E-Mail: gtw4us@aol.com
Tel.: (001) 888-448-9489

U.S. Chapter IAIM (Amerikanischer Hauptsitz)
E-Mail: IAIM4US@aol.com
Website: www.iaim-us.com
Anschrift: 1891 Goodyear Ave. Suite 622
Ventura, CA 93003, USA
Tel.: (001) 805-644-8524

International Office (IAIM)
E-Mail: intl.office@alvsbyn.net
Ansprechpartnerin und Ausbilderin: Mia Elmsater

Um die Niederlassungen der IAIM außerhalb der USA zu kontaktieren, wenden Sie sich bitte an das internationale Büro (International Office). Wir wachsen weltweit, und mit den Jahren wird es immer mehr Trainerinnen und Trainer und Webseiten geben. Die meisten Niederlassungen und Trainerinnen und Trainer haben eine E-Mail-Adresse oder eine Fax-Nummer, die Sie über die Deutsche Gesellschaft für Babymassage erfahren können. Falls nicht, kontaktieren Sie mich, die Internationale Gesellschaft für Babymassage oder den amerikanischen Hauptsitz (U.S. Chapter).
Viele der zertifizierten Babymassage-Trainerinnen und -Trainer (Certified Infant Massage Instructor (CIMI)) haben ihre eigenen Programme, Videos und Webseiten gestaltet und haben ein breites Angebot auf diesem Gebiet.

Warnung:
Nur weil jemand Masseur oder Masseurin ist, weiß er noch lange nicht, wie man Babymassage unterrichtet. Seien Sie bei Programmen, die im Internet angeboten werden, vorsichtig. Manche Masseure glauben, sie könnten ein paar Massagegriffe entwickeln und verbreiten sie dann als »Babymassage«. Aber die alte Kunst der Babymassage hat überhaupt nichts mit der Massage von Erwachsenen gemeinsam und ist kein »Hobby«. Um Babymassage richtig lehren zu können, müssen Sie nicht nur wissen, wie der Babykörper funktioniert, sondern auch, welche Bedeutung die Beziehung zwischen der betreuenden Person und dem Baby hat. Sie müssen seine Reaktionen kennen, die sich je nach Alter ändern, sowie die Bedeutung seiner Signale und viele andere, subtile Aspekte der Mutter-Kind-Kommunikation. Babys vertragen Tiefenmassage und stechende oder kitzelnde Bewegungen nicht, ebenso keine zu zaghafte oder leichte Massage.

Behinderte oder kranke Babys brauchen ebenfalls eine besondere Massage. Man muss ihre Entwicklungsphasen berücksichtigen und sie mit Respekt, Aufrichtigkeit und vor allem Liebe behandeln. Die von uns gelehrte Babymassage basiert auf der Vorstellung, dass Massage eine der besten Möglichkeiten ist, das Zugehörigkeitsgefühl und die Mutter-Kind-Bindung herzustellen. Deshalb ist es sehr wichtig, wie wir das Baby massieren und wie wir auf seine Signale reagieren.

Unsere Massagetechnik ist jahrtausendealt, und ihr Erfolg ist seit Generationen erwiesen. Die von mir entwickelte Massage basiert auf jahrhundertealten Methoden, die ich so kombiniert habe, wie sie am wirkungsvollsten sind. Ich habe die meisten Bewegungsabfolgen entwickelt und ihnen einen Namen gegeben, die bei fast allen Babys von größtem Nutzen sind. Ich habe die Massage bei Koliken, die Entspannungstechnik und viele andere Aspekte, die in diesem Buch erwähnt werden, erfunden, sodass ich mühelos feststellen kann, ob jemand in unserer Babymassage ausgebildet ist oder seine eigene Massagetechnik verwendet. Natürlich werden Sie Ihre individuelle, auf Sie zugeschnittene Art zu massieren finden, wenn Sie Ihr Baby immer besser kennen lernen und mehr Routine bei der Babymassage haben. Aber Sie sollten die Massage erst einmal bei einem zertifizierten Trainer richtig erlernt haben, bevor Sie improvisieren. Auf diese Weise wird Ihre Variante Ihrem Kind nutzen und nicht etwa schaden.

Die unzähligen Eltern, die seit 1976 bei uns die Babymassage erlernt haben, werden mir hinsichtlich dieser Vorsicht Recht geben. Die meisten Eltern erklären, sie hätten vor der Teilnahme an einem Babymassagekurs keine Ahnung gehabt, wie tief greifend die Wirkung der Babymassage ist. Wenn es um Ihr Baby geht, sollten Sie sich nur an den allerbesten Beraterinnen und Beratern orientieren.

Bezugsadressen für 100 Prozent reine, natürliche Babymassageöle

laverana GmbH
Am Weingarten 4
30974 Wennigsen
Tel.: 05103/939 10
Fax: 05103/ 93 91 80
E-Mail: laverana@lavera.de
Website: www.lavera.de

PRIMAVERA life GmbH®
87477 Sulzberg/Allgäu
Tel.: 08376/80 80
E-Mail: info@primavera-life.de
Website: www.primavera-life.de

Weleda AG
Möhlerstr. 3-5
73525 Schwäbisch-Gmünd
Tel.: 07171/919-414
Fax: 07171/919-424
E-Mail: dialog@weleda.de
Website: www.weleda.de

Video zu diesem Buch:

Baby Massage: A Video for Loving Parents. (Mit dem Babymassage-Lied »ami tomake« und persönlichen Infos über Vimala Schneider)
E-Mail: eleduc@mail.tss.net

Anmerkung für Eltern:

Auch hier möchte ich Ihnen den Rat geben, einen Kurs bei einer/einem Babymassage-Trainer/in zu besuchen und das Video später nur als Gedächtnisstütze zu verwenden. Im Rahmen eines Kurses werden Sie von einer/einem erfahrenen Trainer/in mehr Unterstützung und Informationen erhalten, die auf Sie zugeschnitten sind.

Weitere Webseiten zum Thema Babymassage

Nachfolgend finden Sie die von mir bevorzugten Webseiten auf dem Gebiet der prä- und perinatalen Psychologie und Geburt sowie der Babymassage und natürlichen Elternschaft. Täglich entstehen neue Seiten, deshalb können Sie im Netz surfen, um aktuelle Informationen, Bücher und Videos zu diesem Thema und die entsprechenden Produkte zu finden. Wenn Sie den Begriff »Babymassage« in eine Suchmaschine eingeben, erhalten Sie eine Fülle von relevanten Adressen und Artikeln. Wenn die jeweilige Webseite von einem/einer zertifizierten Babymassage-Trainer/in (CIMI) oder einem/einer Trainer/in der Internationalen Gesellschaft für Babymassage erstellt wird und mein Buch darin erwähnt wird, habe ich meine Zustimmung zum Inhalt dieser Homepage gegeben, und sie ist wahrscheinlich auch mit meiner Organisation verbunden.

Anmerkung der Übersetzerin: Auch für die Themenbereiche »Frühgeborene«, »Adoption« und »behinderte Babys« findet man eine Fülle von Internet-Adressen, wenn man den Suchbegriff in eine Suchmaschine eingibt, z.B.:
»Bundesverband Das Frühgeborene Kind e.V.«
»Elterninitiative Frühchen Hamm e.V.« (Selbsthilfeverein für Eltern frühgeborener Kinder)
u.a.
sowie die Webseiten diverser Kliniken für Neonatalogie
Adoption: Moses-Online und diverse Verbände, Vereine und Elterninitiativen
Cerebral Palsy (oder Behinderte mit zerebralen Bewegungsstörungen): Diverse Vereine und Elterninitiativen

Infant Massage.com
Website: www.infantmassage.com
E-Mail: cars@datasync.com

Lasting Impressions:
Website: www.LastingI.com
E-Mail: cactus@kcnet.com

Starting Life with Loving Touch
Website: www.presentmoment.com/pm/articles/wellness/infantmasg.html

Infant Massage: Touch Matters
Website: www.bigfoot.com/~breeksy
E-Mail: breeksy@bigfoot.com

Babys Today
Website: www.babiestoday.com

Infant Massage: A Holistic Approach to Infant Care
Website: www.angelfire.com

Baby's First Massage
Website: www.babysfirstmassage.com
E-Mail: Teresa@babysfirstmassage.com

Für Eltern im Teenageralter:
Healthy Touch: Infant Massage for Teen Parents
Website: www.in4y.com
E-Mail: The3hearts@aol.com

Weitere gute Webseiten zum Thema Elternschaft

Alternative Elternschaft (Alternative Parenting)
Website: www.alternativeparenting.com

iParenting.com
Website: www.iParenting.com

Mothering Magazine (Zeitschrift)
Website: www.mothering.com

Touch Research Institut / Tiffany Field
Website: www.miami.edu/touch-research

Frühgeborene (Premature Baby – Premature Child)
Website: www.comeunity.com
Cerebral Palsy und Babymassage
Website: www.ucp.org/infantmassage/index

Über die Autorin

Vimala Schneider

lebt in Boulder, Colorado, der Heimat ihrer Vorfahren. Seit 1970 praktiziert sie Yoga und Meditation. Vor der Geburt ihrer inzwischen erwachsenen Kinder arbeitete sie auch als Yogalehrerin. Danach wandte sie sich dem Thema »Elternschaft« zu, und nachdem sie einige Jahre in einem Waisenhaus in Nordindien beschäftigt war, brachte sie die jahrhundertealte Tradition der Babymassage mit in den Westen und veröffentlichte ihr erstes, bahnbrechendes Buch: *Baby-Massage*.
Seit einigen Jahren unterrichtet sie Eltern in dieser Massagetechnik auch außerhalb ihrer Heimat. Auf Anfrage von Ausbildern für Geburtshilfe entwickelte sie 1978 ein Trainingsprogramm und begann, diese Lehrer in der von ihr in Indien für Babys entwickelten Methode zu unterrichten, die sie mit Elementen aus der Schwedischen Massage, der Reflexzonenmassage und Yogastellungen kombinierte. Sie gab den einzelnen Streichbewegungen Namen und entwickelte eine spezielle Massage für Babys mit Koliken sowie einen Kurs für Eltern, der zum zentralen Lehrplan der von ihr ins Leben gerufenen *Gesellschaft für Babymassage* wurde. Nach einigen Jahren hatte sie eine Gruppe von Massagetrainern ausgebildet, die nun ihrerseits andere Lehrer unterrichten. So wurde 1986 die »Internationale Gesellschaft für Babymassage« (International Association of Infant Massage (IAIM)) als gemeinnütziger Verein gegründet. Die IAIM hat inzwischen Niederlassungen in 27 Ländern, und Vimala Schneiders Buch wurde in viele Sprachen übersetzt.
In all diesen Jahren reiste Vimala häufig nach Indien und hatte das große Glück, in Mutter Teresas Kinderklinik »Shishu Bhavan« in Calcutta mitarbeiten zu können. Vimala schreibt für viele Zeitschriften und hat noch einige weitere Bücher veröffentlicht. Jetzt, wo ihre Kinder erwachsen sind, findet sie auch wieder Zeit für ihr Hobby. Für ihre künstlerischen Patchworkdecken hat sie bereits Preise gewonnen. Vimala arbeitet an neuen Büchern über Kindererziehung und geht ihren künstlerischen Interessen nach.